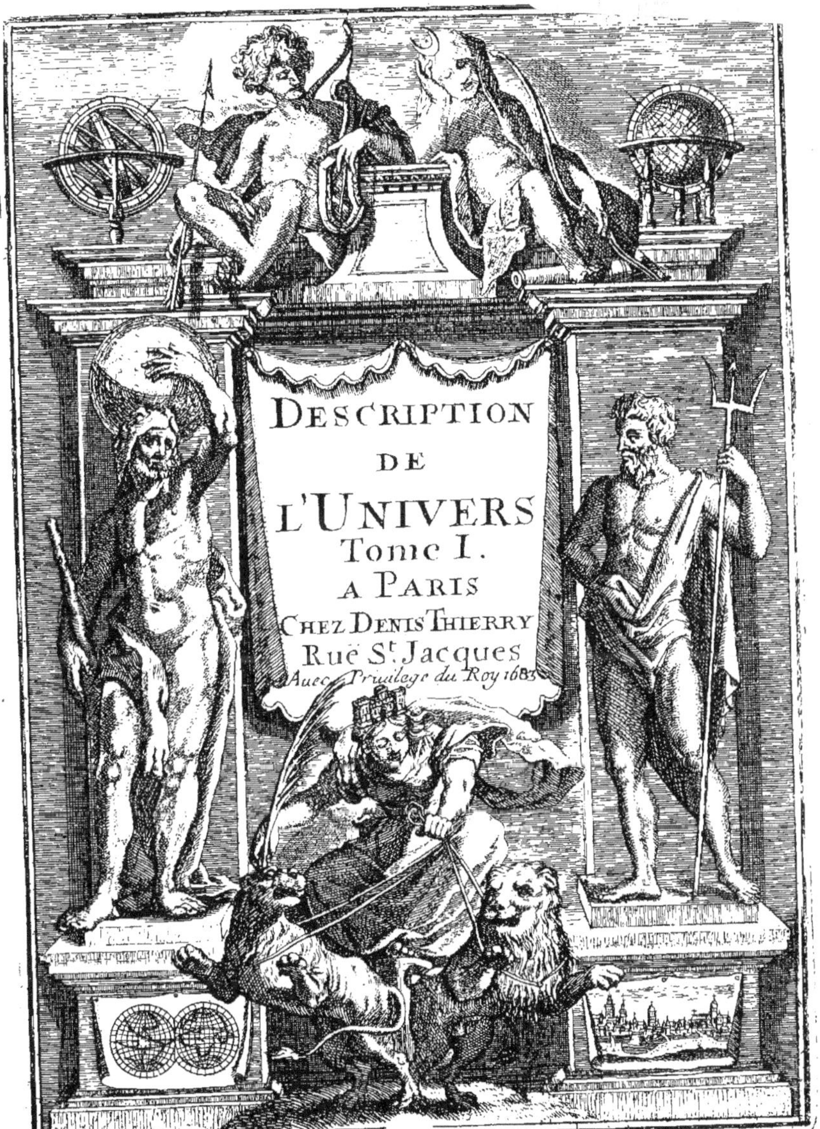

DESCRIPTION
DE
L'UNIVERS
Tome I.
A PARIS
Chez Denis Thierry
Ruë St. Jacques
Auec Priuilege du Roy 1683

DESCRIPTION

DE

L'UNIVERS,

CONTENANT

LES DIFFERENTS SYSTÊMES DU MONDE, les Cartes generales & particulieres de la Geographie Ancienne & Moderne : Les Plans & les Profils des principales Villes & des autres lieux plus considerables de la Terre ; avec les Portraits des Souverains qui y commandent , leurs Blasons , Titres & Livrées : Et les Mœurs, Religions , Gouvernemens & divers habillemens de chaque Nation.

DEDIE'E AU ROY.

Par ALLAIN MANESSON MALLET *Maistre de Mathematiques des Pages de la petite Escurie de sa Majesté, cy-devant Ingenieur & Sergent Major d'Artillerie en Portugal.*

TOME PREMIER.

A PARIS,

Chez DENYS THIERRY, ruë S. Jacques, à l'Enseigne de la Ville de Paris, devant la ruë du Plâtre.

M. DC. LXXXIII.

AVEC PRIVILEGE DU ROY.

LOUIS LE GRAND ROY DE FRANCE
Faict par P. Giffart
Graueur du Roy. 1683.

AU ROY.

IRE,

Je preste à toutes les Nations de l'Uni-
vers le secours de nostre Langue, & d'une
disposition toute nouvelle pour se montrer
sous le veritable caractere de leurs mœurs,
de leur Religion, & de leur Gouvernement,
devant un Monarque qui regit la plus flo-

riſſante partie de la Terre, & qui eſt digne
de commander à toutes les autres. I'ajoûte
à cette Deſcription tout ce que les plus
ſçavans ont remarqué de curieux & de ſu-
blime dans la Nature ; & je me tiens trop
heureux apres les longues recherches que j'ay
faites, de trouver aux pieds de mon Roy,
le terme le plus glorieux qui pouvoit borner
ma carriere.   I'y mêleray mes cris de joye
aux benedictions & aux éloges que la voix
publique y fait retentir ; & prendray cette oc-
caſion de renouveller à VOSTRE MAJESTE'
les reſpectueuſes ſoumiſſions que j'eus l'honneur de Luy faire, il y a douze ans, en Luy
preſentant mon Ouvrage des Travaux de
Mars, à mon retour de Portugal, où j'a-
vois ſervy en qualité d'Ingenieur. Ie compte
pour un heureux fruit de ces Travaux &
de mes Campagnes, l'honneur que j'ay receu
d'eſtre choiſy pour inſtruire aux Mathematiques, les Pages de VOSTRE MAJESTE'.
Avec cet avantage, j'oſe la venir aſſurer

que parmy tous les Peuples dont je fais icy
le dénombrement , il n'y a pas un homme
qui me surpasse en zele & en veneration
pour Elle , & que je suis avec un profond
respect,

SIRE,

DE VOSTRE MAJESTE',

Le tres-humble, tres-obeïssant,
& tres-fidele serviteur & sujet.

ALLAIN MANESSON MALLET.

PREFACE.

IL y a plus de dix ans que je ramasse avec soin de toutes parts, les differentes matieres contenuës dans cét Ouvrage : Elles sont d'une si vaste estenduë, qu'elles passent les forces d'un particulier, & je n'en serois jamais venu à bout sans le secours & les avis salutaires de plusieurs Sçavans, dont j'ay pû ménager le commerce & l'amitié. Je mets particulierement dans ce rang

Monsieur de Tralage, dont l'érudition est si connuë & si utilement consultée.

Monsieur l'Abbé Baudrand, si fameux par son Dictionnaire Geographique.

Monsieur Guillard consommé dans toute sorte de Litterature, & particulieremeut en Geographie & dans l'Histoire.

Monsieur Guillet connu par le *Dictionnaire de l'Homme d'Espée*, & par l'*Histoire du Sultan Mahomet II.*

Feu Monsieur l'Abbé Picard, qui s'est particulierement distingué dans l'Academie Royale des Sciences.

Et feu Monsieur Philippe Mallet, Autheur du *Cours de Mathematique*, écrit en François, qui est devenu si rare, que nous avons resolu de le faire imprimer pour la seconde fois, aprés que nous aurons donné au Public une deuxiéme édition de nos *Travaux de Mars*, que nous avons rectifiez & enrichis d'un grand nombre de nouveaux Plans, avec plusieurs exemples des differentes manieres d'attaquer & de deffendre les Places en quelque situation qu'elles puissent estre.

Dans cette Description de l'Univers nous avons imité

feu M. Mallet; & fur l'exemple de fon Cours de Mathematique, rejetté autant qu'il nous a efté poffible les Re-
flexions & les Moralitez, qui ne vont pas au fait.

L'ordre que nous obfervons icy avec uniformité, eft
de donner les chofes anciennes les premieres, & les modernes en fuite. Ainfi ceux qui ne rechercheront que la
Geographie ancienne d'une Region, la trouveront toûjours à la tefte du Chapitre de la mefme Region : Ils
trouveront enfuite la defcription de la Ville Capitale, de
fa principale Eglife, Temple ou Mofquée : du Palais &
des Maifons de plaifance du Prince, de fa Genealogie,
de fes Blafons, Titres, & Livrées; & du lieu de fa Sepul-
ture. Que s'ils veulent fçavoir l'eftat du Païs, ils n'ont
qu'à lire la fin du Chapitre.

Le Lecteur fera auffi averty que je donne dans cét
Ouvrage une nouvelle Methode pour apprendre de
foy-mefme la Geographie : J'en ay donné une ample
explication dans ce premier Volume, aux pages 203. 204.
& fuivantes. Je me fuis attaché autant qu'il m'a efté
poffible, à ne pofer dans mes Cartes que les noms des
chofes dont il eft fait mention dans les difcours, afin
que le Lecteur ne foit point embarraffé par des noms
inutiles, & qui n'entrent point au fujet. Je me fuis fervy des Cartes des meilleurs Auteurs, & que j'ay trou-
vées les plus convenables à mon deffein : J'en ay cité
les noms en marge, auffi-bien que de ceux dont je me
fuis fervy dans la compofition de ce Livre, afin de laif-
fer à chacun la gloire qui luy eft deuë.

Quelques-uns trouveront peut-eftre à redire de ce
que je cite des Auteurs Modernes pour l'ancienne Geographie ; mais je ne l'ay fait que pour la commodité du
Lecteur, qui trouvera les anciens Geographes citez
dans les Modernes où je le renvoye. Si par exemple
on veut fçavoir quels font les anciens Auteurs qui ont

parlé de l'ancienne Germanie ou de quelqu'autre Region , on les trouvera aisément en lisant le Chapitre du P. Briet , où j'ay renvoyé une fois pour toutes ; car s'il faloit à chaque Peuple , ou à chaque Ville que je nomme , rapporter les endroits de tous les anciens Auteurs qui en ont fait mention , les marges de mon Livre auroient esté trop chargées de ces sortes de citations , qui ne sont recherchées que par un petit nombre de Sçavans ; & qui seroient aussi importunes qu'inutiles à ceux qui n'ont pas des Bibliotheques complettes.

Les Figures des Rois & des Peuples qui sont dans cét Ouvrage , ont esté prises sur les desseins qui nous en ont esté donnez par les plus fideles Voyageurs ; & celles qui sont en Medailles , ont esté tirées des Cabinets les plus curieux.

Pendant l'impression de cét Ouvrage j'ay esté obligé d'aller souvent à S. Germain & à Versailles , pour enseigner les Mathematiques aux Pages du Roy , & à ceux de leurs Altesses Serenissimes Messeigneurs les Princes de Condé & Duc d'Anguien : mon absence a donné lieu à quelques fautes d'impression , & mesme à des omissions que j'ay tâché de reparer par un *Errata* , que j'ay mis à chaque Volume. Je supplie le Lecteur d'y avoir recours , & de ne me les pas imputer , non plus qu'aux personnes que j'ay consultées.

TABLE
DES CHAPITRES
Contenus dans le premier Tome
DE LA DESCRIPTION
DE L'UNIVERS.

LIVRE PREMIER.

CHAPITRE PREMIER.

Des principales parties qui composent la Sphere artificielle, & qui par le rapport qu'elles ont avec celles du Ciel & de la Terre, servent d'introduction à cet Ouvrage.   *Page* 1

Table des Chapitres.

CHAPITRE SECOND.

De la Fabrique du Monde, & des plus celebres opinions touchant l'ordre & la composition des principales parties de l'Univers.

CHAPITRE TROISIE'ME.

Du Ciel & des Estoilles en general & en particulier, & des autres Phenomenes que l'on y a observez.   87

CHAPITRE QUATRIE'ME.

De la Region de l'Air, de l'origine des Nuées, & de leur couleur; de l'Arc-en-Ciel, des Tonnerres, Esclairs, & Vents-brûlans, Tourbillons, Orages, Pluyes, Neiges, Grêles, Bruines, Brouillards, Rosées, Vents, &c.

De la

LIVRE SECOND.

CHAPITRE PREMIER.

Des Figures dont les Geographes Anciens & Modernes se sont servis pour representer le Globe Terrestre.

Tome I.   é

CHAPITRE SECOND.

De la Figure du Corps de la Terre, jointe avec la Maſſe des Eaux. De la Maſſe & quantité de la Terre, comparée à celle des Eaux; & des diverſes Meſures.

CHAPITRE TROISIE'ME.

Avertiſſement de l'Auteur ſur la Methode qu'il a ſuivie dans cét Ouvrage. Definitions de la Geographie; & diviſions generales du Globe Terreſtre.   203

CHAPITRE QUATRIE'ME.

LIVRE TROISIE'ME.

Fin de la Table des Chapitres du premier Tome.

DESCRIPTION

Addition à ce Tome aprés la page 229.

De la Mer Caspienne selon les Anciens & les Modernes.

LA Mer Caspienne selon les Anciens, a esté aussi appellée Hyrcanienne, *Mare Caspium & Hyrcanum*, à cause que les Peuples *Caspii & Hyrcani*, demeuroient sur ses bords. Dans les premiers temps ils ont creu que ce n'estoit qu'un Golfe de l'Ocean Septentrional ; mais depuis ils ont reconnu qu'elle estoit entourée de Terres comme un grand Lac, & que sa longueur d'Orient en Occident estoit de 490. mille pas, & sa longueur du Septentrion au Midy, de 290. mille pas : Ils divisoient cette Mer en quatre parties ou Golfes qu'ils appelloient *Sinus-Scythicus, Sinus-Hyrcanus, Sinus-Caspius & Sinus-Albanus.* Ils ont creu qu'elle n'estoit point salée, & d'autres choses semblables, qui ne meritent pas d'estre rapportées, estant hors de nostre sujet. *Brietii Geog. part.* 1. *lib.* 6. *c.* 10. *T.* 1. *p.* 125.

Voyages d'Olearius Liv. 4. *T.* 1. *p.* 352.

Statys Voyage 3. *c.* 19. *p.* 219.

Les Modernes qui en ont eu une connoissance plus parfaite, nous ont appris que la plus grande étenduë de cette Mer estoit du Nord au Sud d'environ 129. lieuës communes d'Allemagne, & de prés de 60. lieuës de largeur.

Il y a plus de quatre-vingt Rivieres qui se déchargent dans cette Mer ; neanmoins l'on ne sçait point encore assurement par où toutes ces eaux peuvent s'écouler.

Ce qui a pû faire croire aux Anciens que l'eau de cette Mer estoit douce, c'est qu'en effet vers ses bords elle n'est pas salée, à cause du mélange des eaux de plusieurs Rivieres qui y entrent, comme nous le venons de dire ; mais quand on avance en pleine Mer, on trouve qu'elle est comme les autres Mers, & l'on nomme quelquefois *Mare de Sala*, cette partie où elle est fort salée.

Les Estats des Moscovites, des Tartares, & des Persans, &c. sont en partie situez sur cette Mer : Les Moscovites la nomment *Gualenskoi-more*, les Perses l'appellent *Kulsum*, & Mer de *Baku*, de la Ville de *Bakuje* qui est en Perse, & les Mores luy donnent le nom de *Bohar Corsuin*, comme à la Mer Rouge ou Golfe d'Arabie : Mais comme le nom de Mer Caspienne luy est demeuré chez la pluspart des Geographes modernes, nous nous servirons quelquefois de ce nom.

DESCRIPTION
DE
L'UNIVERS.
LIVRE PREMIER.
DE LA SPHERE EN GENERAL.

CHAPITRE PREMIER.

Des principales parties qui composent la Sphere Artificielle,
& qui par le rapport qu'elles ont avec celles du Ciel & de
la Terre, servent d'Introduction à cet Ouvrage.

OMME noſtre deſſein eſt de parler generalement de l'Univers & de ſes parties, il eſt à propos de dire icy que nous diviſerons cet Ouvrage en neuf Livres.

Dans le premier nous traiterons de la Sphere & du Monde en general, ſelon les opinions des Auteurs, tant Anciens que Modernes.

Le ſecond Livre parlera du Globe Terreſtre en general.

Le troiſiéme traitera des Terres Arctiques, & de celles qui en ſont proches.

Le quatriéme donnera la connoiſſance de l'Aſie.

Le cinquiéme ſera de l'Afrique.

Le ſixiéme parlera de l'Europe.

Le ſeptiéme des Terres Magellaniques ou Antarctiques, & de celles qui ſont aux environs.

Le huitiéme & le neufiéme expliqueront l'Amerique Meridionale & la Septentrionale.

Tome I.   A

De la Cosmographie ou Description du Monde.

L A Sphere naturelle, ou le Monde, est l'Assemblage des corps qui le composent. Ce grand *Tout* si vaste & si étendu, a esté tiré du neant par la Toute-puissance de Dieu : sa Sagesse en a disposé les parties dans un si bel ordre, qu'il en a fait l'objet de l'admiration des hommes dans tous les Siecles. C'est de là qu'est venu l'empressement qu'ils ont toûjours eu d'en connoistre l'œconomie, & ce qui a donné sujet au differentes conjectures qu'ils ont faites sur cette matiere. L'Esprit humain estant extremement borné, n'a pû envisager tout d'une veuë cette espece d'immensité : Pour s'en faciliter la connoissance, il a composé une Machine ou petit Monde qui luy est proportionné, & qui est en quelque façon semblable au grand, representant les parties Celestes & les Elementaires de cet Univers : Cet Instrument est ce qu'on nomme Sphere Artificielle. Nous en representerons un dans la page à costé.

La connoissance du Monde, tant Celeste qu'Elementaire, s'appelle Cosmographie.

Cette connoissance se divise en Astronomie, & en Geographie.

L'Astronomie a pour objet le mouvement des Cieux, & des Astres : la Geographie considere le Globe Terrestre composé de la Terre & de l'Eau ; elle a sous elle la Chorographie, & celle-cy a sous soy la Topographie.

La Chorographie est la connoissance & la Description de quelques Royaumes ou Provinces particulieres, comme de la France, ou de la Picardie.

La Topographie est la Description de quelque lieu ou Territoire particulier : comme de Paris & de sa banlieuë ; c'est-à-dire, de tout ce qui se rencontre depuis ses murailles, jusqu'aux Villages les plus prochains.

La Description des Eaux, est ce qu'on appelle l'Hydrographie.

Les Mathematiciens divisent cette science en science d'Hydrolique, & en science de Marine.

Sous le nom d'Hydrolique, ils entendent parler de ce qui sert à la conduite des Eaux, pour les Acqueducs, les Fontaines, les Pompes, les Cascades, & autres Jets d'Eau qui embellissent les Maisons publiques & particulieres. Cette science appartient à la Mechanique, & à l'Architecture Civile.

Sous le nom de Science de Marine, l'on entend la connoissance des Mers, des Golfes, des Détroits, des Rivieres, &c.

FIGURE I.

COSMOGRAPHIE
ou
SCIENCE DU MONDE
Region Aetherea
Elementa
TERRA
EAV

De la Sphere Artificielle.

Davity T. 1.
pag. 12.

LA Sphere Artificielle ou Armillaire, eſt un Inſtrument ou une Machine qui repreſente la diſpoſition & les mouvemens de la Sphere naturelle.

Elle eſt appellée Armillaire, du mot Latin, *Armilla*, qui ſignifie un Braſſelet, à cauſe que les Cercles qui la compoſent, reſemblent à des Braſſelets.

Pline L. 11.
Chap. 8.
Diodor. L. 4.
Boulanger
de la Sphere
L. 1. pag. 8.

On tient que ce fut Atlas, Roy de Mauritanie, qui a le premier inventé la Sphere. Sapor, Roy de Perſe, en fit faire une ſi grande, qu'il pouvoit s'y tenir aſſis. J'eſpere d'en faire quelque jour conſtruire une dont la concavité ſera capable de contenir, proche du centre, ſix perſonnes à leur aiſe ; & j'y donneray un mouvement ſi regulier & ſi ingenieux, que ces ſix perſonnes verront lever & coucher les Eſtoilles qui y ſeront repreſentées, avec le meſme ordre & les meſmes diſtinctions que ſi on contemploit effectivement le cours ordinaire du Ciel.

Les parties qui compoſent la Sphere Artificielle, ſont de grands & de petits Cercles, quelques Points & quelques Lignes droites.

Un grand Cercle eſt celuy dont on ſuppoſe que le Plan paſſe par le centre de la Sphere, & qui la diviſe en deux parties égales. On conſidere ordinairement ſix grands Cercles dans la Sphere ; à ſçavoir l'Horiſon, le Meridien, les deux Colures, l'Equinoxial, & le Zodiaque qui eſt repreſenté par une largeur dont le milieu eſt diſtingué par une ligne appellée l'Ecliptique. On y conſidere auſſi quatre petits Cercles, qui coupent chacun la Sphere en deux parties inégales, à ſçavoir le Tropique du Cancer, le Tropique du Capricorne, le Cercle Polaire Arctique, & le Polaire Antarctique.

On y remarque trois points principaux, ſçavoir le centre de la Terre, qui eſt repreſenté par une petite boule, le Zenith que l'on conçoit dans la partie la plus élevée de la Sphere, & le Nadir qui eſt le point le plus bas de la meſme Sphere, & directement oppoſé au Zenith.

Il y a deux ou trois lignes droites, ordinairement faites de fil de fer, que l'on nomme Axes, c'eſt-à-dire Eſſieus, parce que les mouvemens du Ciel ſe font autour de ces Axes. Dans la Sphere qui eſt icy repreſentée il n'y a que deux Axes, celuy du Monde, & celuy du Zodiaque ; mais il y a de grandes Spheres où l'on ajoûte l'Axe du mouvement de la Lune. Les extremitez des Axes s'appellent Poles ; Ainſi, les extremitez de l'Axe du Monde s'appellent Poles du Monde ; les extremitez de l'Axe du Zodiaque, Poles du Zodiaque.

FIGURE II.

Zenith
5
POLE ARTIQUE
MERIDIEN
COLVRE DES
TROPIQ CANCER
CERCL ARTIQ
CERCL COLVRE DES
AXE
SOLSTICES
AXE DV
EQVINOCTIAL
Orient
ECLIPTIQ
LIGNE
Occident
ORISON
ZODIAQVE
ZODIAQVE
MONDE
ANTART
ZODIAQVE
CAPRIC EQVINOX
TROPIQ
CERCLE
POLE ANTARTIQ
Nadir

De l'Horizon.

IL faut d'abord establir pour principe avec tous les Mathematiciens, que toutes sortes de Circonferences, soit grandes, soit petites, se divisent en trois cens soixante parties égales, que l'on appelle Degrez: De sorte que la moitié de chaque Circonference est divisée en cent quatre-vingt degrez, & chaque quart en quatre-vingt-dix ou 90.

L'Horizon est un grand Cercle qui divise la Sphere en deux parties, une visible & l'autre cachée; il prend son nom du mot Grec *Horizo*, qui signifie borner. Je commence par ce Cercle, à cause que dans la Sphere Artificielle il est le plus apparent de tous. On le distingue en Horison sensible, & en Rationel.

L'Horizon sensible est la plus grande estenduë de Terre ou d'Eau qui puisse tomber sous le sens de la veuë, lorsqu'on regarde sans obstacle tout à l'entour de soy, & qu'il semble que l'extremité de cet espace soit bornée par la jonction du Ciel & de la Terre. Ce qui ne passe guere quatre cens Stades, au sentiment de Geminus, ou vingt-cinq lieuës d'un costé, & autant de l'autre, selon Boulanger.

Boulanger de la Sphere l. 1. de l'Horizon.

L'Horizon Rationel, ou qui est conceu par la Raison, est un grand Cercle qui coupe la Sphere en deux parties égales, & qui distin ue la partie du Monde qui nous est apparente, de celle qui nous est cachée.

Dans la Sphere Artificielle ce Cercle est representé avec quelque largeur affectée à dessein d'y pouvoir marquer les douze Signes du Zodiaque, les mois de l'Année, les Festes Mobiles du Calendrier; avec le nom & la position des vents.

Ce Cercle montre le lever & le coucher des Astres, indique ceux qui paroissent toûjours, & ceux qui ne paroissent point en de certaines Regions; & marque combien de temps le Soleil illumine l'une & l'autre Hemisphere. Il détermine la longueur du jour Artificiel, & de la nuit. Aussi dans la Gnomonique, c'est-à-dire dans la Science de faire des Cadrans au Soleil, ce Cercle est le principe des heures Babyloniennes qui mesurent le jour, à commencer par l'instant que le Soleil se leve, dont l'usage est fort commun dans les Païs du Levant. Dans la mesme Science il est le principe des heures Italiques, parce que les Italiens commencent à compter leur jour au moment que le Soleil se couche: C'est sur ce mesme Cercle que les Astronomes & les Geographes élevent les Poles des Spheres & des Globes, afin de rendre ces Instrumens dans une pareille convenance & situation, à l'égard des parties du Monde, qu'en ont avec le Ciel les lieux où ils font leurs Observations.

FIGURE III.

Cercle
Circonference
180
360. degrez
360
90
Circonference
MERIDIEN
ZODIAQVE
CANCER LEO VIRGO LIBRA SCORPIVS
AVGVSTVS SEPTEMBER OCTOBER NOVEMBER DECEMBER
HO RI SON
CIRCIVS OVEST APIX
CORVS FAVONIVS

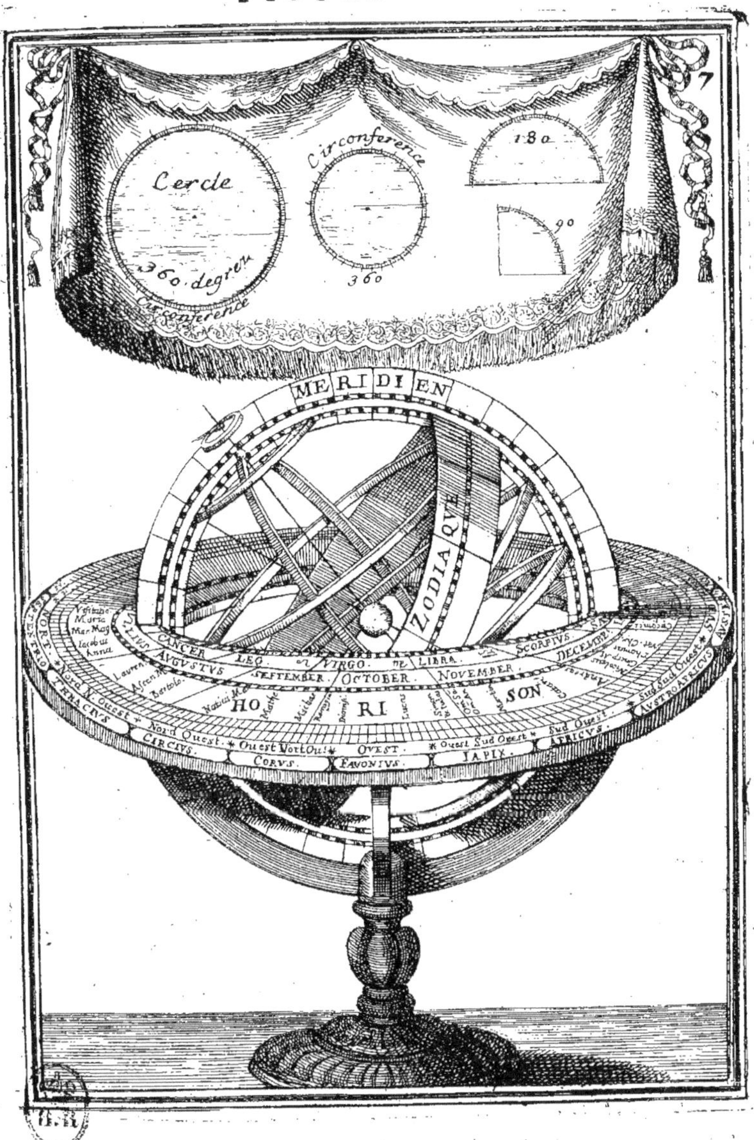

Le Meridien.

LE Meridien est un grand Cercle qui passe par les Poles du Monde & par le Zenith & le Nadir de chaque personne. Ainsi qu'il sera plus amplement expliqué dans les pages suivantes.

Comme l'on conçoit deux Horizons, l'on conçoit aussi deux Meridiens, l'un Sensible, & l'autre Rationel.

Le Meridien Sensible est une espace à peu prés de vingt-cinq lieuës de l'Orient à l'Occident, & determiné par deux Cercles qui se coupent aux Poles du Monde; en sorte que les Peuples qui demeurent au commencement, au milieu, & à la fin de cette espace, ont presque en un mesme instant l'heure de Midy, & peuvent observer toutes les apparences Celestes, sans que les intervales du temps soient beaucoup sensibles.

Le Meridien Rationel est un grand Cercle qui divise le Jour & la Nuit, chacun en deux parties égales, & qui distingue la partie Orientale du Monde de l'Occidentale.

On remarquera que quand le Soleil, ou un autre Astre, est monté jusques au Meridien, il est en sa plus grande élevation Horizontale; aussi les Observateurs qui cherchent les Latitudes des Villes ou des autres lieux de la Terre par le Soleil, attendent qu'il soit arrivé au Meridien pour prendre sa hauteur.

Il montre aussi que tous les peuples qui sont sous un mesme Meridien, ont Midy en un mesme temps, & leurs Antipodes ont Minuit dans ce mesme instant.

Il est aussi necessaire d'observer que l'Arc du Meridien compris entre le Zenith & l'Equateur, est toûjours égal à l'Arc du mesme Meridien, compris entre l'Horizon & le Pole; ce qui sert à montrer que l'élevation du Pole est toûjours égale à la Latitude.

Ce Cercle est le Terme du jour naturel des Astronomes, qui commencent leur jour, lorsque le Soleil est arrivé au Meridien, à cause que c'est le temps que cet Astre se trouve dans la partie du Ciel la plus élevée: La durée de ce jour est de vingt-quatre heures, qui est l'espace du temps que le Soleil employe pour revenir au mesme Meridien où il finit le jour & en commence un autre: Il est aussi le Terme du jour des Ecclesiastiques, qui dure aussi vingt-quatre heures; & qui commence à Minuit, en veneration de la

Naissance

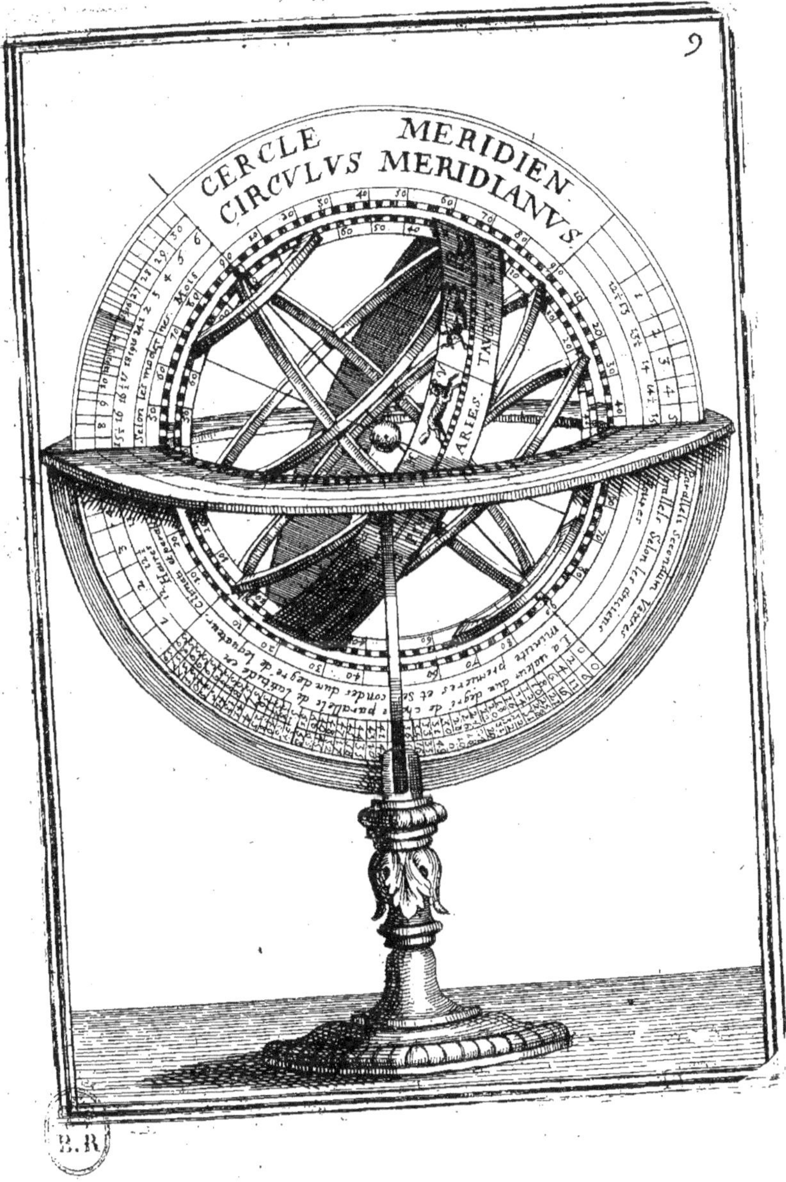

CERCLE MERIDIEN.
CIRCVLVS MERIDIANVS.
ARIES TAVR

Naissance de Nostre Seigneur ; Nos Heures vulgaires sont également fondées sur ces Heures Astronomiques & Ecclesiastiques.

Dans la Sphere Artificielle on donne une largeur à ce Cercle : de sorte qu'il a une face qui regarde l'Orient , & l'autre tournée vers l'Occident. Sur l'Orientale on marque la Latitude & la Longitude des principales Villes de la Terre ; sur l'Occidentale on trouve les Climats, & les Paralleles des Jours , selon les Geographes Anciens & Modernes : On y voit l'élevation & la proportion entre les degrez de chaque parallele de Latitude , & un degré de l'Equateur : Mais ce qui est plus important , on y voit d'un Pole à l'autre deux divisions , chacune de nonante degrez , qui servent à situer la Sphere , & à lever le Pole sur l'Horizon, selon les differents degrez des Latitudes Terrestres : Ainsi la Sphere se trouve par ce moyen disposée, au respect d'une Ville , ou de quelque autre lieu , comme ce lieu est disposé au respect du Ciel.

Par cette position on explique la longueur des Jours , & la durée des Nuits : comme nous dirons en parlant des Tropiques.

Sur les Globes & sur les Mappemondes, ou Cartes generales de la Terre , on represente un Meridien , que l'on nomme premier Meridien , d'où l'on commence à compter les Longitudes ; & c'est sur ce Meridien que l'on compte la Latitude des Villes.

Du Zodiaque.

LE Zodiaque est un grand Cercle, sous lequel se fait le mouvement propre & naturel des sept Planettes; il est representé avec une largeur divisée en deux parties égales par une ligne appellée l'Ecliptique, qui indique le cours particulier du Soleil. Cette ligne est ainsi nommée, parce que les Eclypses du Soleil & de la Lune, arrivent, lorsque la Lune la traverse, ou que l'ombre de la Terre s'y termine. Nous en parlerons plus particulierement lorsque nous traiterons des Eclipses.

Ptolomée ayant reconnu par ses Observations Celestes, que les Planettes qui estoient portées sous le Zodiaque, ne s'éloignoient de l'Ecliptique que de six degrez en tirant vers le Midy, & de six degrez en tirant vers le Septentrion, donna douze degrez de largeur à ce Cercle: Mais Tycho & Lansberge ayans remarqué que Venus s'en éloignoit de huit degrez de part & d'autre, reglerent cette largeur à seize degrez.

On dit qu'Anaximander fut le premier qui demonstra l'Obliquité de ce Cercle; c'est-à-dire, qui remarqua que le Soleil declinoit de l'Equateur pour s'approcher tantost vers un des Poles du Monde, tantost vers l'autre; ce qui faisoit la diversité des Saisons. *Pline Hist. Nat. L. II. Chap. 8.*

D'autres tiennent que ce fut Pithagore qui remarqua le premier cette Obliquité; neantmoins cette Invention est attribuée par quelques-uns à Oenopides, natif de l'Isle de Scio. *Plutarque L. II des Opinions des Philosophes.*

On croit que Cleostrate a esté le premier qui a remarqué les Signes du Belier, & du Sagittaire.

L'ordre des Noms & des Caracteres des Signes qui sont fixez au nombre de douze, sont *Aries* ou le Belier, ainsi figurez ♈; *Taurus* ou le Taureau ♉; *Gemini* ou les Gemeaux; ♊; *Cancer* ou le Cancre ♋; *Leo* ou le Lyon ♌; *Virgo* ou la Vierge ♍; *Libra* ou la Balance ♎; *Scorpio* ou le Scorpion ♏; *Arcitenens* ou *Sagittarius* le Sagittaire ♐; *Capricornus* ou Capricorne ♑; *Aquarius* ou le Verseau ♒; & *Pisces* ou les Poissons ♓.

Les six premiers de ces Signes, qui sont Aries, Taurus, Gemini, Cancer, Leo & Virgo, sont appellez chez les Astronomes Signes Septentrionaux, à cause qu'au respect de la Ligne Equinoctiale, ils se rencontrent dans la partie Septentrionale du Zodiaque: Et par la mesme raison les six autres; sçavoir Libra, Scorpius, Sagittarius,

Capricornus, Aquarius, & Pisces, sont nommez signes Meridionaux.

Au respect des Peuples Septentrionaux, le Belier, le Taureau & les Gemeaux sont les trois signes du Printemps ; le Cancre, le Lyon & la Vierge les trois signes de l'Esté ; les Balances, le Scorpion, & le Sagittaire les trois signes de l'Automne ; & le Capricorne, le Verseau & les Poissons les trois signes de l'Hyver.

Ces douze Signes sont appellés chés les Poëtes les douze Maisons du Soleil.

C'est sous la Ligne Ecliptique, *icy marquée de la Lettre E*, que se font les Eclipses du Soleil & celles de la Lune. Elles arrivent en deux points, que les Astronomes appellent les Nœuds, ou la Teste & la Queuë du Dragon ; c'est-à-dire, les points de l'Orbite de la Lune coupant l'Ecliptique.

Le mot d'Orbite veut dire le Cercle qui porte la Lune, ou quelque autre Planette.

Dans les Mappemondes ou Cartes generales, l'Ecliptique est figurée par une ligne tirée d'un Tropique à l'autre : Elle sert à marquer le mouvement Annuel du Soleil, & à montrer la raison des differentes Saisons de l'année, selon que le Soleil s'éloigne d'un Païs, ou qu'il s'en approche.

Dans les Globes Celestes l'Ecliptique est le terme de la Latitude des Estoilles : de mesme que la Ligne Equinoctiale est le Terme de la Latitude des Villes & autres lieux marqués sur les Globes Terrestres & Mappemondes.

FIGURE V.

De l'Equateur, ou Equinoxial

L'EQUINOXIAL de la Sphere Artificielle est un grand Cercle également éloigné des deux Poles du Monde : Il coupe le Zodiaque aux Points du Belier & de la Balance.

On a donné le nom d'Equateur à ce Cercle, tant parce que les jours sont égaux aux nuits, lorsque le Soleil le décrit dans le Ciel, qu'à cause qu'il sert d'une Regle égale & uniforme pour mesurer le mouvement du premier Mobile ; & par consequent le mouvement diurne de chaque Corps celeste.

Le mouvement propre & naturel du Soleil qui se fait sous le premier Mobile de l'Occident à l'Orient, porte cette Planete au premier point du Belier environ le 21. Mars . & y fait l'Equinoxe du Printemps. Six mois aprés, ce mesme mouvement le porte au premier point de la Balance, où il fait l'Equinoxe de l'Automne, environ le 22 ou 23. de Septembre

Boulanger Traité de la Sphere Liv. 4. Chap. 4.

Le Soleil fait quinze degrez par heure sur ce Cercle ; ce qui répond à trois cent soixante & quinze de nos lieuës sur le Globe Terrestre, à raison de vingt-cinq lieuës pour un degré, & ce qui revient dans son Ciel à quatre cent trente-six mille huit cent soixante & quinze lieuës.

Il distingue l'Hemisphere Septentrional du Meridional ; car tout ce qui est compris depuis l'Equateur jusqu'au Pole Arctique, s'appelle partie Septentrionale du Monde ; & tout ce qui regne depuis le mesme Equateur jusqu'au Pole Antarctique, est de la partie Meridionale. D'où vient que les Geographes, à l'exemple des Astronomes, le representent dans leurs Cartes par une Ligne qui establit cette difference des Regions Septentrionales & Meridionales.

Cette ligne Equinoxiale sert de Terme aux Geographes pour commencer à compter les Latitudes Terrestres ; c'est-à-dire, la distance comprise entre l'Equateur & quelque lieu que ce soit de la Terre, tant vers le Septentrion que vers le Midy : ce qu'ils representent sur leurs Globes par des Lignes paralleles à l'Equateur, & sur les Cartes generales par des Lignes courbes que la representation d'un Globe applany empesche d'estre paralleles.

Les Pilotes & tous ceux qui ont fait ou écrit des Voyages de long cours, appellent simplement l'Equateur la Ligne ; & au lieu de

dire,

FIGURE VI.

EQVATEVR
MERIDIEN
CARTE GENERALE DV MONDE
GLOBE TERRESTRE
GLOBE CELESTE

dire, nous sommes sous l'Equateur, ils disent, nous sommes sous la Ligne, ou à tant de degrez de la Ligne.

Ceux qui sçachant quand il est Midy chez eux voudront sçavoir quelle heure il est dans quelqu'autre lieu de la Terre, compteront sur la Ligne Equinoxiale de leurs Globes, ou sur celle qui la represente dans les Cartes Generales ou particulieres, le nombre des degrez qui sont interceptez depuis leur Meridien jusqu'au Meridien du lieu proposé. Car autant de fois qu'ils y compteront quinze degrez, ils compteront autant d'heures : Ces heures seront du soir, s'ils les ont comptez en tirant de leur Meridien vers l'Orient, & elles seront du Matin, s'ils les ont comptez vers l'Occident. Par exemple, si l'on veut sçavoir lorsqu'il est Midy à Paris, quelle heure il est à Constantinople, on trouvera qu'il y a trente degrez d'intervale entre les Meridiens des deux Villes, ce qui montrera deux heures de difference ; & comme Constantinople est Orientale au respect de Paris, on conclura qu'il doit estre deux heures à Constantinople, quand il est Midy à Paris : Par les mesmes Regles & dans le mesme temps, on trouvera qu'il est dix heures du Matin dans une des Isles du Cap-Verd, appellée l'Isle de saint Antoine, à cause qu'elle est éloignée de trente degrez du Meridien de Paris, en tirant vers l'Occident.

Réciproquement quand il sera deux heures du soir à Constantinople & dix heures du Matin dans l'Isle de saint Antoine, il sera Midy à Paris.

Pour peu qu'on entende ces Exemples on en pourra faire l'application à toutes sortes de lieux.

FIGURE VII.

FIGURE VII.

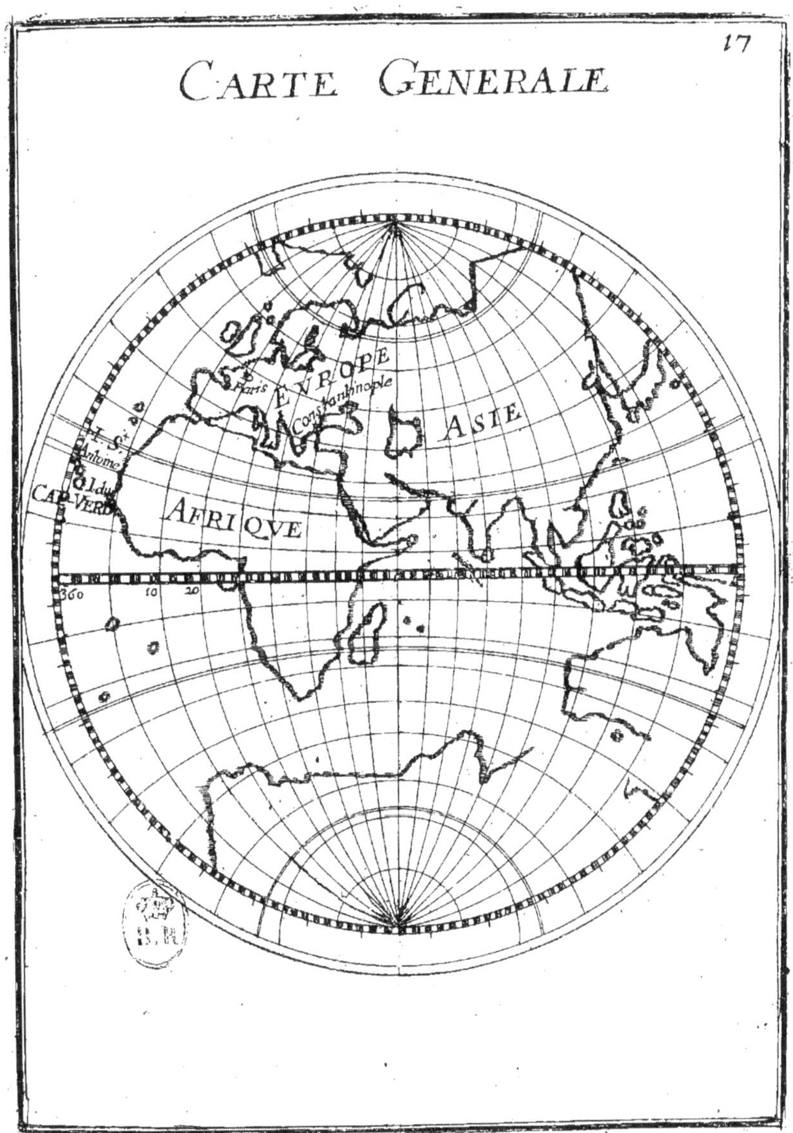

Tome I.   B

Des deux Colures.

LEs Colures de la Sphere Artificielle , sont deux grands Cercles qui s'entre-coupent toûjours en Angles droits à ses Poles; Ils couppent la Ligne Equinoctiale aussi en Angle droit ; & servent principalement à entretenir les autres Cercles de cette Machine, l'un avec l'autre. L'un des deux est appellé Colure des Equinoxes , parce qu'il passe par les premiers points du Belier & de la Balance, dont nous avons parlé dans la page precedente.

Son plus grand usage est de couper la Ligne Ecliptique en deux moitiés , l'une Septentrionale , & l'autre Meridionale.

Il nous fixe aussi le terme de la Longitude Celeste qui se compte sur l'Ecliptique , & qui commence au premier point du Belier, en allant de l'Occident vers l'Orient.

L'autre s'appelle Colure de Solstices , à cause qu'il passe par les points du Zodiaque , où le Soleil estant arrivé par son mouvement propre & naturel, semble demeurer quelque temps fixe. Ce qui est signifié par les mots Latins *Solis Statio* , d'où vient le mot de *Solstice.* Ces deux points du Zodiaque se rencontrent au premier degré du Cancer, & au premier degré du Capricorne, & distinguent le *Solstice* d'Esté du *Solstice* d'Hyver : Car le Soleil estant arrivé au premier degré du Cancer, environ le 21. Juin , donne l'Esté aux Peuples Septentrionaux , & l'Hyver aux Meridionaux ; mais reciproquement estant arrivé au premier degré du Capricorne, environ le 22. Decembre , il commence l'Esté dans les Regions Meridionales , & l'Hyver dans les Septentrionales. Environ ces temps-là , on voit que la declinaison du Soleil est imperceptible ; c'est-à-dire , qu'il decline ou s'éloigne fort lentement des Tropiques. D'où vient aussi que les ombres des Corps paroissent égales & diminuënt fort peu; ce qui authorise encore les mots de *Solis Statio* , ou de *Solstice.*

FIGURE VIII.

19
DES COLVRES
MERIDIEN
COLVRE DES
COLVRE
SOLTI
ZODIA
DES EQVINOX

Des petits Cercles de la Sphere Artificielle.

LES quatre petits Cercles de la Sphere, qui, comme nous l'avons déja dit, la couppent en parties inégales, s'appellent Tropique du Cancer, Tropique du Capricorne, Cercle Polaire Arctique, & Cercle Polaire Antarctique.

Le mot de Tropique vient du Grec *Tropos*, qui signifie conversion ou retour.

Le Tropique du Cancer est le petit Cercle parallele à l'Equateur, qui est à vingt-trois degrés trente minutes du mesme Equateur, en approchant du Pole Arctique. C'est là que le Soleil marque l'Esté des Peuples Septentrionaux, & qu'aprés avoir fait leur plus grand jour, il retourne imperceptiblement vers l'Equateur ; d'où vient le mot de Solstice.

Le Tropique du Capricorne est aussi parallele à l'Equateur, & s'en éloigne de vingt-trois degrés, trente minutes, du costé du Pole Antarctique : Il est décrit dans le Ciel par le mouvement du Soleil, environ le vingt-troisiéme Decembre, comme le Tropique du Cancer y est décrit, environ le vingt-uniéme Juin. Celuy du Capricorne marque l'Esté des Peuples Meridionaux, & détermine leur plus grand jour.

Chacun des Cercles Polaires, est éloigné de vingt-trois degrés trente minutes du Pole qui leur est le plus proche ; & chacun d'eux est parallele à l'Equateur & aux Tropiques.

Le Cercle Polaire Arctique prend son nom du Pole Septentrional du Monde, que les Astronomes appellent *Arctique*, pour les raisons que l'on remarquera dans la page suivante, & le Cercle Antarctique le prend du Pole Meridional. Pour de semblable, on suppose qu'ils sont décrits par le mouvement des Poles du Zodiaque ; mais enfin leur plus grand usage est de distinguer les Zones froides des Zones temperées, comme les Tropiques separent les Zones temperées de la Zone Torride. Ce que nous expliquerons cy-aprés dans son lieu.

FIGURE IX.

21

B iij

Des Points, des Axes, & des Poles.

LEs Points les plus confiderables que les Aftronomes établif-fent, font le Zenith, le Nadir, & le centre de la Sphere.

Le Zenith ou point Vertical, eft le point le plus élevé du Ciel au refpect d'une Ville, ou d'une Perfonne : Ainfi quand on dit que le Soleil ou une Etoille eft au Zenith d'un homme, on en-tend que le Soleil ou l'Etoille eft à plomb fur la tefte de cet hom-me, & le Soleil ne paffe jamais au Zenith d'une Region qu'il n'y marque Midy.

Le Nadir eft un point diametralement oppofé au Zenith, & qui marque la partie la plus baffe du Ciel, au refpect d'un Homme ou d'une Region.

Le centre de la Sphere eft le point qui eft juftement au milieu, & qui eft reprefenté par le Globe Terreftre, qu'on fuppofe au cen-tre du Monde.

Les Axes ou Effieux font les Diametres de la Sphere reprefentez par des Fils de fer pour faire concevoir les mouvemens, ou revolu-tions celeftes, qui fe font au tour de fes Axes. Ainfi l'on conçoit qu'en l'efpace de 24. heures, qui compofent le jour naturel, tous les Cieux tournent à l'entour de l'Axe du Monde par un mouve-ment d'Orient en Occident ; & c'eft proprement ce mouvement qu'on appelle le mouvement diurne, qui eft celuy du Premier-mo-bile. L'Axe du Zodiaque ou du Soleil eft celuy à l'entour duquel on fuppofe que le Soleil fait fon mouvement propre en l'efpace d'un an de l'Occident à l'Orient. Cet Axe doit faire un Angle de vingt-trois degrez, trente minutes avec l'Axe du Monde : L'Axe du Ciel de la Lune fait un Angle de vingt-huit degrez trente minutes avec l'Axe du Monde : Il fert à reprefenter le mouvement propre & pe-riodique de la Lune qui s'accomplit à peu prés en vingt-huit jours.

Le Pole eft un point qui termine un Axe, & autour duquel on fuppofe qu'il fe fait un mouvement. Ainfi chaque Axe a fes deux Poles. Le Pole Arctique eft celuy qui termine l'Axe du Monde du cofté du Septentrion, proche d'une Conftellation en Grec appel-lée *Arctos*; ce qui en langage Grec, fignifie une Ourfe ; c'eft ce qui luy a donné le nom d'Arctique Le Pole Antarctique eft celuy qui luy eft diametralement oppofé vers le Midy.

FIGURE X.

ZENITH
LE LVNE
ZODIACQVE
POLE ARCTIQVE
MONDE
DV
TERRE
AXE DV
AXE DV
AXE DV
POLE ANTARCTIQVE
NADIR

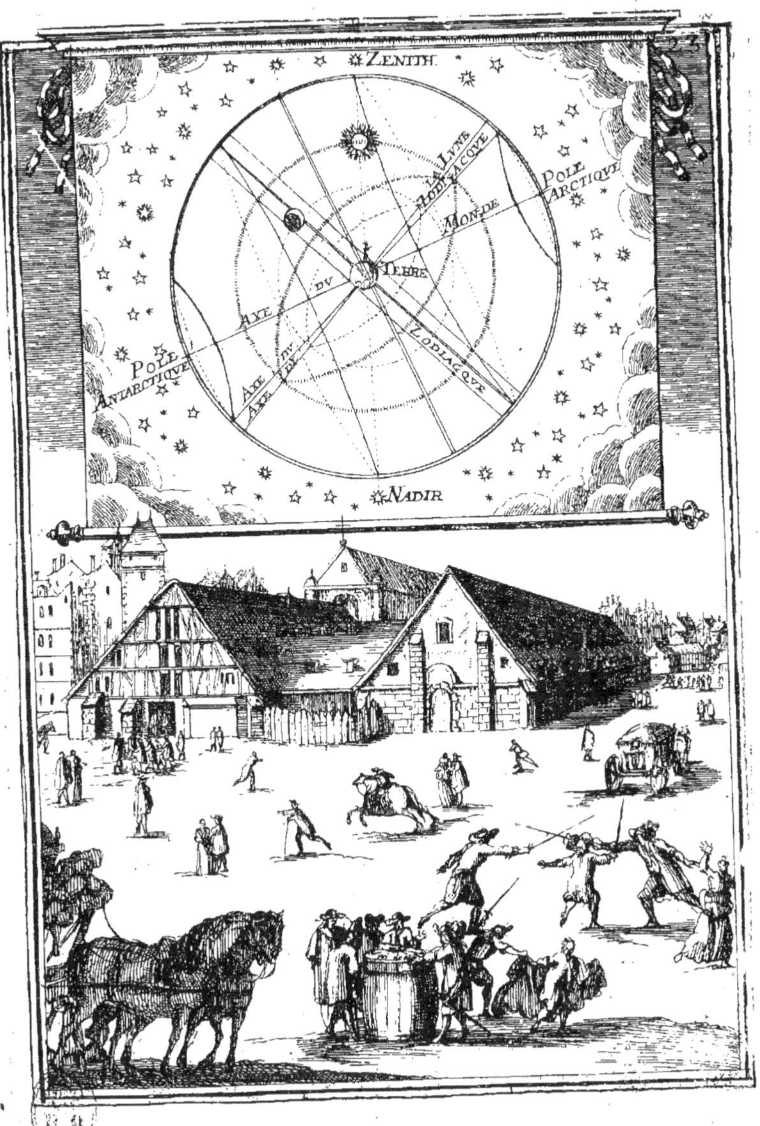

Des diverses positions de la Sphere Artificielle.

LEs Astronomes & les Geographes voulans montrer de quelle façon le Ciel se meut à l'égard des differents peuples de la Terre, ont imaginé trois diverses situations de la Sphere, qu'ils ont appellés positions de la Sphere, pour de là conclure le rapport qui se rencontre entre les parties du Ciel & celles de la Terre. Ils ont donc étably une Sphere droite, une Sphere Oblique, & une Sphere Parallele : Et ces trois noms sont fondez sur la commune disposition de l'Equateur & de l'Horizon.

La Sphere droite est celle où l'Horizon & l'Equateur font des Angles droits l'un avec l'autre ; ce qui est la disposition de la Sphere à l'égard des peuples qui habitent sous la Ligne Equinoxiale. Ceux-là ont les Poles du Monde dans leur Horizon, ils ont la nuit égale au jour durant toute l'année, & pendant l'espace de vingt-quatre heures ils voyent lever & coucher toutes les Etoilles ; & celles qui se trouvent ensemble dans l'Horizon, se trouvent aussi ensemble dans le Meridien.

La Sphere oblique est celle qui a un de ses Poles élevé sur l'Horizon, en sorte que l'Equateur coupe le mesme Horizon obliquement ; & plus leurs Angles sont obliques, plus l'élevation du Pole est grande.

Tous les Peuples de l'Europe sont dans cette position de Sphere ; car ils ont tous le Pole Arctique élevé sur leur Horizon, & cette élevation augmente de plus en plus qu'ils ont de Latitude, ou qu'ils sont éloignés de l'Equateur. Ils ont une grande inégalité de jours & de temperature d'air : car plus on est proche de l'Equateur, plus les chaleurs de l'Esté sont grandes, & les jours d'Esté de moindre durée ; & le contraire arrive en approchant des Poles. Ainsi les Espagnols ont moins d'élevation de Pole que les Suedois, leur Esté est moins temperé, & leurs jours d'Esté sont plus cours.

La Sphere Parallele est celle qui a l'Equateur dans l'Horizon en sorte que les deux Cercles sont Paralleles, un des Poles estant au Zenith, & l'autre au Nadir. Supposant qu'il y eust des peuples directement sous le Pole, cette situation leur conviendroit, & ils auroient un jour de six mois & une nuit de mesme durée, parce que le Soleil ne s'y leve qu'à un des Equinoxes, & ne s'y couche qu'à l'Equinoxe suivant.

FIGURE XI.

SPHERE DROITE
25
Meridien
Equinoctial
Tropiq
Zodiaque
Pole Artique
Pole Antartique
Orizon
Cancer
Capricorn

Sphere Oblique
Pole Artique
Cancer
Meridien
Zodiaque

Sphere Parallele
Pole Artique
Meridien
Tropiq
Cancer
Equ
Meridionale
Tropiq
Capricor

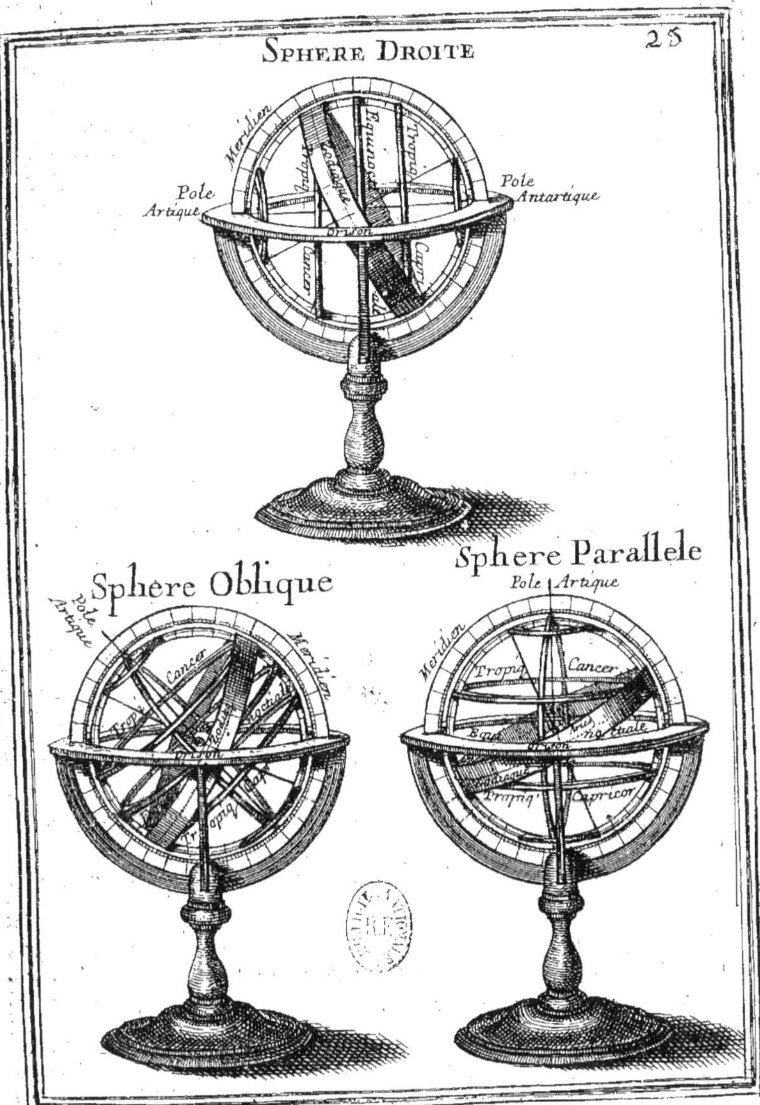

*Conformité des Cercles de la Sphere Artificielle avec ceux
qui sont representés sur les Globes ou sur les
Cartes Generales.*

LEs Geographes voulans que la figure de leurs Planispheres eust
du rapport avec celle des Spheres Artificielles, comme la Figure de ces Spheres avoit du rapport avec la Sphere Naturelle , ont
supposé cette Sphere Artificielle dans la Position parallele, & veuë
de part & d'autre de son Meridien , ce qui facilite la connoissance
des differentes situations des Peuples.

Dans cette Position l'Equateur divise la Sphere en deux parties
egales , une Superieure & l'autre Inferieure. Et en supposant que le
Pole Arctique soit au Zenith , la partie Superieure de la Sphere represente les Regions Septentrionales , & la partie Inferieure represente les Meridionales: ce qui est imité dans les Planispheres ou Cartes generales.

Dans cette veuë de la Sphere Parallele , le Meridien environne
ou borne tout l'Hemisphere que nous voyons de front. Aussi dans
le Planisphere , le Meridien enferme l'Hemisphere que nous regardons en face.

Les quatre petits Cercles du Planisphere garde la mesme convenance ou conformité avec les quatre petits Cercles de la Sphere Artificielle ; car dans l'une & dans l'autre Figure , le Tropique du
Cancer & le Cercle Polaire Arctique sont representez au dessus de
l'Equateur ; & le Tropique du Capricorne & le Polaire Antarctique sont figurez au dessous du mesme Equateur, chacun dans ses
distances naturelles.

Dans la Sphere Artificielle la Ligne Ecliptique qui est le milieu
du Zodiaque passe d'un Tropique à l'autre , ce qui est imité dans
le Planisphere.

Le mesme ordre se garde pour les deux Poles du monde ; car
dans l'une & l'autre Figure, le Pole Arctique paroist au Zenith , &
l'Antarctique au Nadir.

FIGURE XII.

Pole Artique
Meridien
Tropic Cancer
Equinoctial
Tropiq Capricor
Cercle Antar
Pole Antartique
POLE ARTIQVE
Meridien
CERCLE ARTIQVE
TROPIQVE Cancer
LIGNE EQVINOCTIALE
TROPIQVE CAPRICORNE
CERCLE ANTARTIQVE
POLE ANTARTIQVE

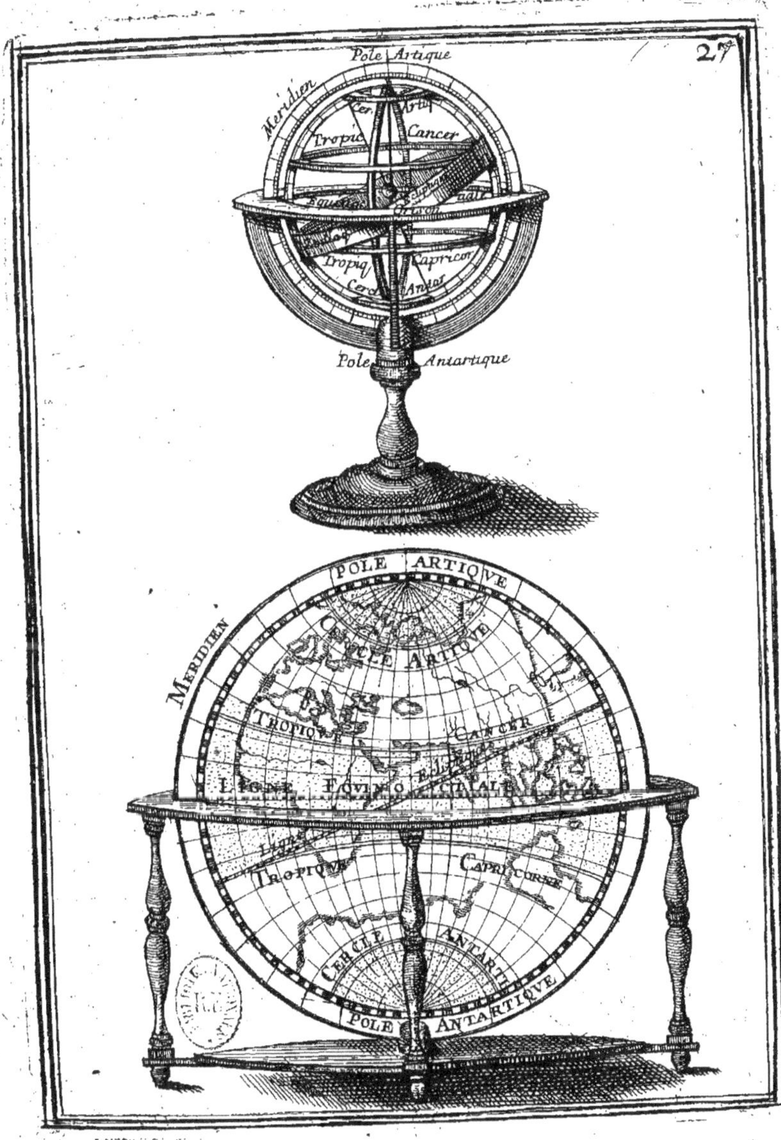

Convenance des Zones du Ciel & de la Terre.

Plutarque
L. II. des
Opinions des
Philosophes.
Chap. 12.

THALES, Pythagore & ſes Sectateurs tiennent que le Ciel eſt partagé en cinq Bandes, que l'on appelle Zones ou Ceintures, qui ſont des eſpaces, ſoit du Ciel, ſoit de la Terre, compris & renfermez tantoſt entre deux Tropiques, tantoſt entre un Tropique & un Cercle Polaire, ou bien enfin dans la circonference de chaque Cercle Polaire.

On compte cinq Zones; à ſçavoir une Torride, deux Temperées, & deux Froides : les deux Temperées ſe diſtinguent en Septentrionale & Meridionale, & les deux Froides auſſi.

La Zone Torride, c'eſt-à-dire ſeiche ou brulée, eſt compriſe entre les deux Tropiques, & large de 47. degrez, qui reviennent à mille cent ſoixante quinze lieuës, donnant vingt-cinq lieuës pour chaque degré. Comme les Rayons du Soleil y tombent à plomb, & qu'ils y devroient davantage échauffer l'Air & la Terre, les Anciens Philoſophes l'avoient cruë inhabitable; mais nos découvertes ont juſtifié le contraire, & fait connoiſtre qu'il y a quantité d'Eau dont les vapeurs ſe reſolvent en pluye qui raſraîchit l'air, à quoy contribüent encore les vents qui y regnent.

La Zone Temperée Septentrionale, eſt compriſe entre le Tropique du Cancer & le Cercle Polaire Arctique, & large de quarante-trois degrez, qui ſelont la precedente évaluation, reviennent à 1075. lieuës. Elle eſt appellée Temperée, à cauſe que le chaud & le froid n'y ſont pas à exceſſifs

La Zone Temperée Meridionale eſt limitée par le Tropique du Capricorne, & par le Cercle Polaire Antarctique, ſa largeur eſt auſſi de quarante-trois degrez.

La Zone Froide Septentrionale eſt bornée par la Circonference du Cercle Polaire Arctique; ſa largeur eſt égale à celle de la Torride; mais ſon circuit, beaucoup moindre. Le Pole Arctique eſt au milieu de cette largeur; comme le Soleil en eſt fort éloigné, & que ſes rayons y tombent fort obliquement, ils n'ont pas la force d'échauffer la Terre ny l'Air; d'où vient que les Mers y ſont preſque toûjours glacées.

La Zone Froide Meridionale eſt renfermée dans la Circonference du Cercle Polaire Antarctique, avec la meſme largeur, & apparamment avec les meſmes qualitez de la Septentrionale; car les Terres Auſtrales nous ſont encore inconnuës pour la pluſpart.

FIGURE XIII.

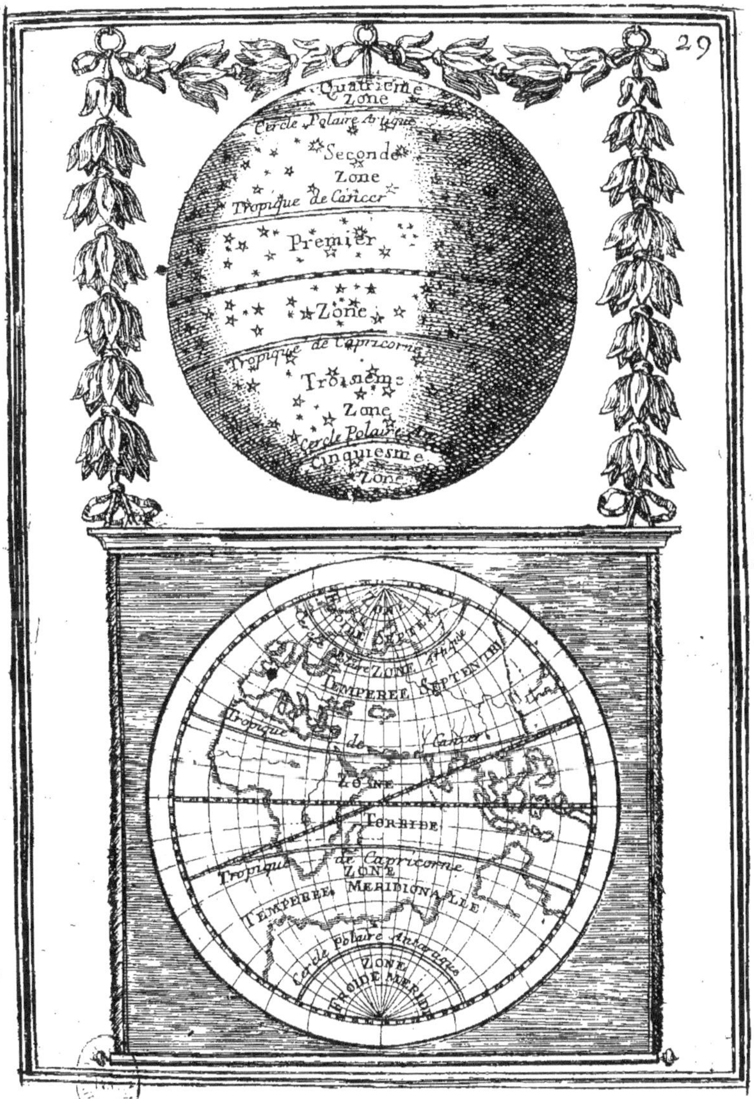
29
Quatrieme
Zone
Cercle Polaire Artique
Seconde
Zone
Tropique de Cancer
Premier
Zone
Tropique de Capricorne
Troisieme
Zone
Cinquiesme
Zone
ZONE
TEMPEREE SEPTENTRI
Tropique de Cancer
ZONE
TORRIDE
Tropique de Capricorne
ZONE
TEMPEREE MERIDIONALLE
Cercle Polaire Antarctique
ZONE

Des Climats selon les Anciens.

Foulanger L. 4. de la Sphere pag. 120.

CLIMAT, est une estenduë de la Terre renfermée entre deux Cercles qui sont Paralleles à l'Equateur, & tellement éloignez l'un de l'autre, qu'il y a une difference de demy-heure dans la durée de leur plus grand jour; de sorte que si sous un Parallele, le plus grand jour est de treize heures, il sera de treize heures & demie sous le Parallele qui termine le Climat du costé du Pole.

Par la Division des Zones, les Geographes ont consideré la diverse temperature des Regions de la Terre; & par la Division des Climats, ils ont consideré la differente durée des plus grands jours d'Esté de chaque Region.

Brictii Geograph. p. 1. l. 2. ch. 3. tom. 1. pag. 23.

Les Geographes qui ont precedé Ptolemée, ne connoissant aucunement les parties les plus Septentrionales & les plus Meridionales de la Terre, se contenterent d'établir sept Climats dans les Païs qui leur estoient connus. Le premier Parallele de ces sept Climats des Anciens passoit par Meroé, qui est une Isle formée par le Nil dans l'Ethiopie : Le second passoit par Syene, qui estoit une Ville d'Egypte : Le troisiéme par Alexandrie, aussi Ville d'Egypte sur le bord de la Mer Mediterranée : Le quatriéme par Rhodes, Ville Capitale de l'Isle qui porte ce nom : Le cinquiéme par la Ville de Rome, autrefois Capitale du plus grand Empire qui ait jamais esté : Le sixiéme par le milieu du Pont Euxin, qu'on appelle aujourd'huy la Mer Noire : Le septiéme par les emboucheures du Boristhene appellé aujourd'huy le Nieper, qui se décharge dans la partie Septentrionale du Pont Euxin.

Ptolemée a étably neuf Climats, & en a adjoûté deux aux sept que nous venons de nommer ; sçavoir un qui passoit par les Riphées, qui sont des Montagnes de la Sarmatie aujourd'huy dans la Moscovie ; & un autre qui passoit par la partie Meridionale de la Chersonese Cimbrique, qui fait anjourd'huy partie du Royaume de Danemarc.

Il s'est contenté de ce nombre de Climats dans la Geographie, parce qu'il n'a eu égard qu'aux Terres qui estoient connuës de son temps; mais dans son Almageste où il traite les choses Astronomiquement, il en a compté jusqu'à 39. comme l'on verra dans les deux Tables suivantes.

FIGURE XIV.

31
CLIMATS
SELON LES ANCIENS
Pole Arctique ou
Septentrional
EUROPE
ASIE
AFRIQUE
Dannemarc
Moscovie
M. Riphées
Boristhene
Rome
Mediter
Rhode
Alexandrie
Syene
Meroe
NIL
Ligne
Equinoctiale ou Equateur
Pole Antarctique ou
Meridional

Table des Climats selon les Anciens.

CLIMATS	HAUTEUR du Pole.		JOURS		CLIMATS	HAUTEUR du Pole.		JOURS	
	Degr.	Min.	Heur.	Min.		Heur.	Min.	Degr.	Min.
I	0	0	12	0	X	33	18	14	15
II	4	15	12	15	XI	36	0	14	30
III	8	25	12	30	XII	38	35	14	45
IV	12	30	12	45	XIII	40	56	15	0
V	16	27	13	0	XIV	43	5	15	15
VI	20	14	13	15	XV	45	1	15	30
VII	23	51	13	30	XVI	46	51	15	45
VIII	27	40	13	45	XVII	48	32	16	0
IX	30	22	14	0	XVIII	50	0	16	15

Suite

Suite de la Table des Climats selon les Anciens.

CLI-MATS	HAUTEUR du Pole.		JOURS		CLI-MATS	HAUTEUR du Pole.		JOURS	
	Degr.	Min.	Heur.	Min.		Heur.	Min.	Degr.	Min.
XIX	51	35	16	30	XXVIII	62	0	19	30
XX	52	0	16	45	XXIX	63	0	20	0
XXI	54	1	17	0	XXX	64	30	21	0
XXII	55	0	17	15	XXXI	65	30	22	0
XXIII	56	0	17	30	XXXII	66	0	23	0
XXIV	57	0	17	45	XXXIII	66	40	24	0

CLIMATS DE JOURS.

I	67	15	un	Mois
II	69	30	deux	Mois
III	72	20	trois	Mois
IV	78	20	quatre	Mois
V	84	0	cinq	Mois
VI	90	0	six	Mois

CLI-MATS	HAUTEUR du Pole.		JOURS	
XXV	58	0	18	0
XXVI	59	30	18	30
XXVII	61	0	19	0

Des Climats selon les Geographes Modernes , & des Paralleles de Climats.

DEPUIS les grandes découvertes qu'on a faites , les Nouveaux Geographes ont étably une autre division de Climats, & n'ont plus commencé à les compter par l'Isle de Meroé , mais de la Ligne Equinoxiale ; ayant reconnu que contre les préjugez des Anciens, il y avoit des Peuples dans les Païs situez sous cette Ligne. Ils en ont donc étably trente depuis l'Equateur jusqu'au Pole Arctique, & trente dans l'Hemisphere Meridional , depuis le mesme Equateur jusqu'au Pole Antarctique, tant sur les Terres découvertes que sur les inconnuës de chaque Hemisphere. Ces trente Climats sont encore distinguez de telle sorte, qu'il y en a 24. qui different l'un de l'autre de demy-heure , & qui sont compris depuis l'Equateur où chaque jour artificiel est de douze heures, jusqu'au Cercle Polaire, où le plus grand jour artificiel est de 24. heures : Les autres six Climats sont compris depuis le Cercle Polaire jusqu'au Pole, & different entre-eux d'un mois entier. Ainsi pour donner un Exemple des Climats qui different de demy-heure , l'endroit de la Terre où le plus grand jour est de 13. heures , se trouvera dans la fin du second Climat : Et pour donner un Exemple des Climats qui different d'un mois entier , l'endroit de la Terre où le plus grand jour d'Esté sera de deux mois, sans qu'on voye le Soleil se coucher , sera dans la fin du 26. Climat. Tellement que le 30. Climat aura six mois le Soleil sur son Horizon, ce qui convient au Peuples qui demeurent sous un des Poles , en cas que ces lieux soient habitez ; car pendant les six mois que le Soleil parcourt les six Signes qui sont toûjours élevez sur l'Horizon de la Sphere Parallele , il ne s'y leve & ne s'y couche point.

Les Paralleles des Climats sont des Cercles qui divisent un Climat en deux parties , de sorte que l'espace de temps compris entre deux Paralleles , est d'un quart d'heure depuis l'Equateur jusqu'au Cercle Polaire , & il est de quinze jours depuis le Cercle Polaire jusqu'au Pole.

Les Tables suivantes marquent les Climats Septentrionaux, selon les Modernes , avec leurs nombres , leur ordre, leurs plus longs jours , leurs latitudes, leurs differences ou largeurs ; & enfin la quantité des lieuës qu'ils tiennent en largeur, à raison de 25. lieuës pour degré , & chaque degré y est subdivisé en 60. minutes.

Table des Climats selon les Modernes.

CLIMATS.	PARALLELLES.	DISPOSITION DES CLIMATS.	HAUTEUR DU POLE. Degr.	Min.	JOURS. Heur.	Min.	GRANDEURS DES CLIMATS. Degr.	Milles.	Lieuës.
I	1	Commencement.			12	0	8	34	257
	2	Milieu.	4	18	12	$\frac{1}{4}$			
	3	Fin.	8	34	12	$\frac{1}{2}$			
II	3	Commenc.	8	34	12	$\frac{1}{2}$	8	9	244 $\frac{1}{2}$
	4	Milieu.	12	43	12	$\frac{3}{4}$			
	5	Fin.	16	43	13	0			
III	5	Commenc.	16	43	13	0	7	28	224
	6	Milieu.	20	33	13	$\frac{1}{4}$			
	7	Fin.	24	11	13	$\frac{1}{2}$			
IV	7	Commenc.	24	11	13	$\frac{1}{2}$	6	36	198
	8	Milieu.	27	36	13	$\frac{3}{4}$			
	9	Fin.	30	47	14	0			
V	9	Commenc.	30	47	14	0	5	43	171 $\frac{1}{2}$
	10	Milieu.	33	45	14	$\frac{1}{4}$			
	11	Fin.	36	30	14	$\frac{1}{2}$			
VI	11	Commenc.	36	30	14	$\frac{1}{2}$	4	52	146
	12	Milieu.	39	2	14	$\frac{3}{4}$			
	13	Fin.	41	22	15	0			
VII	13	Commenc.	42	22	15	0	4	7	123 $\frac{1}{2}$
	14	Milieu.	43	32	15	$\frac{1}{4}$			
	15	Fin.	45	29	15	$\frac{1}{2}$			
VIII	15	Commenc.	45	29	15	$\frac{1}{2}$	3	32	106
	16	Milieu.	47	20	15	$\frac{3}{4}$			
	17	Fin.	49	1	16	0			

Suite des Climats.

CLIMATS.	PARALLELLES.	DISPOSITION DES CLIMATS.	HAUTEUR DU POLE. Degr.	Min.	JOURS Heur.	Min.	GRANDEURS DES CLIMATS. Degr.	Milles.	Lieuës.
IX	17	Commenc.	49	1	16	0			
	18	Milieu.	50	13	16	$\frac{1}{4}$	2	57	88 $\frac{1}{2}$
	19	Fin.	51	58	16	$\frac{1}{2}$			
X	19	Commenc.	51	58	16	$\frac{1}{2}$			
	20	Milieu.	53	17	19	$\frac{3}{4}$	2	31	71
	21	Fin.	54	29	17	0			
XI	21	Commenc.	54	29	17	0			
	22	Milieu.	55	34	17	$\frac{1}{4}$	2	8	64
	23	Fin.	56	37	17	$\frac{1}{2}$			
XII	23	Commenc.	56	37	17	$\frac{1}{2}$			
	24	Milieu.	57	34	17	$\frac{3}{4}$	1	49	54 $\frac{1}{2}$
	25	Fin.	58	26	18	0			
XIII	25	Commenc.	58	26	18	0			
	26	Milieu.	59	14	18	$\frac{1}{4}$	1	33	46 $\frac{1}{2}$
	27	Fin.	59	59	18	$\frac{1}{4}$			
XIV	27	Commenc.	59	59	18	$\frac{1}{2}$			
	28	Milieu.	60	41	18	$\frac{3}{4}$	1	9	39 $\frac{1}{2}$
	29	Fin.	61	18	19	0			
XV	29	Commenc.	61	18	19	0			
	30	Milieu.	61	53	19	$\frac{1}{4}$	1	7	31 $\frac{1}{2}$
	31	Fin.	62	25	19	$\frac{1}{2}$			
XVI	31	Commenc.	62	25	19	$\frac{1}{2}$			
	32	Milieu.	62	55	19	$\frac{3}{4}$	0	58	29
	33	Fin.	63	3	20	0			

Selon les Modernes.

CLIMATS.	PARALLELLES.	DISPOSITION DES CLIMATS.	HAUTEUR DU POLE. Degr.	Min.	JOURS Heur.	Min.	GRANDEURS DES CLIMATS. Degr.	Milles	Lieuës.
XVII	33	Commenc.	63	23	20	0			
	34	Milieu.	63	50	20	$\frac{1}{4}$	0	53	$26\frac{1}{2}$
	35	Fin.	64	16	20	$\frac{1}{2}$			
XVIII	35	Commenc.	64	16	20	$\frac{1}{2}$			
	36	Milieu.	64	37	20	$\frac{3}{4}$	0	39	$19\frac{1}{2}$
	37	Fin.	64	55	21	0			
XIX	37	Commenc.	64	55	21	0			
	38	Milieu.	65	11	21	$\frac{1}{4}$	0	30	15
	39	Fin.	65	25	21	$\frac{1}{2}$			
XX	39	Commenc.	65	25	21	$\frac{1}{2}$			
	40	Milieu.	65	36	21	$\frac{3}{4}$	0	22	11
	41	Fin.	65	47	22	0			
XXI	41	Commenc.	65	47	22	0			
	42	Milieu.	65	57	22	$\frac{1}{4}$	0	21	$9\frac{1}{3}$
	43	Fin.	66	6	22	$\frac{1}{2}$			
XXII	43	Commenc.	66	6	22	$\frac{1}{2}$			
	44	Milieu.	66	14	22	$\frac{3}{4}$	0	14	7
	45	Fin.	66	20	23	0			
XXIII	45	Commenc.	66	20	23	0			
	46	Milieu.	66	24	23	$\frac{1}{4}$	0	8	4
	47	Fin.	66	28	23	$\frac{1}{2}$			
XXIV	47	Commenc.	66	28	23	$\frac{1}{2}$			
	48	Milieu.	66	30	23	$\frac{3}{4}$	0	3	$1\frac{1}{3}$
	Cercl Arctiqu	Fin.	66	31	24	0			

Suite des Climats selon les Modernes.

CLIMATS DE JOURS.

CLI-MATS	HAUTEUR DU POLE. Degr.	Min.	JOURS	GRANDEURS DES CLIMATS. Degrez.	Minutes.	Lieuës de France.
I	67	21	31	0	49	24 $\frac{1}{2}$
II	69	48	62	2	27	73 $\frac{1}{2}$
III	73	37	93	3	35	107 $\frac{1}{2}$
IV	78	30	124	4	53	146 $\frac{1}{2}$
V	84	5	155	5	25	162 $\frac{1}{2}$
VI	90		180 ou 187	5	55	177 $\frac{1}{2}$

Pour donner une plus claire intelligence des Climats, & en faire voir l'usage sur la Carte, nous en donnons icy une de l'Europe, où chaque Climat est distingué par une Ligne qui va de l'Orient à l'Occident, & les Chifres qui sont au costé de l'Occident marquent les nombres des Climats, & ceux qui sont à la droite font voir les Heures & les Minutes des Jours; ainsi l'on verra aisément & par raison, que les Jours sont plus longs en la partie Septentrionale de l'Allemagne, que non pas en Espagne.

FIGURE XV.

39
OCEAN SEPTENTRIONAL
GLACIAL
NOVVELLE ZENLE
NortCap
ISLANDE I.
XXIIII
24
Cerile
Polaire
Arctique
OCEAN ATLANTIQVE ov OCCIDENTAL
TARTARIE
ISLES BRITAN.
SCAN DINAVIE
Dwina R.
20
19½
19
Onaga
18½
Shagna
Ladoga
MOSCOVIE
18
Stokolm
Ile
Copenhague
Volga R.
17½
MER BALTIQVE
Moscou
17
POLOGNE
Wesel R.
16½
Hollan
ALLEMAGNE
Cracovie
16
Angleterre
Land
Loire
Vienne
Petite Tartarie
Don R.
Paris
Sijs
Transilvanie
15
Genevre
Hongrie
GEORGIE
MER CASPIENNE OV DE KILAN
Garone R.
FRANCE
Moldauie
Seure
Valachie
15½
Squole
MER
NOIRE
Po R.
Danube R.
ITALIE
Constantinople
15
Minor.
TVRQVIE
Constanti.
TVRQVIE EN ASIE
PERSE
ESPAGNE
qve
EN
14½
Tage R.
Major
EVROPE
qve
D. de Gibraltar
SICILE I.
MER
Candie I.
14
BARBARIE
MEDITERRANEE
13½
EGYPTE
ARABIE
13
12½
EVROPE

Des Paralleles de Latitude.

LES Paralleles de Latitude, font des lignes paralleles à l'Equateur, & qui en font plus ou moins éloignées, felon que les lieux par où elles paffent, font plus ou moins éloignés du mefme Equateur, en forte que cette diftance n'excede jamais nonante dégrés.

Les Geographes des derniers fiecles, ont remarqué que l'ufage des Climats & des Paralleles ne fuffifoit pas à donner exactement la fituation & la diftance des differens peuples de la Terre; parce qu'en effet ces divifions font trop vaftes, & comprennent trop de degrés pour établir précifement & diftinctement toutes ces diverfes pofitions. De forte que cette imperfection a efté reparée par l'ufage des Paralleles de Latitude, parce qu'ils entrent mieux dans le détail des parties d'un Cercle, & qu'on les peut faire paffer de minute en minute, & mefme de feconde en feconde.

Mais pour éviter la confufion de tant de lignes, on fe contente de marquer ces paralleles fur des Cartes de dix degrés en dix degrés, tant d'une part que d'autre de l'Equateur, ainfi que nous l'avons pratiqué dans ce Planifphere; où nous n'en avons marqué que feize, à fçavoir huit depuis l'Equateur jufqu'au Pole Arctique, qui font nommées Paralleles de Latitude Septentriônnale, & huit autres depuis l'Equateur jufqu'au Pole Antarctique, appellés Paralleles de Latitude Meridionale.

Nous nous fommes fervis d'une pareille abbreviation pour les Cercles de Longitude, car pour éviter la confufion des lignes, nous nous fommes contentés de marquer les Meridiens de dix degrés, en dix degrez, ce qui fait 18. Cercles fur chaque Hemifphere, & 36. fur la Mappemonde entiere.

On remarquera que dans ce Planifphere on n'a pas tiré ces lignes de Latitude paralleles entr'elles, & que dans leur milieu elles s'approchent plus l'une de l'autre que vers leur extremité, à caufe que le Planifphere eft un Globle reduit de la figure ronde à la figure platte : Par cette mefme raifon les degrés de l'Equateur, qui doivent eftre conceus égaux entr'eux, font icy reprefentés plus petits dans le milieu du Planifphere, & plus grands vers fes extremités, ce qui vient de la projection de la Sphere fur un Plan.

FIGURE XVI.

PARALLELES DE LATITVDE
41
Pole Arctique ou
Septentrional
Cercle de Latitude Septentrional
EVROPE
Toledo
Rouen
ASIE
AFRIQVE
Cercle de Latitude
Septentrion ale
Ligne Equinoctiale ou Equateur
Cercle de Latitude Meri dio nale
Cercle
Cercle de Latitude Meridionale
Pole Antarctique ou
Meridional

Des Cercles de Longitude.

LEs Cercles de Longitude sont ceux qui passent par le Zenith d'un lieu Terrestre, & se couppent aux Poles du Monde, pour marquer combien ce lieu est éloigné du premier Meridien, & combien il est ou plus Oriental, ou plus Occidental qu'un autre lieu. C'est-à-dire, si le Soleil s'y leve plûtost ou plus tard que dans un autre lieu.

Pour en venir là, les Anciens Geographes établirent un premier Meridien, qu'ils firent passer par le lieu du Globe Terrestre, qu'ils creurent le plus à l'Occident des Terres découvertes de leur temps; & de là (comme d'un terme fixe) ils commencerent à conter les Longitudes, en tirant de l'Occident à l'Orient. Ptolomée fixa ce Meridien sur les Isles Fortunées, dans la pensée qu'il n'y avoit plus de terres au delà de ces Isles, qui sont appellées aujourd'huy Canaries.

Les Portugais ont estably ce premier Meridien par la Terre, qui est une des Isles des Açores, se fondant sur ce que l'Aiguille aimantée qui varie & decline presque par tout ailleurs, n'a point de variation dans la Tercere, & se tourne directement au Nord.

Les Hollandois le font passer par le Pic ou Montagne d'Adam, qui est dans l'Isle Teneriffe, une des Isles Canaries, à l'Orient.

Les François ont à peu prés le Meridien de Ptolomée, & le font passer par l'Isle de Fer, qui est aussi une des Canaries, mais plus Occidental que celle de Tenerif.

Il seroit à souhaiter pour la facilité de la Geographie, que cette diversité de positions fut rejettée, & que toutes les Nations convinssent d'un mesme Meridien; ou du moins, que ceux qui nous donnent des Relations de voyages, & des Cartes particulieres, eussent le soin de specifier l'endroit où ils établissent leur premier Meridien.

Pour moy je me suis reglé sur le Meridien des Hollandois, qui dans leurs voyages de long cours, ont toûjours l'Astrolabe à la main, & font des observations qu'ils rectifient d'ordinaire à Batavia : ce qui doit rendre leurs Cartes préferables à celles qui sont faites sur les memoires que de simples Voyageurs nous apportent chaque jour, sans avoir aucuns principes de la Sphere, ny aucun usage des instrumens; en un mot, sans estre capables de rectifier les Relations que l'on leur donne sur les lieux, & qu'ils ont quelquesfois la temerité de dressent eux-mesmes, sans en avoir la capacité necessaire.

FIGURE XVII.

CERCLES DE LONGITVDE
43
Pole Arctique ou
Septentrional
MERIDIEN
EVROPE
ASIE
I. Teneriffe
AFRIQVE
Occident
Orient
Ligne Equinoctiale ou Equateur
10 20 40
PREMIER
Pole Antartique ou
Meridional

Usage des Lignes de Latitude & de Longitude.

SUPPOSONS qu'on vous ait dit que l'ancienne Ville de Ninive estoit autre fois à 30. degré, de Latitude Septentrionale, & à 77. degrez de Longitude, & que par ce moyen vous souhaitiez trouver sa situation dans le Planisphere, il faut compter 30. degrez de Latitude sur le Meridien qui enferme le Planisphere, & qui est posé icy pour le premier Meridien, & les compter de l'Equinoxial en allant vers le Septentrion, à cause que la Latitude est Septentrionale. Par ces 30. degrez il faut conduire un des Cercles de Latitude, qui est telle que vous le voyez marqué par des ponctuations, & vous serez asseuré que la Ville de Ninive estoit sous cette Ligne : Mais pour en déterminer précisément l'endroit, il faut assigner le point de la Longitude en commençant à la compter sur l'Equinoxial, depuis la partie Occidentale où est le premier Meridien tirant vers l'Orientale jusqu'au 77. degré : Alors tirant une Ligne par le Pole Septentrional, & par ce point de 77. degré, le point où elle coupera la Ligne de Latitude, déterminera la position de Ninive, comme il se rencontre à la Lettre A.

La mesme pratique se fera pour les Latitudes Meridionales,

Mais si la question se fait pour trouver la Position de quelque Ville sur la Carte particuliere d'un Royaume ou d'une Province, qui n'eut point de Ligne Equinoxiale, on se reglera par l'Exemple suivant.

On propose la Latitude de Paris qui est Septentrionale, & à peu prés de 49. degrez, sans s'arrester aux minutes pour ne point embarasser nostre Exemple. On donne aussi sa Longitude qui est de 19. degrez, sans égard aux minutes : Comptez 49. degrez sur les deux Lignes divisées qui bornent la Carte, l'une vers l'Orient, l'autre vers l'Occident, en comptant les 49. degrez de bas en haut, tirez par ces points de 49. degrez une Ligne oculte, ou ponctuée, qui soit Parallele à la Ligne du bas de la Carte; car cette Ligne inferieure de la Carte tient lieu de l'Equinoxiale : Ainsi la situation de Paris sera sous cette Ligne oculte : Mais si l'on veut déterminer le veritable point de sa situation, il faut compter le 19. degré de Longitude sur la Ligne superieure & sur la Ligne inferieure de la Carte, en commençant de l'Occident, & de la Ligne qui tient lieu de premier Meridien, & par ces deux points tirer une seconde Ligne oculte qui coupera la premiere au point B. & qui indiquera la position de la Ville de Paris.

On pratiquera la mesme chose sur d'autres Cartes particulieres pour tous les lieux dont on connoistra la Latitude & la Longitude.

FIGURE XVIII.

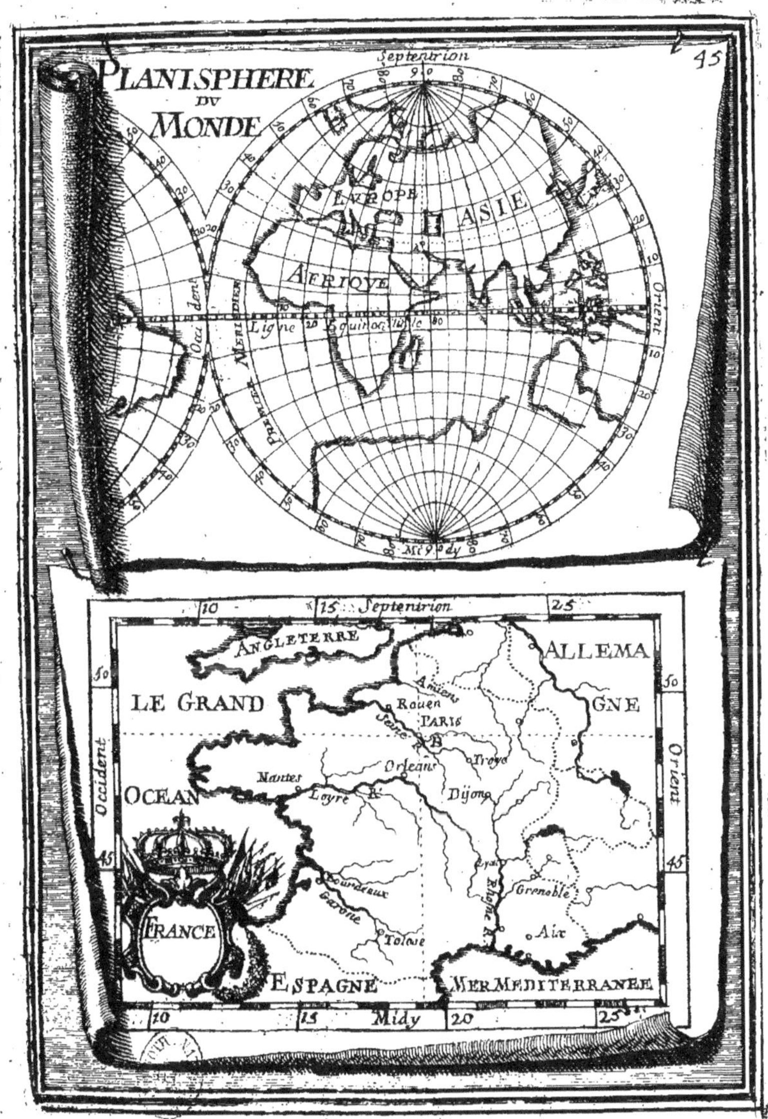

Distinction des lieux de la Terre par la diver-
sité des ombres que le Soleil fait
à Midy.

SELON que les divers Habitans de la Terre sont situez au res-pect du Zodiaque ou de l'Ecliptique , ils ont a Midy les om-bres jettées tantost devers un Pole & tantost devers l'autre. Sur cette reflexion les Geographes , qui n'ont pas voulu negliger la moindre des circonstances qui peuvent marquer les differentes si-tuations des Peuples , ont estably des Amphisciens , des Heteros-ciens, & des Perisciens.

Les Amphisciens sont les Peuples de la Zone Torride, qui ont à Midy les ombres quelquesfois vers le Septentrion , comme il ar-rive lorsque le Soleil est plus proche qu'eux du Pole Antarctique. Exemple A. Lorsque le Soleil passe par leur Zenith, ils n'ont point d'ombre à Midy : Et ce sont ceux que l'on appelle Asciens, c'est-à-dire sans ombre.

Les Heterosciens sont les Peuples des Zones Temperées qui ont toûjours à Midy leurs ombres tournées vers le Pole qui est élevé sur leur Horizon. Ainsi les Peuples qui habitent dans la Zone Tem-perée Septentrionale , ont toûjours à Midy leurs ombres tournées vers le Pole Arctique ; & ceux qui sont dans la Zone Temperée Meridionale, ont toûjours à Midy leurs ombres du costé du Pole Antarctique. Exemple B.

Les Perisciens sont les Peuples des Zones Froides, qui dans les Saisons que le Soleil les éclaire, le voyent tourner en rond à l'en-tour d'eux dans chaque espace de vingt-quatre heures ; de sorte qu'il leur donne une ombre tantost d'un costé, & tantost d'un au-tre. Exemple B.

FIGURE XIX.

AMPHISCIENS
Pole Septentrionale
Zone Torride
Pole Meridionale
A
HETEROSCIENS
Zone Temperée
Zone Temperée
B
PERISCIENS
C

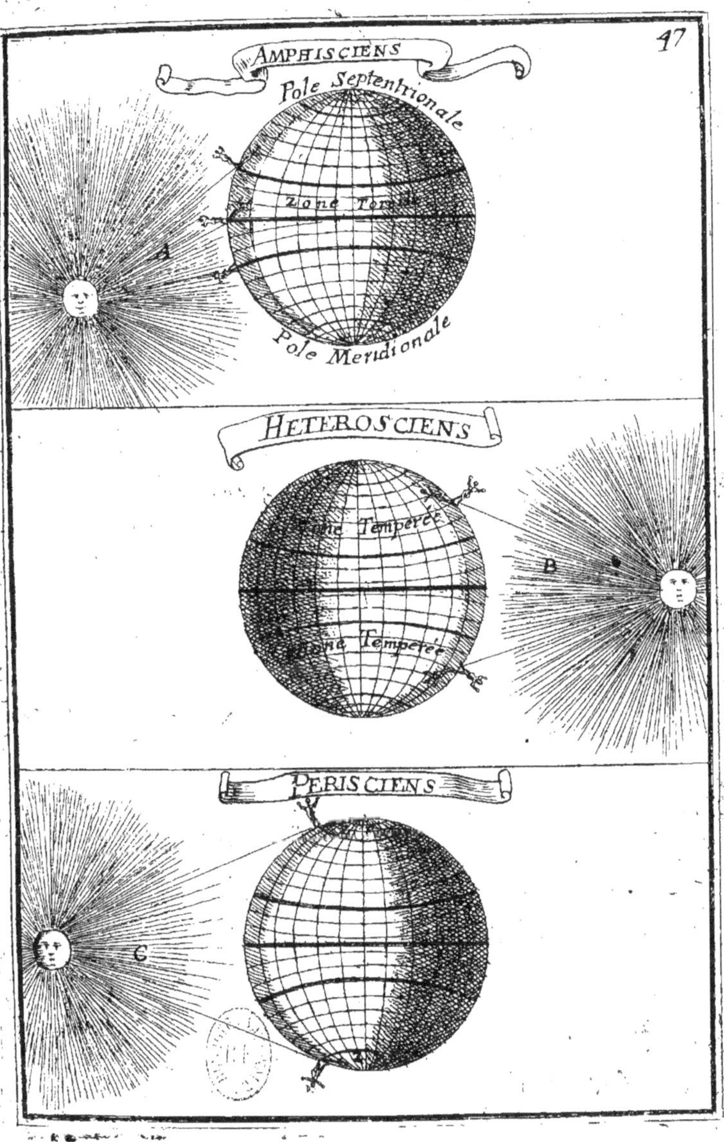

*Division des Habitans de la Terre selon qu'ils
sont sous les differentes parties d'un mesme
Meridien , & diversemeut situez les uns au
respect des autres.*

LEs Geographes ont encore distingué les Habitans de la Terre selon leur diverse situation , par les Noms de Periœciens, d'Antœciens, & d'Antipodes.

Les Periœciens sont ceux qui habitent sous un mesme Meridien, & sous les points opposez d'un mesme Parallele de Latitude : De sorte que la difference de leur Longitude est toûjours de 180. degrez; quoy qu'ils soient en mesme Zone , en mesme Climat , & en mesme élevation de Pole. Exemple D.

Les Antœciens sont ceux qui habitent sous les parties d'un mesme Meridien , & qui sont également éloignés de l'Equateur : De sorte que les uns sont dans l'Hemisphere Septentrional , & les autres dans le Meridional , chacun dans la Zone , dans le Climat, & dans l'Elevation de Pole qui sont relatives & propres à cet Hemisphere. Exemple E.

Les Antipodes sont ceux qui habitent sous les parties d'un mesme Meridien , & qui sont diametralement opposés l'un à l'autre; Ils ont mesme hauteur de Pole , mais chacun de son Pole particulier : Ils ont les saisons differentes , & quand il est Midy chez les uns , il est Minuit chez les autres. Exemple , B & E. Ceux qui demeurent sous les Points opposez de l'Equateur, n'ont pas les saisons differentes , quoy que les uns ayent Midy quand les autres ont Minuit. Exemple , F & G.

FIGURE XX.

FIGURE XX.

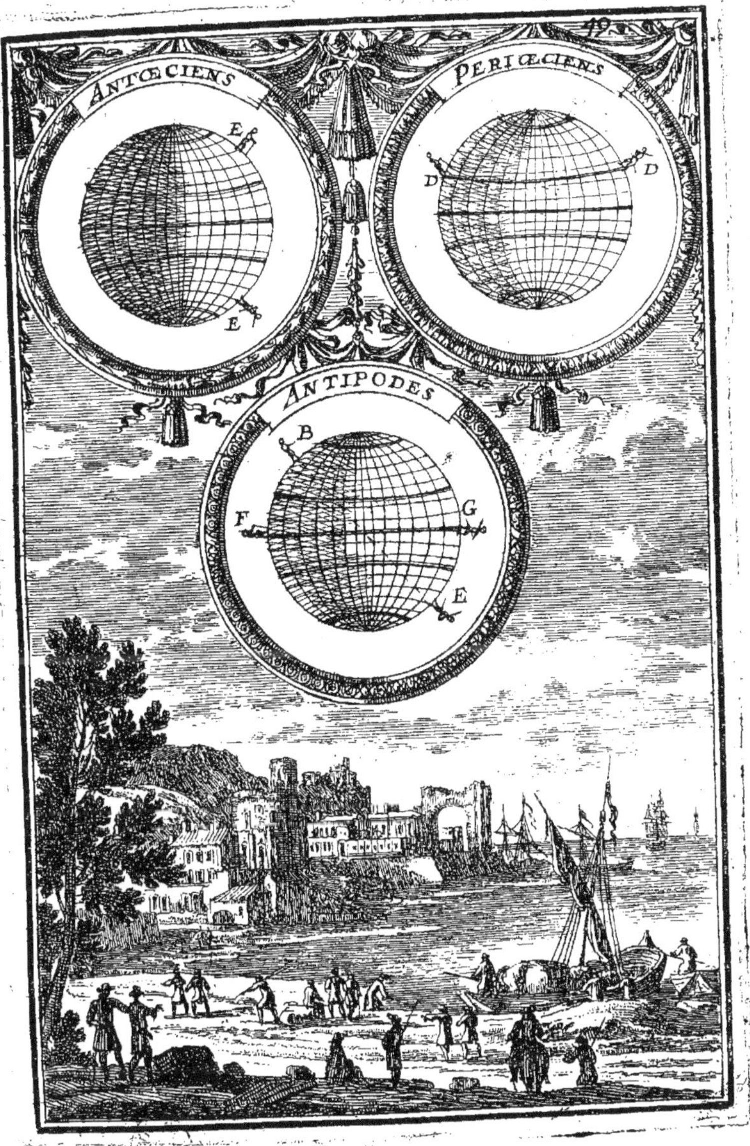

Du Temps, du Jour, & du Crepufcule.

QUELQUES Philofophes ont défini le Temps une durée du mouvement de quelque chofe de muable ; & cette durée n'a pu eftre plus judicieufement mefurée que par la revolution du Ciel & le cours du Soleil & de la Lune. Ainfi c'eft par là qu'on a déterminé & reglé tant les parties naturelles du Temps que les Artificielles.

Le Jour eft une partie du Temps, tantoft naturelle, tantoft Artificielle : de forte qu'on le diftingue en Jour Naturel, & en Jour Artificiel.

Le Jour Naturel eft l'efpace du Temps que le Soleil employe à revenir fous le mefme Cercle Celefte, d'où l'on a commencé à compter fa revolution. Ainfi ce Jour eft compofé de lumiere & de tenebres, & comprend vingt-quatre heures.

Le Jour Artificiel eft la partie du temps que le Soleil eft fur l'Horizon : il eft perpetuellement de douze heures pour les Peuples qui font fous la Ligne Equinoxiale ; mais il varie à mefure qu'on s'éloigne de cette Ligne : de forte que fous les Poles du Monde, il y a un Jour Artificiel de fix mois ; car pendant tout ce temps-là le Soleil y demeure fur l'Horizon, lorfqu'il parcourt la moitié de l'Ecliptique, qui eft du cofté de ce Pole.

Le Crepufcule eft une lueur qui precede le lever du Soleil, & qui fuit fon coucher : c'eft pourquoy on le divife en Crepufcule du matin, que nous appellons l'Aurore, & en Crepufcule du foir que le vulgaire appelle Entre-Chien & Loup. Le commencement du Crepufcule du matin eft toûjours une lueur confufe ; & c'eft ce qu'on appelle la pointe du Jour, de mefme qu'on appelle la fin du Jour Crepufcule du foir, qui fe perd dans les tenebres.

Les vapeurs qui s'élevent dans l'Air font la caufe des Crepufcules ; car fans leur epaiffeur, les tenebres de la nuit caufées par l'abfence du Soleil, precederoient, & fuivroient immediatement la clarté de fes rayons.

Les Crepufcules font plus ou moins longs que le Soleil s'éloigne plus ou moins de la Ligne Equinoxiale, à caufe que cet Aftre fe couche & fe leve plus ou moins obliquement en de certaines faifons qu'en d'autres ; ce qui dépend du plus ou du moins d'élevation du Pole, & du plus ou du moins d'Obliquité des Signes qu'il parcourt.

Des Heures & de la Semaine.

L'H E U R E est la vingt-quatriéme partie du Jour naturel.

Les Astronomes divisent les Heures en égales, & en inégales.

L'Heure égale est celle dont on se sert dans nostre usage ordinaire, c'est l'espace du temps qui est mesuré à peu prés par la revolution de quinze degrez de l'Equateur : Chacune de ces heures est divisée en soixante parties égales, appellées minutes; & pour plus de precision, chacune de ces minutes est encore divisée en soixante parties égales appellées Secondes, & chaque Seconde en soixante Tierces.

L'Heure inégale est la douziéme partie du Jour Artificiel, & la douziéme partie de la Nuit. Ainsi il est évident que les heures inégales des petits Jours y sont plus courtes que celles des longs jours dans tous les lieux de la Terre qui ne sont pas sous l'Equateur, ou dans les Zones froides : Car par tout ailleurs, les Jours Artificiels estans plus longs en Esté qu'en Hyver, auront aussi leurs heures de jour inégales, & plus longues en Esté qu'en Hyver, & leurs heures inégales de nuit plus courtes. Le contraire arrivera en Hyver, c'est-à-dire que les heures inégales du jour seront plus courtes, & celles de la nuit plus longues qu'en Esté. La chose variera selon le plus ou le moins de Latitude de chaque Païs, excepté dans les Zones froides où le plus long jour d'Esté excede vingt-quatre heures ; car alors cette distinction ne subsiste plus. Les Juifs divisoient autresfois le Jour & la Nuit en heures inégales, & l'usage en estoit commun chez eux.

La Semaine est un espace de temps composé ordinairement de sept Jours naturels.

Les Juifs se servoient du mot de Sabath pour signifier non seulement le plus solemnel des Jours de leur Semaine, mais encore la Semaine mesme; car aprés avoir designé le jour de leur repos par le mot de Sabath, Ils nommoient les jours suivans premier du Sabath, second du Sabath, & ainsi des autres.

Les Romains donnerent à chaque jour de la Semaine le nom d'une Planette : Ainsi le mot de Lundy veut dire jour de la Lune, Mardy jour de Mars, Mecredy jour de Mercure, Jeudy jour de Jupiter, Vendredy jour de Venus, Samedy jour de Saturne; & pour le Dimanche, ils le nommoient le jour du Soleil. Nous avons en partie imité & suivy leur usage; En Portugal, & en plusieurs autres Pays l'on donne au Dimanche le nom de premiere Ferie, au Lundy celuy de seconde Ferie; & ainsi de suite jusqu'au Samedy qu'ils appellent *Sabatho*.

D ij

Du Mois.

LE Mois est une des mesures du temps composée de plusieurs se-maines ; on le divise en mois Astronomique, & en mois Civil.

L'Astronomique se subdivise en mois Solaire , & en mois Lunaire.

Le mois Solaire est le temps que le Soleil employe à parcourir un des douze Signes du Zodiaque.

Le mois Lunaire est divisé en Periodique , Synodique , & mois d'Illumination.

Le mois Periodique est l'espace du temps que la Lune employe à parcourir tout le Zodiaque. Ce qui se fait en vingt-sept jours sept heu-res , & quarante-trois Minutes.

Le mois d'Illumination est l'espace du temps que la Lune commen-ce à paroistre au sortir de sa conjonction avec le Soleil , jusqu'à ce qu'elle disparoisse en se plongeant encore sous les rayons du Soleil. Ce temps est à peu prés de vingt-six jours.

Le mois Synodique ou proprement le mois Lunaire , est l'espace du temps compris entre deux conjonctions de la Lune avec le Soleil; ce qui se fait en 29. jours 12. heures & 44. minutes.

Le mois Civil c'est celuy qui est dans l'usage ordinaire des Peuples. Chez les Egyptiens il estoit invariable de trente jours ; aujourd'huy chez les Mahometans il est de 29. jours & demy , ou alternativement de 30. jours & de 29. parce que leur mois Civil est fondé sur le mois Synodique de la Lune. Comme nostre Année n'est pas conforme à celle des Anciens Peuples , qui ne donnoient à la leur que 360. jours, & que la nostre est reglée à 365. jours , & environ six heures , nous avons fait nostre mois de 30. jours & environ dix heures & demie. Mais ces Fractions de dix heures & demie ayant esté evaluées , pour la facilité de l'usage , on a fixé sept de ces mois à trente-un jours , quatre mois à trente jours , & celuy de Février tantost à 28. tantost à 29. comme nous l'expliquerons en parlant du Bissexte.

Voicy un moyen familier & vulgaire pour discerner les mois qui ont 30. ou 31. jours. Il faut des cinq doigts de la main gauche cour-ber le second qui est proche du poulce , & le quatriéme qui est auprés du petit doigt , & laisser les trois autres estendus , & commencer à compter le mois de Mars sur le poulce , & en suite les autres mois sur les autres doigts jusqu'à Février , qui est le dernier mois de l'Année Astronomique : Les mois qui se trouveront sur les doigts élevez au-ront 31. jours , & ceux que l'on comptera sur les doigts courbés n'en auront que 30. à la reserve du mois de Février , qui n'a d'ordinaire que 28. jours ou 29. dans les Années Bissextiles.

Des Calendes, Nones & Ides.

CHEZ les Romains les jours des mois estoient distinguez par Calendes, Nones, & Ides.

Science des Nombres de P. Mallet p. 179.

Le premier de chaque mois estoit nommé *Calendes*.

Le cinquiéme jour de chaque mois estoit nommé *Nones*, mais aux mois de Mars, May, Juillet & Octobre, les Nones estoient les septiémes jours de chaque mois.

Le treiziéme jour de chaque mois estoit nommé *Ides* : Mais aux mois de Mars, May, Juillet & Octobre, les Ides estoient les quinziémes jours.

Aux dattes on mettoit *des Calendes, ou des Nones, ou des Ides de tel mois* : Mais si on dattoit du jour de devant les Calendes, on écrivoit, *du jour de devant les Calendes d'un tel mois*; comme par exemple, si on avoit voulu datter du 29. Avril, on auroit mis à la datte, *du 1. de devant les Calendes de May*. On faisoit le mesme des Nones & des Ides : mais si on dattoit de deux ou plusieurs jours auparavant les Calendes, les Nones, ou les Ides, on n'écrivoit jamais *du deuxiéme* qu'en mettant *du jour de devant*; & ainsi on retrogradoit jusques aux Calendes, Nones & Ides; comme par exemple le trentiéme May, on auroit écrit *du troisiéme des Calendes de Juin*; où le seize du mesme mois de May, on auroit mis *du 17. des Calendes de Juin* : Ou si on eut voulu datter du neufiéme de May, on eut écrit *du 7. des Ides de May* : ou si du deuxiéme de May on écrit *du 6. des Nones de May*.

De l'Année.

L'ANNE'E se divise en Solaire , & en Lunaire.
L'Année Solaire est subdivisée en Astronomique , & en Civile.

L'Année Solaire Astronomique est le temps que Soleil employe à parcourir le Cercle de l'Ecliptique, soit qu'il commence & finisse son cours au poinct de l'Equinoxe, ou au poinct du Solstice.

L'Année Civile est celle dont se servent les Nations pour leur usage; & comme le mouvement du Soleil ne s'accomplit pas toutes les Années dans un mesme espace de temps , & que les Observateurs n'en conviennent pas avec uniformité. La longueur de l'Année a esté diversement déterminée, tant par les Legislateurs ou puissances Souveraines , que par les plus celebres Astronomes qui ont diversement estably la quantité des jours, qui composent l'Année , comme il paroist dans cette Table.

```
Jules Cesar ——————365.jours — 6. heures——
Ptolemée ——————365.jours—5 heures——55.min.——12.secondes
Albategnius ————365 jours—5. heures—45.min.——36.secondes
Alphonse ————365 jours—5. heures—49.min.——15.secondes
Copernic ————365 jours—5. heures—55.min.——18.secondes
Tycho ————365 jours—5. heures—48 min——45.secondes
Gregoire XIII. Pape 365.jours—6. heures-moins 11.m.——0——
```

L'Année Lunaire est composée de douze mois Lunaires Synodiques , qui font 354. jours & environ huit heures ; de sorte qu'elle est plus courte de onze jours que l'Année Solaire , & ces onze jours font ce qu'on appelle Epacte.

On peut diviser l'Année Civile en Solaire , & en Lunaire.

L'Année Civile Solaire, dont les Chrestiens se servent , est fondée sur l'Année Astronomique : Et l'Année Civile Lunaire est fondée sur la vraye Année Lunaire ; les Juifs & les Grecs s'en font servis autresfois, & les Turcs comptent aussi leurs temps par ces sortes d'années.

Jules Cesar , pour remedier à la confusion qui s'estoit glissée dans la supputation des temps qui l'avoient precedez , regla l'année à

365. jours six heures , & reserva ces six heures jusqu'au bout de quatre ans , pour en faire un jour entier. Pour lors l'année avoit 366. jours ; l'année ainsi reformée fut appellée Julienne du Nom de cet Empereur, mais cette augmentation d'un jour en quatre ans se trouva trop grande , & mal proportionnée avec le cours du Soleil ; de sorte qu'environ les Années 1580. & 1581. on s'apperceut que l'Equinoxe du Printemps arrivoit l'onziéme de Mars, quoy que du temps qu'on celebra le Concile de Nicée, l'Equinoxe fust écheu au vingt-uniéme du mesme mois. De sorte que par les progrez des temps les Festes de l'Eglise Romaine avoient passé dans des saisons differentes de leurs Institutions , & causé un desordre dans les supputations publiques & particulieres. Ainsi pour ramener l'entrée de l'Equinoxe au 21. de Mars , le Pape Gregoire XIII. retrancha onze jours de l'Année 1582. qui au lieu de 365. jours, n'en eut que 354. ce qui remit l'Equinoxe au 21. Mars. Et pour empescher qu'avec le temps ce mesme desordre ne recommençat, il ordonna qu'on retrancheroit le Bissexte de chaque centiéme année qui finit un siecle, excepté aux Années centaines qui ont un nombre pairement pair.

Un nombre pairement pair est celuy qui est divisé par la moitié en parties égales par un autre nombre qui est aussiluy-mesme divisible par la moitié en d'autres parties égales ; comme les années 1660. & 2000. & 2400. &c. L'année 1600. est pairement paire , puisqu'elle peut estre divisée en 800. en 400. en 200. &c.

D iiij

Divisions du Temps.

UN *Luſtre*, vaut cinq Années.
      Une *Indiction*, vaut trois Luſtres ou quinze Années.
Un *Siecle*, vaut cent Années.
Un *Temps*, vaut dix Siecles ou mille Années.
Un *Aage*, vaut trois Temps, ou trois mille Années.

Sciences des Nombres de P. Mallet pag. 174.

Les Chreſtiens diviſent tous les Temps depuis la Creation du Monde juſques à l'Eternité, en ſept *Aages*; on remarquera que ſous le mot *d'Aage*, les Aſtronomes comprennent une eſpace de quelque Temps qui eſt egal ainſi que nous l'avons expoſé cy-devant; & que les Hiſtoriens renferment auſſi ſous ce nom, un eſpace de Temps qui eſt le plus ſouvent inegal, ainſi qu'on le peut remarquer dans la ſuites de ces exemples.

Chronol. du P. Labbe tom. I. Introduct. part. 2. queſt. 3.

Le premier Aage, commence depuis Adam, juſques à Noé, ou depuis la Creation, juſques au Deluge, & comprend mille ſix cens cinquante & ſix Années.

Le ſecond, depuis le Deluge juſqu'à la naiſſance d'Abraham, & comprend trois cens quatre-vingt & deux Années.

Le troiſiéme, depuis la naiſſance d'Abraham juſqu'à la ſortie des Iſraëlites d'Egypte, a duré cinq cens cinq Années.

Le quatriéme, depuis l'Exode ou ſortie d'Egypte, & le paſſage de la Mer Rouge, ſous la conduite de Moyſe juſqu'à la conſtruction du Temple de Jeruſalem, a duré quatre cent ſeptante neuf Années.

Le cinquiéme, depuis que Salomon bâtit le Temple de Jeruſalem, juſqu'à la Monarchie du Roy Cyrus, a duré quatre cent nonante & trois années.

Le ſixiéme, depuis la Monarchie du Roy Cyrus, juſqu'à la naiſſance de JESUS-CHRIST, eſt de cinq cent trente huit Années.

Le Septiéme, depuis la naiſſance de JESUS-CHRIST, juſqu'en l'année courante où nous ſommes 1681.

L'Epoche, ou l'Epoque, eſt le Principe d'où l'on commence à compter la ſuite du Temps.

Le meſme part. 2. de

Les Anciens Grecs l'ont commencé à la premicre Olympiade; les Olympiades, ou Olympiques eſtoient des jeux celebres de la

Grece, qui furent inftituez par Hercule environ l'année du Monde deux mille huit cent trente fix, & mille deux cent dix-huit, avant la naiffance de Jesus-Christ. Iphitus Roy d'Elide dans le Peloponnefe les retablit enfuite quatre cent quarante deux ans aprés, c'eft à dire l'année du Monde, trois mille deux cent feptante huit, ou fept cent feptante fix avant Jesus-Christ. On les celebroit de quatre en quatre années, & vers le Solftice d'Eté, durant cinq jours fur les bords du Fleuve *Alphée*, & proche de Pife ou Olympe qui eftoit une Ville du Païs d'Elide dans le Peloponnefe, & qui eftoit auffi fameufe pour le Temple de Jupiter Olympien.

l'Introduct. chap. 21. & 35. & pag. 232. tom. 1.

Les Romains fe fervoient du Luftre, qui comme nous avons dit, eftoit de cinq ans complets & revolus, en quoy il differe de l'Olympiade, & du Quadriennal de Jules Cefar qui ne contiennent que quatre années completes ou entieres, quoy que quelquesfois on leur en attribuë cinq; mais en comptant la premiere année de l'Olympiade qui fuit de cette façon, nous difons que la Semaine a huit jours, en comptant les deux Dimanches. Ce mot de *Luftre* vient du Latin *Luftrum*. C'eftoit un Sacrifice que l'on faifoit tous les cinq années pour tout le peuple, & Servius Tullius fixiéme Roy des Romains, fut l'inventeur de cette ceremonie, environ l'année cent quatre-vingt de la fondation de Rome.

Le mefme part. 1. ch. 7. de l'Introduct.

L'on comptoit auffi par les années de Rome. Cette Ville Capitale de l'Empire Romain, fut comme l'on croit fondée en l'année du monde trois mille trois cent & un, & fept cent cinquante & trois années avant la naiffance de Jesus-Christ, & la quatriéme année de la fixiéme Olympiade.

Le mefme part. 1. ch. 9. de l'Introduct. tom. 2. p. 1.

Les Turcs à la fuite de Mahomet de la Ville de la Mecque, ce qui arriva le fixiéme Juillet de l'année de Jesus-Christ, fix cent vingt & deux.

Les Chreftiens à la Nativité de Jesus-Christ, & felon cette Epoque, noftre année courante eft 1681.

Du Nombre d'Or.

LE Nombre d'Or est un espace ou Nombre de dix-neuf années dont l'estenduë sert à retrouver les jours des differentes positions ou divers âges de la Lune, parce que de dix-neuf ans en dix-neuf ans, les nouvelles & pleines Lunes, les premiers & derniers quartiers de chaque mois reviennent dans les mesmes jours du mois où l'on les trouvoit dix-neuf ans auparavant : De sorte que par le Nombre d'Or, on trouve à quel jour de chaque mois arrive la nouvelle Lune.

On dit que les Egyptiens en inventerent l'usage, & qu'ils composerent un Calendrier qu'ils envoyerent aux Romains, & dont tous les nombres, depuis un jusqu'à 19. estoient écrits en Lettres d'or; ce qui fit donner le nom de Nombre d'Or à cette espece de Calendrier.

Aujourd'huy nous nous servons du Nombre d'Or pour trouver l'Epacte de chaque année, & ensuite l'âge de la Lune : Et comme au commencement du siecle 1600. le Nombre d'Or estoit cinq, si l'on veut trouver le nombre d'Or d'une année proposée, & comprise entre 1600. & 1700. il faut oster le mille, & les cent, de la mesme année proposée, & à ce qui restera ajoûter cinq, & de ce nombre en oster 19. autant de fois que l'on pourra, le reste sera le Nombre d'Or. Et comme l'on ajoûte cinq aux années comprises entre 1600. & 1700. on ajoûtera dix aux années comprises entre 1700. & 1800. & à celles qui seront interceptées entre 1800. & 1900. on ajoûtera quinze, mais aprés 1900. on n'ajoûtera qu'un.

Il y a encore une autre Methode pour trouver le Nombre d'Or qui est qu'en adjoûtant 1, à l'année courante, on divise le total par 19. & ce qui restera par dessus tous les dix-neuf de la division, sera le Nombre d'Or de l'année courante.

Par Exemple, en cette année 1681. ajoûtez 1, vous aurez 1682. divisez cette somme par 19. vous trouverez au cotient 88. & 10. de reste ; ce nombre de 10. qui a resté, la division estant faite, est le Nombre d'Or de la presente année 1681.

De l'Epacte & de son usage pour trouver le jour de la Lune.

L'EPACTE est la difference comprise entre l'année commune du Soleil qui est de 365 jours, & l'année Lunaire commune qui est de 354 jours. Tellement que cette difference est d'onze jours, mais elle est de douze aux années Bissextiles, qui sont composées de 366 jours.

Ainsi pendant les trois années ordinaires de 365 jours, l'Epacte augmente chaque année d'onze unités, & dans l'année Bissextile on y adjoûte encore une unité aprés le mois de Mars.

Supposant qu'on sçache le Nombre d'Or par les Methodes precedentes, voicy un moyen familier & populaire pour trouver l'Epacte. On compte le Nombre d'Or sur le poulce gauche, commençant une unité par le bas du poulce, une autre unité au milieu du poulce, & la troisiéme unité au bout du mesme doigt ; puis s'il est besoin, on recommence par en bas, par le milieu, & par le bout, jusqu'à ce que toutes les unités du Nombre d'Or soient employées. Si le Nombre d'Or finit au bas du poulce, l'Epacte & le Nombre d'Or seront la mesme chose, s'il finit au milieu il faut adjoûter 10. au Nombre d'Or, & & cela produira l'Epacte ; mais si le Nombre d'Or vient à se terminer au bout du doigt, il faudra adjoûter 20. au Nombre d'Or, & le produit donnera l'Epacte, & quand ce produit passera 30. il faudra rejetter ce nombre de trente, & le reste donnera l'Epacte.

Par exemple, le Nombre d'Or de cette année 1681. estant de 10. l'on compte 1. 2. &c par le bas du poulce en montant, comme il a esté dit, & en continuant toûjours de mesme, le nombre de dix se rencontrera au bas du poulce, & ainsi l'Epacte sera de dix comme le Nombre d'Or.

Pour trouver le jour de la Lune en quelque temps que ce soit, autant que faire se peut, il faut adjoûter en une somme le Nombre de l'Epacte courante, le nombre des mois écoulés depuis celuy de Mars, & le nombre des jours du mois proposé. Cette somme donnera le jour de la Lune que l'on cherche : Mais si le nombre excede 30. on rejette les 30. & le reste est à peu prés ce que l'on veut avoir. Car avec toutes ces precautions on peut manquer d'un jour ou presque de deux, à cause que les Lunes sont alternativement de 29. ou de 30. jours. Ceux qui les veulent avoir avec plus d'exactitude, les trouvent dans les Ephemerides, où les calculs sont faits selon les regles de l'Astronomie.

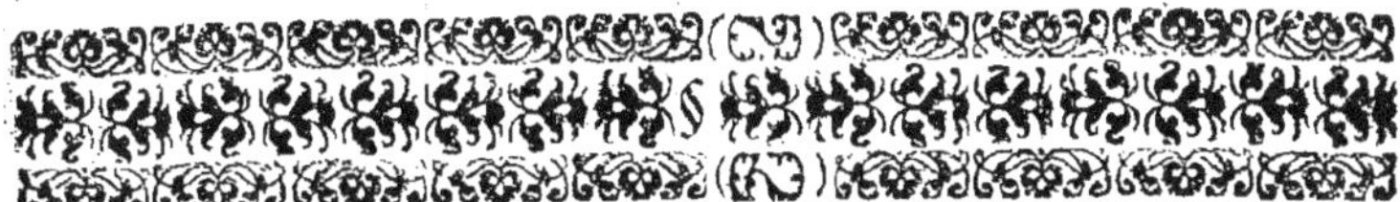

CHAPITRE II.

*De la Fabrique du Monde &) des plus celebres
Opinions, touchant l'Ordre & la Composition
des principales parties de l'Univers.*

Ous avons crû ne pouvoir mieux soûtenir le dessein que nous nous sommes proposez , qu'en rapportans dans ce Chapitre les diverses Opinions des plus Celebres Philosophes Anciens, & Modernes, sur la Constitution & la Nature des principales parties de l'Univers , leurs differentes Doctrines estant comparées ensemble, feront discerner celle qui s'approche le plus de la veritable.

De la Matiere & de la Fabrique du Monde selon les Anciens.

Plutarque L. 1. des Opinions des Philosophes.

ANAXIMENE de Milet maintenoit que l'Air estoit le principe de l'univers.

Thales de Milet a asseuré que l'Eau en estoit le principe.

Pythagore de Samos, fils de Mnesarchus, & le premier qui a donné le nom à la Philosophie, a tenu que les principes des choses estoient les Nombres, les Symetries, & l'Harmonie, c'est à dire les convenances & les proportions quils ont entre eux. Il croyoit que le monde a esté produit par la puissance de Dieu; qu'il est sujet à courruption parce qu'il est sensible & corporel; mais il asseuroit, qu'il ne perira jamais; parce que la providence Eternelle de Dieu le conserve.

Epicure, Fils de Neocles Athenien, a suivy l'opinion de Democrite, & cru que les principes de toutes choses sont les Atomes, c'est à dire des corps indivisibles, perceptibles par la raison seulement, solides sans rien de vuide, non engendrez, immortels, eternels, incorruptibles, incapables d'alteration & de recevoir un autre forme. Il disoit quils se meuvent en un infini, & par un infini, qui est le vuide, & que ces corps sont en nombre infini : Mais il soutenoit que le Monde estoit perissable comme un Animal ou une plante, a cause qu'il a esté produit.

Xenophane tenoit que le Monde n'avoit point esté creé, mais qu'il estoit Eternel & incorruptible.

Aristote Fils de Nicomachus natif de la Ville de Stagire en Macedoine, met pour principes la Forme, la Matiere, & la Privation; il enseignoit que le Ciel estoit comme une cinquiéme essence qu'il n'estoit point sujet à corruption; mais que tout ce qui estoit sous le Ciel de la Lune, estoit corruptible. Il mettoit les quatre Elements au dessous du Ciel en cet ordre, le Feu, l'Air, l'Eau, & la Terre; Il plaçoit ce dernier au centre de toutes les autres parties, & maintenoit que les corps celetes avoient un mouvement circulaire, & que les sublunaires en avoient un en ligne droite, c'est à dire que les choses qui sont pesantes, tendoient vers le centre, ou en bas, & les legeres montoient en haut ou vers la Circonference.

De la Matiere , & de la Fabrique du Monde
selon les Modernes.

DEscartes dit que la Matiere du Ciel est liquide, que Dieu la creé d'abord dans sa plus grande perfection & tel qu'il a dû estre. Il ajoûte que la Matiere estendue qui compose l'Univers, n'a point de bornes, & qu'en quelque endroit que nous la suppofions, nous pouvons encore nous figurer au delà, des espaces indeterminés que nous n'imaginons pas seulement, mais que nous concevons estre tels en effet que nous les imaginons. Il soûtient que la Terre & les Cieux sont faits d'une mesme matiere ; & que quand mesme il y auroit une infinité de Mondes, ils ne seroient faits que d'elle seule.

Gassendi expliquant la Doctrine d'Epicure croit que les Atomes, *sont une certaine Nature pleine, & par consequent solide*, & dit qu'il sont la premiere Matiere que Dieu a creé au commencement & de la quelle il a formé ce Monde visible, & tous les corps qui sont dans la Nature ; il adjoûte que ces Atomes doivent estre imaginez comme des poincts Physiques, c'est à dire comme de tres-petits corps qui ont leur grandeur, laquelle est la source de la grandeur de tout ce qu'il y a de corps sensibles dans l'Univers ; il croit que ces Atomes sont Mobiles & qu'ils ont une force ou vertu d'agir, & de mouvoir que Dieu leur a imprimée dans leur Creation & à la quelle il coopere ; & que comme il conserve toutes les choses du Monde, il concourt de mesme à toutes leurs actions.

Sans nous arrêter aux pensées de ces grands Hommes, touchant la Matiere de l'Univers n'y a l'opinion de saint Augustin, qui veut que tout ait esté creé dans un instant, nous nous conformerons à l'Ecriture Sainte, qui a marqué dans le premier chapitre de la Genese, que dans l'espace de sept jours Dieu a creé le Ciel, la Terre, & tout ce qu'ils comprennent : Mais la matiere dont il s'est servy, est inconnuë aux hommes.

Descartes Princip de la Philosop. part. . 3. pap. 126. tit. 24. & dans sa Methode page 45. & dans ses Princip. part. 11. art. 21. 22. & 23.

Gassendi des Principes de Philosoph. tom. 1. pag. 31. 230, 165. & 232.

Syſtême de l'Univers ſelon Ptolomée.

LE mot de Syſteme chez les Aſtronomes ſignifie l'ordre, & la ſituation naturelle que nous concevons entre les principales parties qui compoſent l'Univers.

Entre nos Modernes il y a pluſieurs Opinions touchant la nature, & le Syſteme du Monde. Nous en remarquerons icy quatre principales qui ſont celles de Ptolomée, Copernic Tycho-Brahé, & Deſcartes. Nous commencerons par celle de Ptolomée.

Ce grand homme qui vivoit ſous l'Empereur Antonin le débonnaire fut Egyptien de Nation, il profeſſa l'Aſtronomie dans la Ville d'Alexandrie avec beaucoup de ſuccés , & nous a laiſſé de fort beaux Ouvrages tant d'Aſtronomie, que de Geographie.

Il diviſe tout le monde en deux Regions, l'une Ætherée, & l'autre Elementaire.

La Region Ætherée que quelques-uns nomment Celeſte, environne & embraſſe l'Elementaire; C'eſt Aſtronome commence la Region Ætherée par le Premier Mobile. Ce Ciel qui dans l'eſpace de 24. heures fait ſon mouvement de l'Orient à l'Occident, imprime ce meſme mouvement à tous les Cieux inferieurs; il en met juſque au nombre de dix qui ſont le double Criſtalin , le Firmament, & ceux des ſept Planettes, ſçavoir Saturne, Mars, Jupiter , le Soleil, Venus, Mercure, & la Lune.

Il admet le Chriſtalins entre le premier Mobile , & le Firmament; pour rendre raiſon de quelques irregularités qu'il a obſervés dans le premier Mobile.

La Region Elementaire qui commence au deſſous de la Concavité du Ciel de la Lune, renferme les quatre Corps qu'il appelle Elementaires qui ſont le Feu, l'Air, l'Eau, & la Terre : Il compoſe le Globe Terreſtre des deux derniers, & le Poſe immobile au centre du Monde. L'Element de l'Air environne ces deux Elements inferieurs, & luy-meſme eſt environné par celuy du Feu.

FIGURE XXI.

SYSTEME DE L'VNIVERS
TER
EAV
AIR
CIEL DE LA LVNE
CIEL DE MERCVRE
CIEL DE VENVS
CIEL DV SOLEIL
CIEL DE MARS
CIEL DE IVPITER
CIEL DE SATVRNE
CIEL DV FIRMAMENT
CIEL CRISTALLIN
PREMIER MOBILE

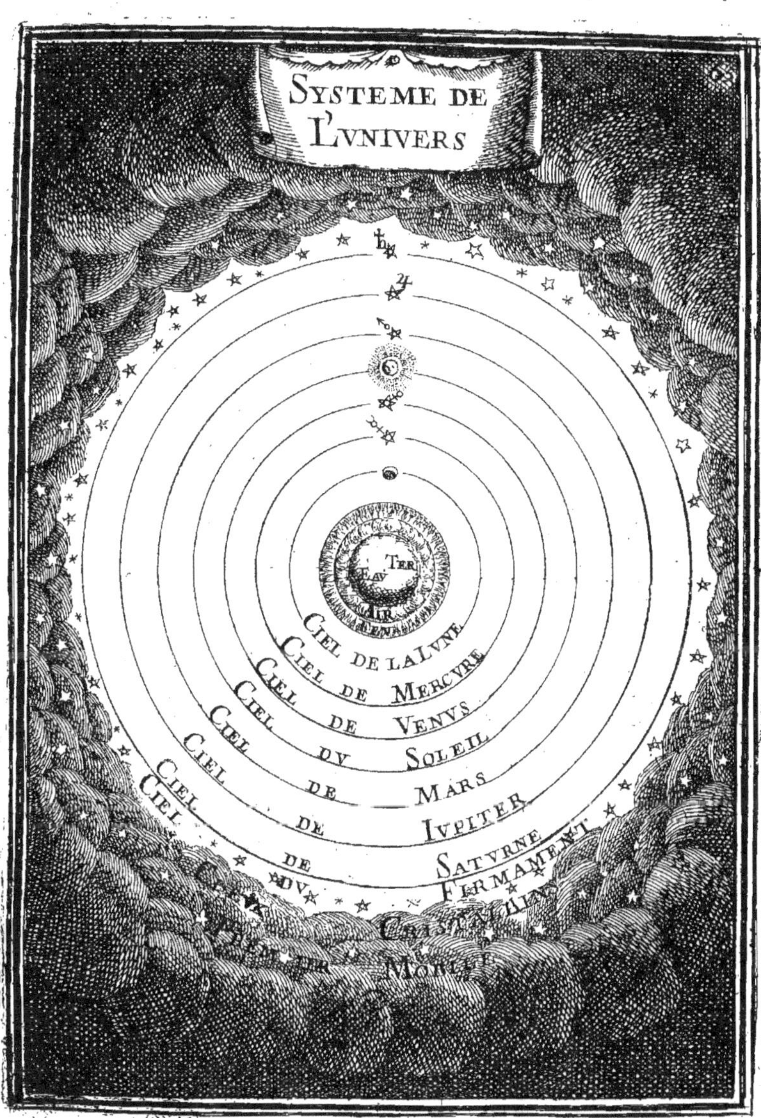

Tome I.   E

Systeme de Copernic.

NICOLAS Copernic Chanoine de Torn Ville de Prusse a renouvellé l'ancienne opinion du Philosophe Aristarque Samien, & a soutenu aprés luy, & aprés beaucoup d'illustres Philosophes, que la Terre estoit mobile & que sa situation n'estoit pas dans le centre de l'Univers. Le Cardinal de Cusa avoit agité & defendu cette opinion quelque temps avant Copernic; mais Copernic a eu l'honneur de ce Systeme, parce qu'en effet il l'a rectifié, enrichy & expliqué pour rendre raison des Mouvemens & des apparences Celestes, fondée sur les observations des Modernes, qui difficilement peuvent s'acorder avec le Systeme de Ptolomée. Son sentiment fut d'abord suivy avec chaleur par Rheticus, Rothmanus, Lansberge, Kepler, Galilée, & de nos jours par Descartes, Gassendi & le Comte de Pagan, secondez par les plus intelligens de nos Astronomes.

Ces Grands Hommes placent le Soleil au centre du Monde & le font immobile, en tant qu'il ne sort pas de cette situation pour aller occuper une autre place; mais les derniers le font tourner à l'entour de son Axe dans l'espace de 27. jours. Ils établissent ce mouvement pour expliquer les apparences des taches qu'on a decouvertes sur le corps de cet Astre, avec des Lunettes de longue veuë, nommées Telescopes; ces taches changent de situation pendant ces 27. jours.

Mercure qui est la Planette la plus proche du corps du Soleil, fait son mouvement à l'entour de cet Astre, en l'espacé de trois mois.

Venus se meut aussi autour du Soleil dans un Cercle qui enferme celuy de Mercure, & fait sa revolution en sept mois & demy.

La Terre fait aussi son mouvement au tour du Soleil dans un Cercle qui environne celuy de Venus, & ce mouvement s'accomplit en un an. Elle en a encore un autre qui se fait en 24. heures autour de son Axe, & c'est par ce mouvement qu'on explique le jour, & la nuit.

La Lune tourne au tour de la Terre, & fait son circuit en 27. jours ou environ.

Mars occupe le quatriéme rang & se meut dans un Cercle qui embrasse celuy de la Terre, & qui a le Soleil pour centre, faisant sa revolution a peu prés en deux ans.

Jupiter est situé au dessus de Mars, & fait sa revolution autour du Soleil en douze ans, ou environ.

Saturne est la plus elevée de toutes les Planettes & fait aussi son circuit autour du Soleil dans l'espace d'environ trente années.

Au dessus du Cercle de Saturne, Copernic place le Ciel des Estoilles qui est immobile, selon sa pensée.

FIGURE XXII.

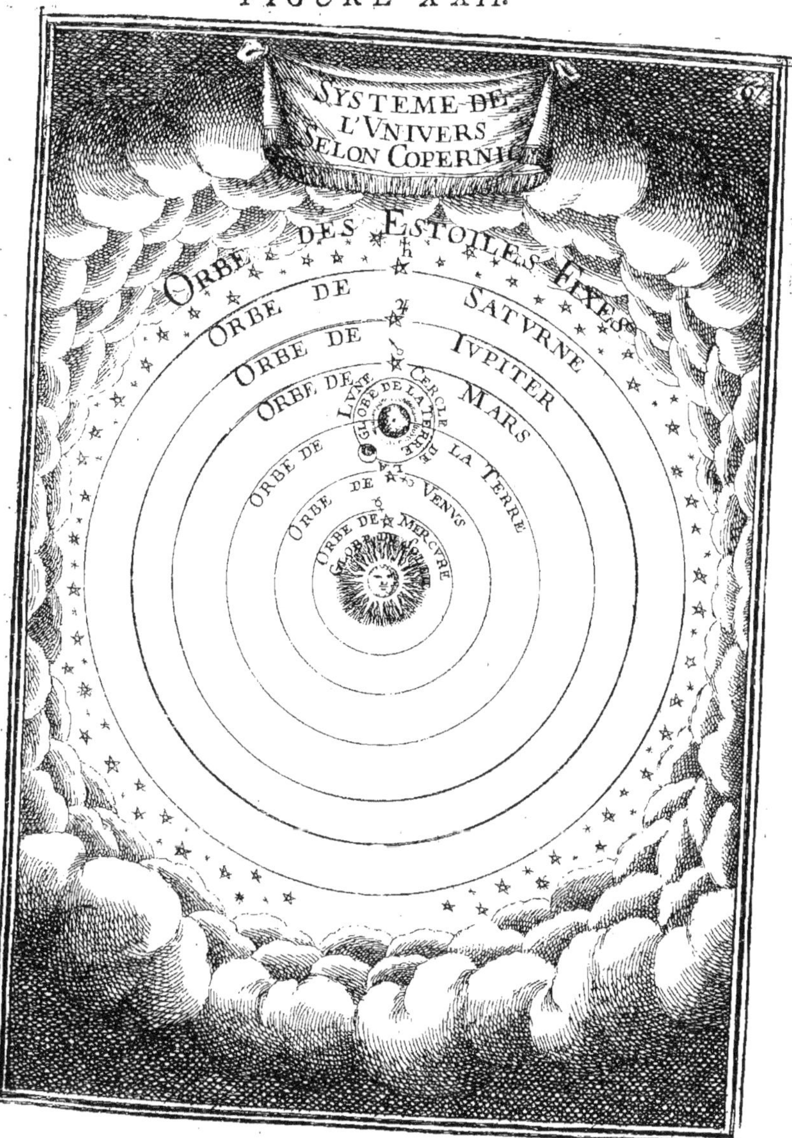

SYSTEME DE L'UNIVERS SELON COPERNIC
ORBE DES ESTOILES FIXES
ORBE DE SATVRNE
ORBE DE IVPITER
ORBE DE MARS
ORBE DE LVNE
CERCLE DE LA TERRE
GLOBE DE LA TERRE
ORBE DE VENVS
ORBE DE MERCVRE
GLOBE DV SOLEIL

Sentiment de Copernic sur la situation du Soleil au centre
du Monde & sur le mouvement des Planettes.

Gassendi
Abregé de la
Philosophie
des choses
celestes. l. 3.
chap. 5.
& 6.

CEVX qui suivent l'opinion de Copernic, disent avec luy qu'il faut absolument que le Soleil soit au centre du Monde, puisqu'il est comme le cœur & la source d'où procedent la lumiere, la chaleur, & la vigueur qui remplissent & animent toute la Région des Planettes ; ce qui ne pourroit pas estre distribué également de tous costez, s'il estoit placé ailleurs qu'au centre du Monde. Par cette position on oste l'embarras qu'il y a d'expliquer le mouvement diurne d'un corps aussi grand que le Soleil dans une espace immense, qui est une chose bien difficile à concevoir.

Quoy que Copernic place le Soleil immobile au centre du Monde, en sorte qu'il ne change pas de place pour en aller occuper une autre; neantmoins ses Sectateurs luy donnent un mouvement circulaire autour de son Axe, & disent que cette revolution se fait en 27. jours : Ce qui paroist au mouvement de ses taches, qui dans cet espace de temps se découvrent l'une aprés l'autre par le moyen des Lunettes d'approche, selon qu'il tourne sur cet Axe. Copernic asseure que pendant cette revolution le Soleil envoye ses rayons sur les autres Planettes avec tant de force, qu'il leur imprime le mouvement periodique qu'elles font dans le Zodiaque : En sorte que celles qui sont plus proches de luy achevent plûtost leur revolution, parce qu'elles sont entraînées par des rayons plus puissans, & les plus éloignées obeïssent plus lentement à des rayons qui ont moins d'activité, & employent plus de temps à parcourir le Zodiaque. Il ajoûte que les Planettes n'estant d'elles-mesmes ny pesantes ny legeres, ne resistent pas à la violence de ces rayons, dont la force nous est assez connuë, puisqu'ils s'impriment & reflechissent sur les corps, & que nous voyons qu'ils les penetrent, en brûlent & en desseichent quelques-uns, & en amolissent & peuvent dissoudre quelques-autres. Sur des effets si sensibles, il demande pourquoy le Soleil n'aura pas la vertu de faire mouvoir les Planettes, qui d'elles-mesmes n'y apportent aucun obstacle, & qui ont une figure ronde propre à ce mouvement.

FIGURE XXIII.

Des mouvemens de la Terre selon l'opinion de Copernic & de quelques autres Astronomes.

COPERNIC donne trois mouvemens à la Terre. Le premier qu'elle fait en un jour ; le second qu'elle fait en un an ; & le troisiéme par lequel elle entretient à peu prés le parallelisme de son Axe ; ce qui est plûtost un vray repos.

Celuy d'un jour est la revolution que fait la Terre vers l'Orient en 24. heures sur son propre Axe, en sorte que la partie de la Terre qui regarde le Soleil, est éclairée & jouït de la lumiere du jour. Exemple A. & la partie qui luy est cachée souffre l'obscurité. Exemple B. & ainsi les parties du Ciel qui se presentent les premieres, semblent se lever au respect des Peuples de la Terre ; & au contraire, les parties qui s'en éloignent leurs paroissent se coucher.

Celuy d'un an est le mouvement que la Terre fait sous les Signes du Zodiaque, lorsqu'entre Venus & Mars, elle fait son cours autour du Soleil dans l'espace d'une année, s'avançant toûjours vers l'Orient pendant qu'elle expose en 24. heures toute sa surface au Soleil par son mouvement journalier qu'elle fait sur son centre & autour de son Axe. De ce second mouvement Copernic infere que quand la Terre se rencontre entre le Soleil & un Signe celeste, il semble que le Soleil, qui alors nous cache ce Signe, passe de celuy-là à un autre. Par exemple du Bellier au Taureau ; mais en effet c'est la Terre qui se meut dans les Signes diametralement opposez au Belier & au Taureau, & qui passe de la Balance au Scorpion : Ainsi l'on dit que le Soleil est au Belier, parce que la Terre qui parcourt la Balance, ne peut découvrir le Belier que le Soleil luy cache.

Le troisiéme mouvement sert à Copernic pour rendre raison des differentes Saisons de l'année, en establissant que l'Axe de la Terre est toûjours incliné de telle sorte, qu'il ne se rencontre jamais parallele avec l'Axe de l'Ecliptique, mais qu'il le soit perpetuellement avec l'Axe du Monde.

FIGURE XXIV.

*Raiſons de Copernic ſur le premier mouvement
de la Terre.*

COPERNIC en admettant le mouvement diurne que la Terre fait ſur ſon Axe de l'Orient vers l'Occident, rejette tres-ingenieuſement la rapidité du Premier Mobile en vingt-quatre heures, & ſa tyrannique violence ſur les Cieux & ſur les Aſtres qui luy ſont inferieurs; & il eſt bien plus vray-ſemblable, ſelon cet Aſtronome, que la Terre A, qui eſt de figure ronde, faſſe ſon tour en vingt-quatre heures, que de donner ce mouvement embaraſſant au Premier Mobile dont la diſtance eſt infinie, & qui n'eſtant peut-eſtre pas de figure Spherique par ſa partie convexe, eſt incapable d'un mouvement circulaire. D'ailleurs ſi ce Premier Mobile avoit ce mouvement, comme veulent les adverſaires de Copernic, il faudroit qu'un point qu'on s'imagineroit ſur ſon Equinoxial, ſelon le conſentement de tous les Aſtronomes, fuſt emporté cinquante mille fois plus viſte que celuy qui eſt conceu ſur l'Equinoxial de la Terre, dans l'opinion de Copernic: ce qui eſt oppoſé aux loix de la Nature qui ne fait jamais par des embarras, ce qu'elle peut faire par choſes plus ſimples.

Ainſi il eſt bien plus juſte que la Terre tourne & expoſe ſes parties au Soleil, que de ſe figurer que le Soleil qui eſt cent ſoixante & ſix fois plus gros que la Terre, tourne autour d'elle pour en éclairer toutes les parties, puiſque c'eſt la Terre qui a beſoin du ſecours du Soleil, & que le Soleil ſe peut aiſément paſſer de la Terre, conformement à l'ordre de la nature, que ce qui a beſoin d'un autre, le recherche, ſans contraindre abſolument ce qui peut s'en paſſer. D'où s'enſuit que Copernic n'aſſujettit pas à faire entraîner par violence la Planette, & à luy donner un mouvement de contrarieté qui l'oblige & la force à rouler vers diverſes parties. Mais il donne ſeulement à la Planette un ſeul mouvement & vers un ſeul endroit, & cela ſans precipitation aucune, comme il ſera dit dans la page ſuivante.

FIGURE XXV.

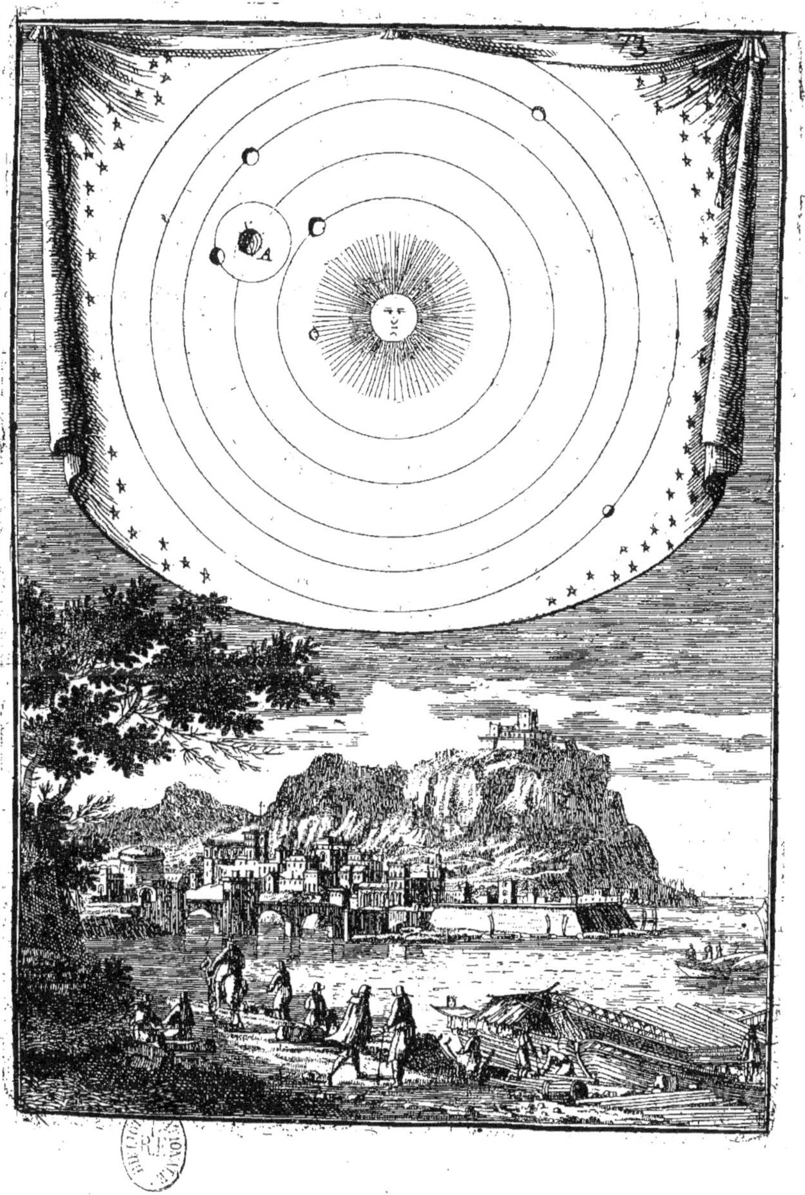

Raiſons de Copernic touchant le ſecond mouvement de la Terre, qui eſt ſon mouvement annuel ſous l'Ecliptique.

COPERNIC en ſuppoſant que la Terre tourne ſous le Zodiaque, ainſi que nous l'avons expliqué, elude & renverſe toutes les Fictions des Aſtronomes touchant les Epicicles, & les diverſes Stations, Directions, & Retrogradations des Planetes qu'ils ſont obligez de feindre dans le Syſtéme vulgaire, pour donner raiſon des differents changemens des faces de Venus & de Mercure & des autres Planettes : en quoy ils reuſſiſſent tres-mal & avec beaucoup de peine & de fauſſes ſuppoſitions. Mais Copernic en admettant ſeulement dans chaque Planette un ſeul mouvement reglé & vers un meſme endroit, explique nettement bien pourquoy on voit quelquefois Mercure, & Venus ne s'ecarter que fort peu du Soleil, meſme auſſi pourquoy quelquefois Mars, Jupiter, & Saturne s'en éloignent beaucoup ; Enfin il demontre clairement que la Terre eſt quelquefois interpoſée entre eux & le Soleil, comme par exemple la Terre eſtant au point A, & Mercure, & Venus au point B, & C, alors ces deux Planettes au reſpect de ceux de la Terre, ſemblent eſtre fort proches du Soleil & leurs faces paroiſſent comme un Croiſſant. Ce qui eſt rendu ſenſible par la I Figure. Que ſi on les conſidere de la Terre D, & E, de la II. Figure : ils apparoitront eſtre plus éloignez du Soleil, & leurs faces preſque toutes pleines ſi elle ne ſont tout-à-fait brulées dans les rayons du Soleil, comme lorſqu'ils ſont en F, & G.

Pour voir comme Mars, Jupiter, & Saturne peuvent tantoſt eſtre beaucoup éloignez du Soleil au repect de la Terre P, & quelquefois en eſtre fort proches, on n'a qu'à regarder leurs Situations dans la III. Figure. On verra que lorſqu'ils ſont aux points H, I, & K, qu'ils apparoiſſent bien éloignez du Soleil, & au contraire quand il ſeront en L, M, & N, de la quatriéme Figure, il ſemblera à ceux de la Terre O. qu'ils ſont plus proches du Soleil qu'ils ne paroiſſoient auparavant : ce qu'on ne peut démontrer ſi facilement & parfaitement dans les autres Syſtemes, d'où Copernic conclut qu'il faut de neceſſité que la Terre tourne en un An, puiſqu'il explique mieux les apparences du Ciel, que ſes adverſaires.

FIGURE XXVI.

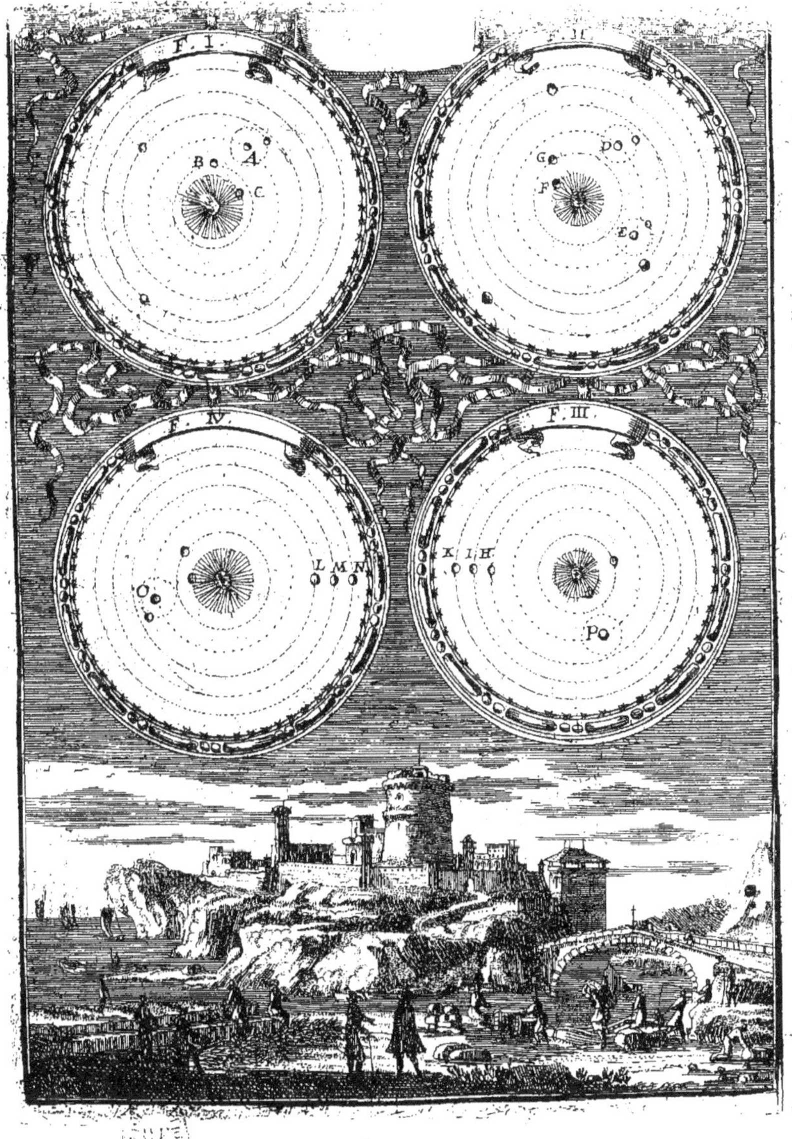

Raisons de Copernic touchant le troisiéme mouvement
de la Terre.

COPERNIC pour donner raison des changemens des saisons &
de l'inégalité des jours en certains Climats de l'Univers, a inventé un troisiéme mouvement de la Terre, ou plûtost une certaine position de son Axe qui se maintient toûjours parallele à soymesme, ce qui est une decouverte digne de l'admiration des Siecles à venir.

Figurons nous que l'Equateur de le Terre, A couppe le Plan de l'Ecliptique B, & que l'Axe de la Terre se conserve toûjours parallele à soy-mesme, en quelque endroit qu'elle soit, il s'ensuivra que l'horison de chaque lieu changera de disposition avec le Soleil, & qu'il sera illuminé pendant le jour, & obscurcy pendant la nuit, selon que les diverses parties de la Terre se presenteront alternativement aux Rayons de cet Astre. De là il resulte aussi, que les peuples qui habitent dans les parties septentrionales, ne peuvent avoir le Soleil fort élevé sur leur Horizon tandis que la Terre est dans les signes Septentrionaux parce qu'alors le Soleil paroît estre dans les Meridionaux; Ainsi les jours ne sont pas de longue durée ny les chaleurs vehementes Ce qui se peut demontrer dans la figure presente, en mettant la Terre au point C. Mais l'on conclura aisement la raison des grands jours, si nous supposons la Terre au point D, & parce que les Rayons du Soleil y tombent plus à plomb, la cause des chaleurs y est renduë évidente; La situation de la Terre aux points E, & F, montre la raison des Equinoxes.

FIGURE XXVII.

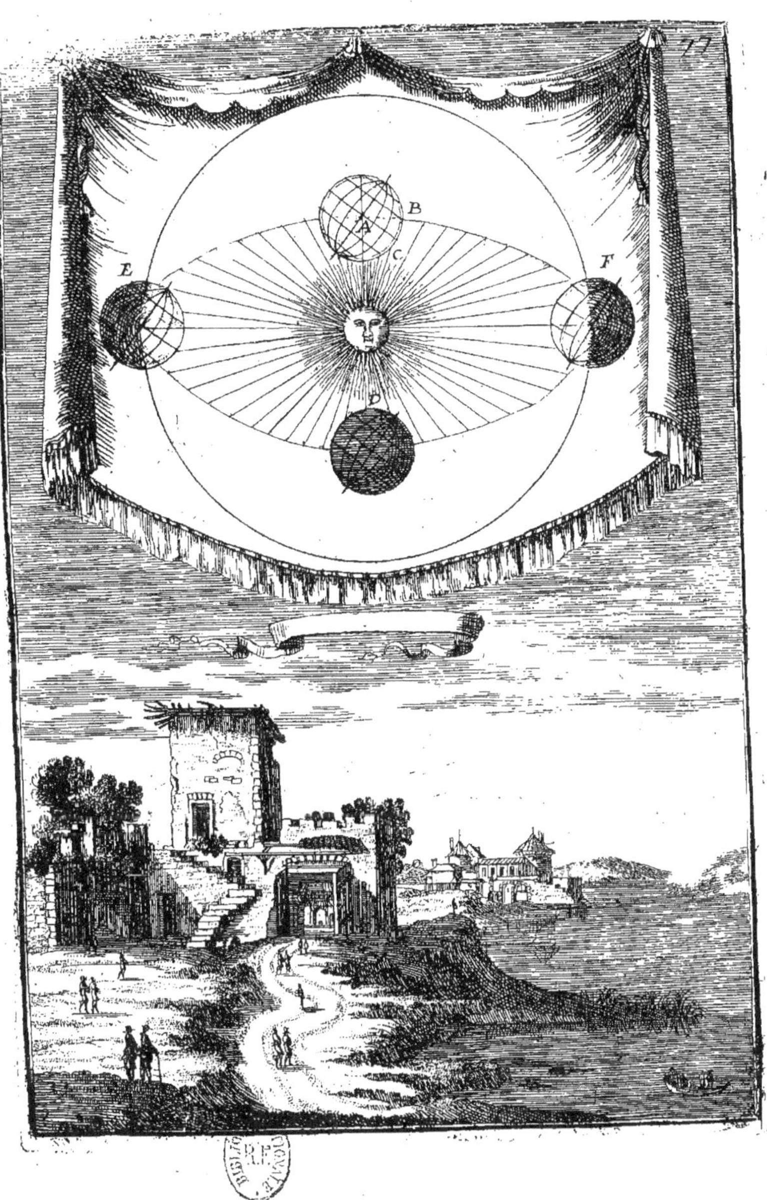

Systeme de Tycho-Brahé.

TYCHO estoit issu des Brahé, famille illustre en Dannemarc & vivoit en l'année 1586. Il a esté un des plus celebres Astronomes de son Temps, & grand emulateur de la gloire de Copernic. Aussi voulant rendre raison des apparences Celestes qu'on ne pouvoit expliquer par le Systeme de Ptolomée, & qu'il pretendoit ne pouvoir estre demontrées par celuy de Copernic, il inventa le sien sur les fondemens que voicy.

Il met la Terre immobile au centre du monde, & après l'avoir establie centre du mouvement des deux luminaires, c'est à dire du Soleil & de la Lune, il suppose qu'ils font leurs revolutions autour du Globe Terrestre, établissant encore ce mesme Globe pour centre du Firmament & du Premier Mobile. Car en posant la Terre immobile, il luy a falu imaginer un premier Mobile, comme Ptolomée.

Il fait le Soleil centre du mouvement de Mercure, de Venus de Mars, de Jupiter, & de Saturne.

Comme la pensée de la mobilité de la Terre choqua d'abord la plus grande partie des Astronomes, & des Philosophes, & qu'elle sembloit contraire à la raison, aux sens, & à la Religion; beaucoup rejetterent le Systeme de Copernic & s'attacherent à celuy de Tycho qui rendoit à peu prés la mesme raison des apparences Celestes: Mais enfin l'un & l'autre on fait bannir celuy de Ptolmée comme ne s'accordant pas avec les nouvelles observations depuis l'usage des Lunettes de longue veuë.

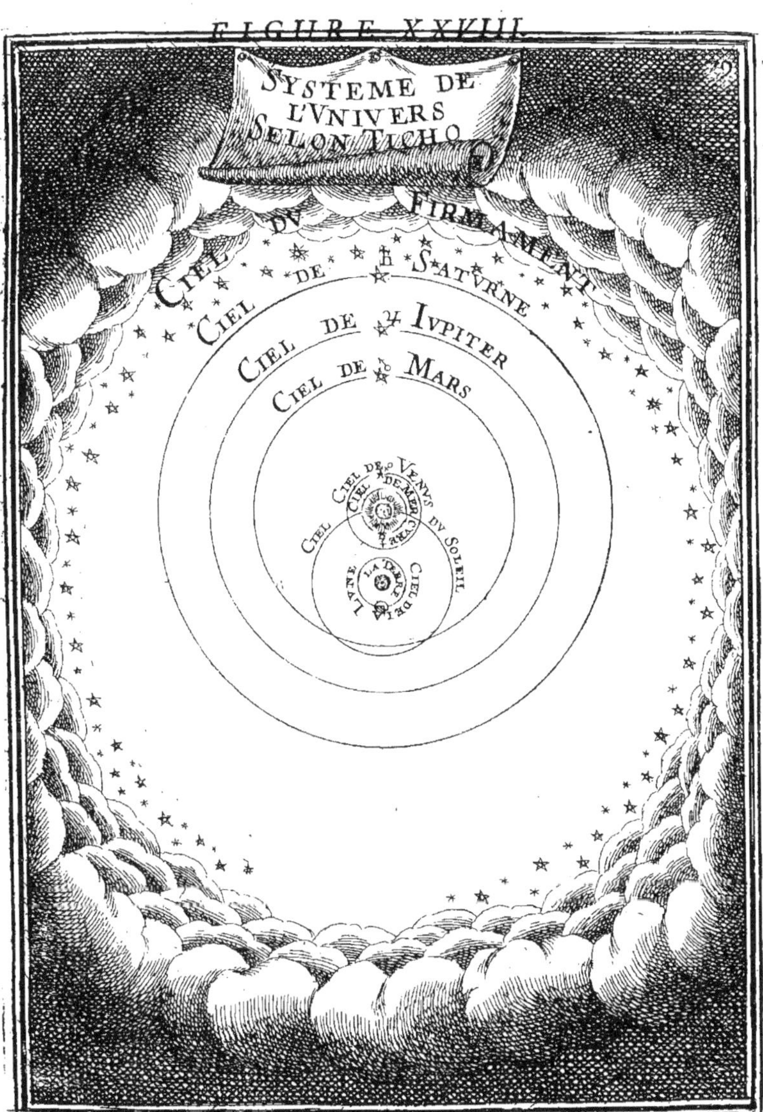

FIGURE XXVIII.
SYSTEME DE L'VNIVERS SELON TICHO
CIEL DV FIRMAMENT
CIEL DE SATVRNE
CIEL DE IVPITER
CIEL DE MARS
CIEL DE VENVS
CIEL DE MERCVRE
CIEL DV SOLEIL
CIEL DE LA TERRE
LVNE

Du Syſtême de Deſcartes.

RENE' Deſcartes nâquit à Tours, & eſtoit iſſu d'une famille noble, de la Province de Bretagne. Il fit ſes Etudes à la Fle-
che, dans le fameux College des Peres Jeſuites; & au ſortir de là
porta les Armes en Hongrie, d'où il paſſa en Hollande, & s'y rendit
ſi celebre par ſa nouvelle Philoſophie que Chriſtine Reyne de Suede, & Bienfaitrice des Hommes de Lettres, le fit venir à Stokolme,
où chacun admira ſon erudition incomparable. Il y mourut au
mois de Fevrier 1650. agé de 54. ans: ſes os furent apportés à Paris
par Monſieur Chanut Ambaſſadeur du Roy Tres-Chreſtien en Suede; & Monſieur d'Halibert amy intime de ce fameux Philoſophe,
les fit inhumer dans la Nef de l'Egliſe de ſainte Geneviéve du Mont,
où l'on voit ſon Eloge gravé ſur du Marbre.

Deſcartes
principe de
Philoſophie
3. Partie
Art. 16. 19.
31. 32. &
34.

Il rejette le Syſteme de Ptolomée, parce qu'il le trouve contraire
à pluſieurs obſervations nouvelles, ſur tout à celles des Faces de Venus; Il tient que celuy de Copernic eſt plus ſimple & plus clair que
celuy de Tycho, & a trouvé pour temperament entre les deux, de
ne point attribuer de mouvement à la Terre comme Copernic, & d'ap-
puyer l'oppinion contraire par des raiſons plus fortes que n'a fait Tycho. Voicy ce qu'il dit en donnant la Figure de ſon Syſteme.

Suppoſons que S. eſt le Soleil, que toute la matiere du Ciel qui
l'environne, tourne de meſme coſté que luy, à ſçavoir du couchant
par le Midy vers l'Orient ou de A par B, vers C. Il ſuppoſe auſſi que
le Pole ſeptentrional eſt élevé au deſſus du plan de cette Figure, que
la matiere qui eſt au deſſous de Saturne, employe quaſi trente années
à luy faire parcourir tout le cercle marqué ♄, & que celle qui environne, Jupiter le porte en douze ans avec les autres petites Planettes
qui l'accompagnent par tout le cercle ♃; que Mars acheve par meſme moyen en deux ans, la Terre avec la Lune en un an, Venus en
huit mois, Mercure en trois, leurs noms ſont repreſentés par les Cercles ♄. T. ☾ ♀. ☿.

De plus il dit que les Corps Opacques qu'on voit avec des lunettes ſur le Soleil, & qu'on nomme ſes taches, ſe meuvent ſur ſa ſuperficie, & employent environ vingt-ſix jours à y faire leur tour.

Enfin il avance que les centres des Planettes ne ſont point tous
exactement en un meſme plan & que les Cercles qu'elles décrivent ne
ſont point parfaitement ronds; mais qu'il s'en faut toûjours quelque
peu que cela ne ſoit exact: ce qu'il explique fort au long dans les
principes de ſa Philoſophie troiſiéme partie.

FIGURE XXIX.

FIGURE XXIX.

SYSTEME
DE
DESCARTES
Midy
Saturne
Iupiter
Mars
Terre
Lune
Orient
Occident
Septentrion

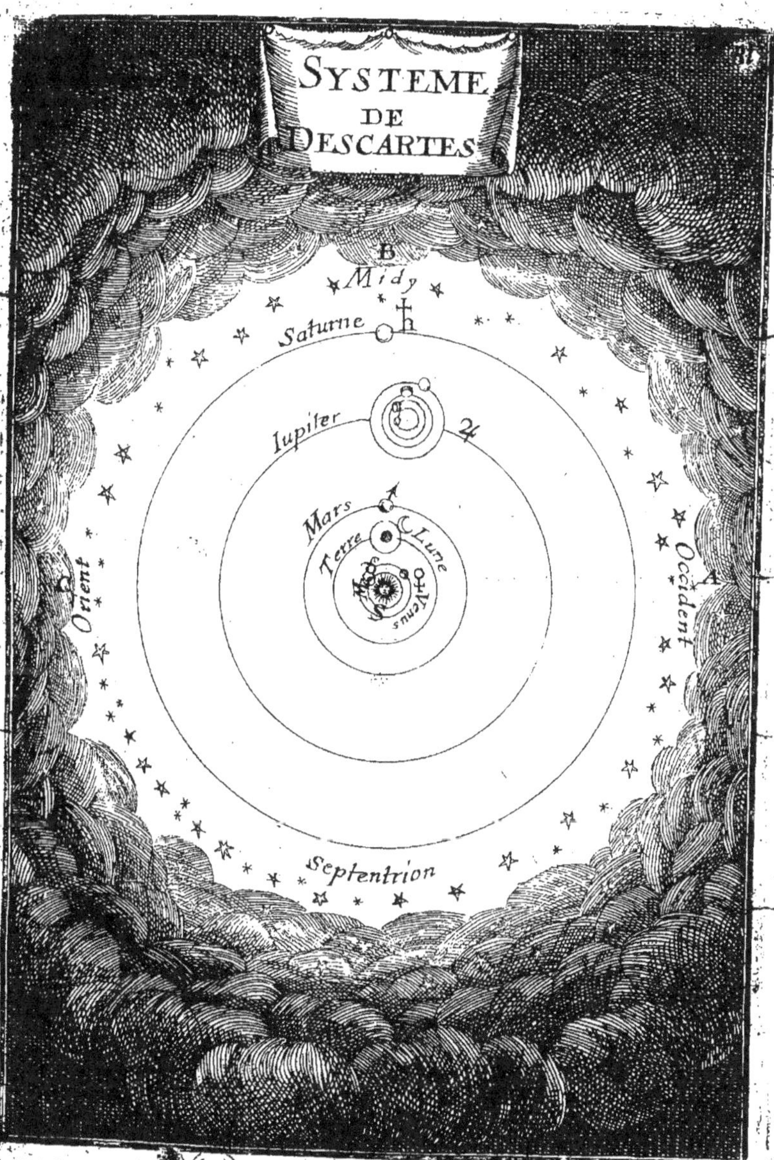

Remarques sur le Systeme de Descartes touchant le Soleil & les Estoilles fixes.

Descartes Principe de la Philoso- phie rticle 13. 23. & 24.

C E Philosophe place le Soleil parmy les Estoilles fixes, & la Terre parmy les Planettes ; il dit que l'on n'est pas encore asseuré de la distance comprise entre la Terre & les Estoilles fixes, que cela ne repugne point à l'Experience de les mettre non pas au dessus de Saturne où tous les Astronomes avoüent qu'elles sont, mais de les supposer autant éloignées audessus de luy, que cela luy pourra estre utile, parce qu'il estime que c'est dans ce grand espace au dessus de Saturne où se forment les Cometes.

Il ajoûte que bien que le Soleil & les Estoilles fixes paroissent, dans une mesme superficie de la Sphere, ces differents corps celestes sont pourtant situés dans des espaces superieures les uns des autres. En sorte que si S. par exemple est le Soleil F. f. seront des Estoilles fixes : & nous en pourrons concevoir d'autres sans nombre au dessus, au dessous, & par delà le Plan de cette Figure eparses par toute les dimensions de l'espace.

FIGURE XXX.

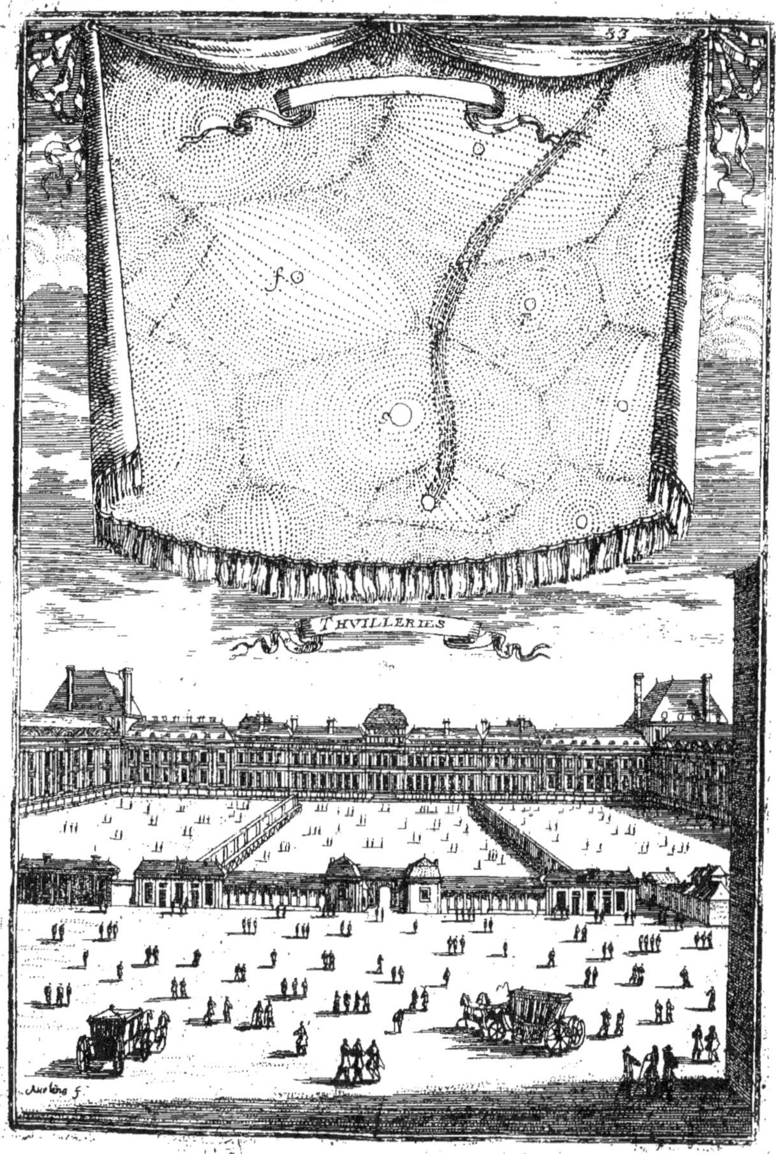

*Remarques sur le Systeme de Descartes touchant la situa-
tion & mouvement de la Terre.*

*Descartes
Principe de
la Philoso
phie part. 3.
pag. 138.
art. 40.*

DESCARTES en parlant de son Hypothese, dit qu'il nie le mouvement de la Terre avec plus de soin que Copernic, & plus de verité que Tycho.

Il tient que la grande distance qui est entre la Terre A, & les Estoilles fixes B, est immense, que tout le Cercle CD, que la Terre décrit autour du Soleil en comparaison de cette grande estenduë, ne doit estre compté que pour un point; ce qui semblera peut-estre incroyable à ceux qui n'ont pas accoûtumé leur esprit à considerer les merveilles de Dieu.

*Le mesme
Article 26.
pag. 127.*

Voicy ses paroles propres : Puisque nous voyons que la Terre n'est point soûtenuë par des colomnes, ny suspenduë en l'air par des cables ; mais qu'elle est environnée de tous costez d'un Ciel tres-liquide, pensons qu'elle est en repos, & qu'elle n'a point de propension au mouvement, puisque nous n'en remarquons point en elle ; mais ne croyons pas aussi que cela puisse empescher qu'elle ne soit emportée par le cours du Ciel, & qu'elle ne suive son mouvement, sans pourtant se mouvoir de mesme qu'un vaisseau qui n'est point aussi retenu par des Ancres, demeure en repos au milieu de la Mer, quoy que peut-estre le flux ou reflux de cet grande masse d'eau l'emporte insensiblement avec soy. Quelques Cartesiens pour faciliter l'explication de cet endroit de Descartes, disent que la Terre fait partie d'un tout qui se meut, sans estre censé se mouvoir, de mesme qu'un homme qui est couché entre deux draps dans un batteau, n'est point censé se mouvoir, quoy que le batteau soit emporté par le courant de la Riviere.

*Le mesme
Article 17.
pag. 127.*

Et tout ainsi que les autres Planettes ressemblent à la Terre en ce qu'elles sont Opaques, & qu'elles renvoyent les rayons du Soleil, nous avons sujet de croire qu'elles luy ressemblent encore en ce qu'elles demeurent comme elle, en repos en la partie du Ciel, où chacune se trouve, & que tout le changement qu'on observe en leur situation, procede seulement de ce qu'elles obeïssent au mouvement de la matiere du Ciel qui les contient : Et quoy que la Terre change de situation au regard des autres Planettes, cela n'est toutesfois pas sensible au regard des Estoilles fixes, à cause de leur extréme distance.

FIGURE XXXI.

Saturne
Iupiter
C
Terre
A
Lune
Orient
Occident
Venus
Mercure
Mars
D
B
Septentrion

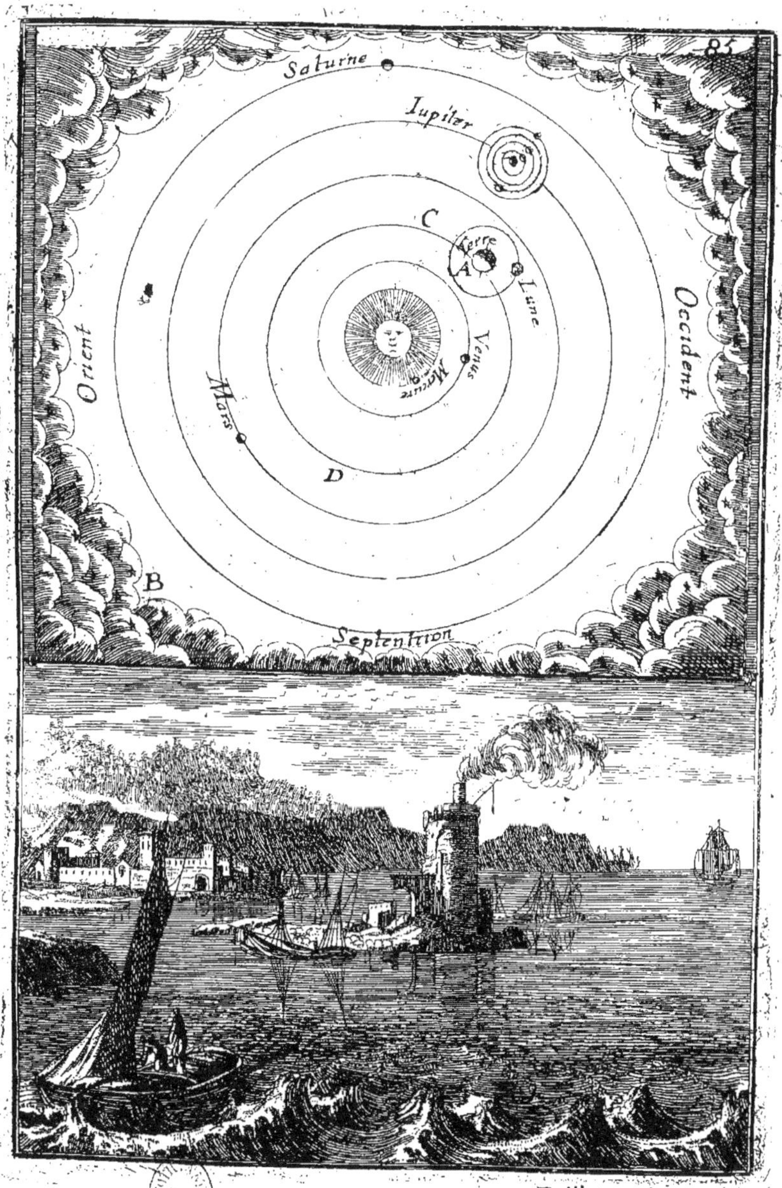

CHAPITRE III.

*Du Ciel & des Estoilles en general & en
particulier, & des autres Phenomenes
que l'on y a observés.*

E Chapitre sera utile à ceux qui sont curieux de connoistre le Ciel ; car ils y trouveront plusieurs Planispheres du Globe celeste avec diverses Figures des Constellations,
des Planettes, & plusieurs Observations sur les Eclypses, Co-
mettes, &c.

F iiij

De la substance des Estoilles & Planettes, & comme elles font illuminées & subsistent selon les Anciens.

T O u s les Astres se divisent en Estoilles Fixes, & en Planettes, ou Estoilles Errantes.

Plutarque des opinions des Philos. liv. 11. c. 13. 17.

Thales de Milet estimoit que les Estoilles estoient d'une substance terrestre enflâmée.

Empedocle asseuroit qu'elles estoient enflâmées, & composées d'un feu que le Ciel produit.

Anaxagore croyoit que les Astres sont des Pierres que le Ciel a élevées de la Terre, & allumées par la rapidité de son mouvement.

Diogene a pretendu que les Estoilles sont de la nature de Pierre-Ponce, & qu'elles sont comme les soupiraux du Monde : Il a de plus avancé, que ce sont des Pierres qui ne paroissent pas estre Pierres, qu'elles tombent fort souvent en terre & s'éteignent ; comme il soûtient qu'il arriva en un lieu nommé les Fleuves de la Chevre, où autrefois il tomba un Astre de Pierre en forme de feu.

Platon a soûtenu que les Estoilles pour la pluspart, sont de Feu, & neantmoins qu'elles participent aussi de la nature des autres Elements.

Xenophane a creu qu'elles estoient des Nuës enflâmées qui s'éteignent le jour & se rallument la nuit : que leur lever se fait lors qu'elles commencent a se rallumer, & leur coucher, quand elles commencent à s'éteindre.

Heraclide, & les Pythagoriciens, ont tenu que chaque Estoille est un Monde composé d'une nature Etherée infinie, dans laquelle se trouvent une Terre, un Air, & un Ciel.

Metrodore disoit que toutes les Estoilles Fixes reçoivent leur lumiere du Soleil.

Heraclite, & les Stoiques enseignoient que les exhalaisons tirées de la Terre, & qui montent dans l'Air, servent d'aliment & de nouriture aux Estoilles.

Platon a cru que le Monde & les Estoilles trouvent de quoy se nourrir en elles-mesmes.

Aristote pretend que les Corps Celestes n'ont pas besoin de nouriture, parce qu'ils sont eternels, & qu'ils ne sont pas corruptibles.

Quelques autres Philosophes ont crû que les Astres estoient des parties les plus opaques, & les plus solides de leurs Cieux de mesme qu'un Neud est la partie la plus solide d'un Ais, ou d'une Planche.

FIGURE XXXII.

De la substance des Estoilles & Planettes, & comme elles sont illuminées selon les Modernes.

Descartes Princip. de la Philosop. part. 3. Art. 9. & 14.

LEs Estoilles Fixes sont des Corps lumineux qui ont une lumiere propre, & gardent toûjours entre elles une mesme distance, & une mesme Figure; & sont toutes emportées par un mesme mouvement.

Ceux qui disent que les Estoilles n'ont point de lumiere d'elles mesmes, & qu'elles l'empruntent du Soleil, disent, que puisque le Soleil suffit luy seul à éclairer tout l'Univers, ce seroit une chose superfluë d'établir une Multitude de Soleils, sans aucune necessité.

Gassendi, Abregé de la Philos. liv. 5. chap. 11.

Ceux qui soûtiennent que les Estoilles sont d'une substance lumineuse, disent, que le Soleil est trop petit & trop éloigné pour communiquer sa lumiere à ce grand nombre de Corps Celestes, dispersés & enfoncés dans une Region si vaste, & dont la profondeur est inconnuë, comme nous en parlerons cy-après, en parlant du nombre des Estoilles selon les Modernes: Ils ajoûte que si le Soleil mesme estoit placé sur la superficie où sont situées les premieres Estoilles, il ne nous paroistroit pas de la grandeur d'une des plus petites, & que dans cette grande distance il seroit trop foible pour éclairer l'Univers: d'ailleurs que par l'usage des Lunettes de longue veuë on reconnoist que les Estoilles sont d'une substance de Feu, & qu'elles brillent comme le Soleil. Ce qui ne peut estre propre qu'à des Corps qui sont naturellement lumineux.

Les Astronomes qui ont douté de la Solidité des Cieux, ont dit que les Planettes devoient estre composeés de differentes substance, parce qu'il n'y en a pas une qui tienne la mesme route, & qui ait la mesme impetuosité dans leur mouvement, qu'à cause que les Physiciens remarquent des qualités bien differentes dans les influences qu'elles envoyent sur les animaux.

Les Astronomes de ce Siecle rejettant la solidité des Cieux, soûtiennent qu'il ne faut plus douter que les Planettes ne soyent toutes des Substances differentes entre elles ; ce qu'ils prouvent par une infinité de beaux exemples, comme par leur couleur, par leur chaleur; & enfin par leur lumiere.

Pour ce qui concerne leur couleur, l'ufage des Lunettes de longue veuë eft merveilleux pour faire voir comme toutes les Planettes font de differante couleur, les unes eftant jaunes comme de l'Or,
d'autres rouges commes du Vermillon, grifes comme le Plomb,
ou prefque fans aucune couleur comme l'Eau ; d'où ils concluent
que comme la couleur de la Subftance de la Gomme-Gutte, n'eft
pas de la mefme nature que la Subftance du Feu, ny celle du Feu
de mefme que celle de la Terre, ny celle de la Terre comme
celle de la peau du Cameleon, auffi la Subftance du Soleil ne doit
avoir que peu de raport avec celle de Mars, celle de Mars avec celle de Saturne, &c.

Quant à leur chaleur, l'experience eft tres-certaine, que les
rayons qui partent du Corps du Soleil, nous échaufent plus fenfi-
blement que la foible lumiere qui nous vient de la Lune, ou des
autres Planettes.

Enfin pour leur lumiere, outre que la veuë nous fait voir clairement qu'elles en jettent bien plus les unes que les autres, l'experience de Lunettes montre vifiblement que le Soleil eft de foy par
tout lumineux, & que les autres Planettes n'ont de la lumiere que
par emprunt. Mais comme eftre lumineux, & ne l'eftre pas, font
des extremités qui demandent differente nature, ils concluent de
là que les Aftres doivent eftre de differente Subftance.

Du nombre des Estoilles selon les Anciens.

LEs Anciens Astronomes ont creu qu'il n'y avoit dans le Ciel que mille vingt & deux Estoilles, dont ont pouvoit faire une distinction nette & solide; Ils comprenoient toutes les autres sous le nom d'Estoilles nebuleuses & obscures.

Ils distribuoient les Estoilles apparantes en quarante huit Asterismes ou Constellations, d'autres plus Modernes les ont augmentées jusque au nombre de soixante & quatre, & en comptent, vingt-trois dans la Partie Septentrionalle, douze dans le Zodiaque, & vingt-neuf dans la Partie Meridionale.

Voicy les noms des vingt-trois Constellations de la Partie Septentrionale.

La petite Ourse,	La Teste de Meduse,
Le Dragon,	Pegase,
La grande Ourse,	Le petit Cheval,
Cephée,	Le Dauphin,
Le Cygne,	Le Dard,
La Lyre,	L'Aigle,
Hercule,	Ophiuque, ou le Serpentaire,
Bootes ou le Bouvier,	La Couronne Septentrionale,
Auriga ou le Chartier,	Le Serpent,
Cassiopée,	La cheveleure de Berenice,
Persée,	Et le Triangle Serptentrional.
Andromede,	

Les douze Constellations du Zodiaque sont

Le Bellier,	La Balance,
Le Taureau,	Le Scorpion,
Les Gemeaux,	Le Sagittaire,
Le Cancer,	Le Capricorne,
Le Lyon,	Le Verseau,
La Vierge,	& les Poissons.

Les vingt-neuf Conſtellations Meridionales ſont

La Baleine,
Procyon, ou le petit Chien,
Le grand Chien,
Orion,
Le Lievre,
Le Fleuve Eridan,
Le Poiſſon Auſtral,
L'Autel,
La Colombe,
L'Oiſeau de Paradis,
Le Phenix,
La Gruë,
L'Indien,
Le Paon,
La Louve,

Le Centaure,
Le Corbeau,
Le Vaſe,
L'Hydre,
Le Navire : ou Arche de Noé,
La Couronne Meridionale,
La Mouche,
La Pie ou Toucan,
Le Serpent Meridional,
La Dorade,
Le Poiſſon volant,
Le Cameleon,
Le Triangle Auſtral,
Et l'Abeille Indienne.

Ces Conſtellations ſeront repreſentées dans les pages ſuivantes.

On remarquera que les Aſtronomes diviſent toutes les Eſtoilles *Le Comte* de ces ſoixante-quatre Conſtellations en ſix ſortes de grandeurs, *de Pagan* ſelon qu'elles paroiſſent plus ou moins groſſes; Ils en content quinze *Aſtrologie* de la premiere grandeur, à ſçavoir la luiſante de la Lyre, Capella, ou *naturelle-* la Chevrette, Arcture. L'œil du Taureau, le Cœur du Lyon, la *liv. 1. c. 12.* Queuë du Lyon, l'Epy de la Vierge, le Cœur du Scorpion, l'Epaule droite d'Orion, le genoüil d'Orion, la Canicule, le Cœur de l'Hydre, l'extremité du Fleuve Eridan, Canope ou le Gouvernail du Navire, & le Fomaſan, ou la Luyſante du Poiſſon Auſtral Ils diſent que la groſſeur de chacune de celles là, ſurpaſſe cent fois la groſſeur de la Terre : Celles de la ſeconde grandeur ſont plus groſſes quatre-vingt dix fois que la Terre ; Ils en comptent quarante-cinq de cette grandeur, chacune de celles de la troiſiéme grandeur excede ſoixante & dix fois la groſſeur de la Terre, & on en compte juſqu'à 208. Celles de la quatriéme la ſurpaſſent cinquante-quatre fois, & il y en a 474. Celles de la cinquiéme trente-deux fois, & il y en a 216. Celles de la ſixiéme dix-huit fois, & il y en a 50. On n'a pû reconnoiſtre le Diametre, ou la groſſeur de Eſtoilles qui ſont appellées Nebuleuſes.

*Asterismes ou Constellations de la Partie Septentrionale,
comme elles sont veuës sur les Globes Celestes,
& du nombre de leurs Estoilles*

A **L** A petite Ourse contient sept Estoilles.
B   Le Dragon a trente & une Estoilles.
C   La grande Ourse a vingt sept Estoiles.
D   Cephée, a onze Estoilles.
E   Le Cygne a 17. Estoilles. *En l'année 1660. on commença à de-
couvrir dans cette Constellation, une nouvelle Estoille qui s'y voit
encore à present & que l'on croit onze fois plus grosse que la Terre.*
F   La Lyre a douze Estoilles.
G   Hercules a vingt Estoilles.
H   Bootes a cinq Estoilles.
I   Auriga a dix-huit Estoilles.
K   Cassiopée a treize Estoilles.
L   Persée a vingt-six Estoilles.
M   La Teste de Meduse a une Estoille *de la deuxiéme grandeur.*
N   Andromede a vingt-trois Estoilles.
O   Pegase a vingt Estoilles.
P   Le petit Cheval a quatre Estoilles.
Q   Le Dauphin a dix Estoilles.
R   Le Dard a cinq Estoilles.
S   L'Aigle a 9. Estoilles. L'Aigle emporte Ganimede qui a 7. Estoilles.
T   Ophiuque ou le Serpentaire a dix-huit Estoilles.
V   La Couronne Septentrionale, elle a huit Estoilles.
Y   Le Serpent a dix-huit Estoilles.
Z   La Chevelure de Berenice a quatorze Estoilles.
&   Le Triangle Septentrional a trois Estoilles.

Les six Signes Septentrionaux du Zodiaque sont

1. Le Bellier, il a treize Estoilles.
2. Le Taureau a trente-trois Estoilles, on voit sur son dos les
Pleiades ou la Poussiniere, & les Hyades a son front.
3. Les Gemeaux ont dix-huit Estoilles.
4. Le Cancer a neuf Estoilles. Les deux de ses yeux s'appellent
Asnons, & celle de son dos la Creiche.
5. Le Lyon a ving-sept Estoilles.
6. La Vierge a vingt-six Estoilles, elle a sur son bras la chevelure
de Berenice.

FIGURE XXXIII.

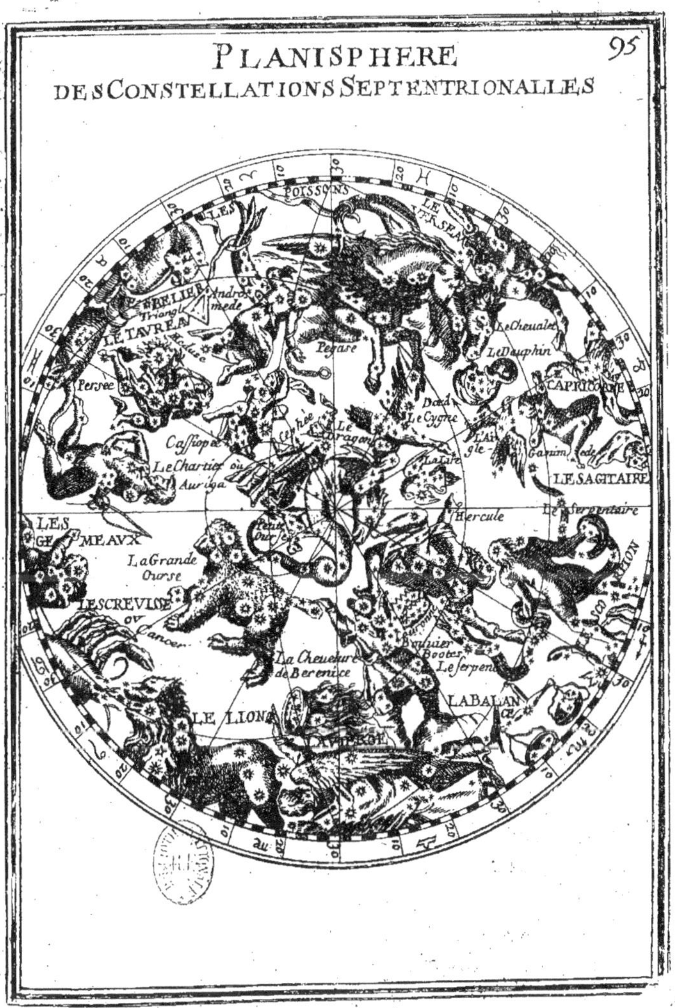

Planisphere des Constellations Septentrionales comme elles font veuës de la Terre.

POUR ne rien negliger touchant la connoiſſance du Ciel nous avons repreſenté icy les Conſtellations Septentrionalles comme elles apparoiſſent eſtant regardées de la ſuperficie de la Terre, afin de nous conformer entierement avec les obſervateurs qui les enviſagent ainſi, quand ils regardent le Ciel : Cette repreſentation donnera de grandes facilités à ceux qui le veulent eſtudier. Puiſque naturellement nous ne voyons jamais les Aſtres que ſur la ſurface concave du Ciel, & que c'eſt faire une eſpece de violence à l'imagination de les regarder contre la ſituation de la nature ſur la ſurface convexe d'un Globe.

A	La petite Ourſe.	N	Andromede.
B	Le Dragon.	O	Pegaſe.
C	La grande Ourſe.	P	Le petit Cheval.
D	Cephée.	Q	Le Dauphin.
E	Le Cigne.	R	Le Dard.
F	La Lyre.	S	L'Aigle.
G	Hercules.	T	Ophiuque ou le Serpentaire.
H	Bootes.	V	La Couronne Septentrionale.
I	Auriga.	Y	Le Serpent.
K	Caſſiopée.	Z	La chevelure de Berenice.
L	Perſée.	&	Le Triangle Septentrional.
M	La Teſte de Meduſe.		

Les ſix Signes Septentrionaux du Zodiaque ſont,

1.	Le Belier.	4.	Le Cancer.
2.	Le Taureau.	5.	Le Lyon.
3.	Les Gemeaux.	6. &	La Vierge.

FIGURE XXXIV.

FIGURE XXXIV.

Des Asterismes ou Constellations Meridionales comme elles font veuës fur les Globes Celeftes , & du nombre des Eftoilles qu'elles contiennent.

NOus commencerons d'abord par celles du Zodiaque, & enfuite pafferons à celles qui en font dehors. Celles du Zodiaque font.

A. La Balance, qui contient huit Eftoilles.

B. Le Scorpion a vingt & une Eftoilles.

C. Le Sagitaire a trente-une Eftoilles.

D. Le Capricorne a vingt-huit Eftoilles.

E. Le Verfeau a quarante Eftoilles.

F. Les Poiffons ont trente-quatre Eftoilles.

Les Conftellations fuivantes font hors du Zodiaque.

G. La Baleine a vingt. & deux Eftoilles.

H. Procyon ou le petit Chien a trois Eftoilles.

I. Le grand Chien a dix-huit Eftoilles, *celle de fa gueule appellée* Canicule *ou* Syrius, *eft la plus grande du Firmament : on la croit foixante & fept fois plus groffe que la Terre.*

K. Orion a trente-huit Eftoilles, *les trois qui font à fon Baudrier, font vulgairement nommées* les trois Rois, le Bâton de Jacob, *ou* le Rateau.

L. Le Lievre a douze Eftoilles.

M. Le Fleuve Eridan a trente-quatre Eftoilles.

N. Le Poiffon Auftral a douze Eftoilles.

O. L'Autel a 9. Eftoilles.

P. La Colombe a 7. Eftoilles.

Q. L'Oyfeau de Paradis ou Abeille Indienne a 9. Eftoil-les.

R. Le Phenix a 13 Eftoilles.

S. La Gruë a dix Eftoilles.

T. L'Indien a fept Eftoilles.

V. Le Paön a feize Eftoilles.

X. Le Loup a 19. Eftoilles.

Y. Le Centaure a 37. Eftoilles.

Z. Le Corbeau a fept Eftoilles.

&. Le Vafe a fept Eftoilles.

1. L'Hydre a quinze Eftoilles.

2. La Nef d'Argos ou l'Arche de Noë ; a 45. Eftoilles.

3. La Couronne Meridionale a treize Eftoilles.

4. La Mouche a 4. Eftoilles.

5. La Pie ou le Toucan a fept Eftoilles.

6. Le Serpent Meridional a 13. Eftoilles.

7. La Dorade a 4. Eftoilles.

8. Le Poiffon-volant a quatre Eftoilles.

9. Le Cameleon a 9. Eftoilles.

10. Le Triangle Auftral qui eft entre l'Abeille Indienne & l'Autel a fix Eftoilles.

11. La Croix a neuf Eftoilles.

FIGURE XXXV.

PLANISPHERE
DES CONSTELLATIONS MERIDIONALLES
99
LE VERSEAU
LES POISSONS
La Baleine
Poisson austral
La Grue
Phenix
le Fleuve Eridan
LE TAUREAU
CAPRICORNE
l'Indien
Le Toucan
Hydre
le Lieure
Orion
La Dorade
La Colombe
Serpent
le Paon
l'Abeille Indien
le Cameleon
la Mouche
LES GEMEAUX
le grand Chien
le Petit Chien
LE SAGITTAIRE
Croix
LE SCORPION
l'Autel
Le Loup
LES ECREVISSE
Hydre
le Centaure
l'Arche de Noé
LA BALANCE
le Corbeau
LE LION
le Vase
LA VIERGE

Planisphere des Constellations Meridionales comme elles
sont veuës de la Terre.

LEs raisons qui nous ont obligé de representer dans la page, les Constellations Septentrionales veuës de la Terre, sont les mêmes qui nous invitent à donner de la sorte les Meridionales : Nous commencerons par celles du Zodiaque.

A, La Balance.
B, Le Scorpion.
C, Le Sagittaire.
D, Le Capricorne.
E, Le Verseau.
F, Les Poissons.

Les Constellations suivantes , sont hors
du Zodiaque.

G, La Baleine.
H, Procyon ou le petit Chien.
I, Le grand Chien
K, Orion.
L, Le Lievre.
M, Le Fleuve Eridan.
N, Le Poisson Austral.
O, L'Autel.
P, La Colombe.
Q, L'Oyseau de Paradis.
R, Le Phenix.
S, La Gruë.
T, L'Indien.
V, Le Paon.
X, La Louve.
Y, Le Centaure.
Z, Le Corbeau.
& Le Vase.

1. L'Hydre.
2. La Nef d'Argos.
3. La Couronne Meridionalle.
4. La Mouche.
5. La Pie ou le Toucan.
6. Le Serpent Meridional.
7. La Dorade.
8. Le Poisson-volant.
9. Le Cameleon.
10. Le Triangle.
11. L'Abeille Indienne.

FIGURE XXXVI.

Du nombre des Eſtoilles ſelon les Modernes.

*Gaſſendi 2.
partie liv. 5.
chap. 11.*

*Deſcartes
diſcours 1.
de la Dio-
ptrique p. 1.
& des Prin-
cip de la
Philoſop. 3.
Part. Art.
23.*

L'Opinion de ceux qui ont determiné le nombre des Eſtoilles à mille vingt & deux ſubſiſteroit encore, ſans le ſecours du Teleſcope, ou des Lunettes de longue-veuë, qui eſtoient inconnuës aux Anciens Obſervateurs, & qui ont eſté inventées, il y a peu de temps par un nommé Jacque Metius de la Ville d'Alcmar en Hollande ; c'eſt par le moyen de cet Inſtrument, dont nous donnerons la Figure cy-aprés, que nous avons eu le moyen de faire de plus grandes decouvertes. On a déja obſervé dans la ſeule Conſtellation d'Orion un auſſi grand nombre d'Eſtoilles, que les Anciens en avoient remarqué dans le reſte du Ciel : Et l'on a conclu qu'elles ne ſont pas toutes ſur une meſme ſuperficie concave du Firmament : Mais que celles qui nous paroiſſent plus groſſes, ſont plus proches de la Terre, comme les plus petites en ſont plus éloignées & plus enfoncées dans les inegales profondeurs du Ciel. Ce qui fortifie l'opinion de ceux qui font la Region Etherée d'une profondeur preſque ſans bornes, & qui ne veulent pas que les Eſtoiles Fixes ſoient attachées à un meſme Ciel, prouvant leurs raiſons par la nouveauté des Eſtoilles qui apparoiſſent de temps en temps au Ciel, & de celles qui diſparoiſſent. Ils diſent que ces apparences ne ſe font que par le mouvement propre de quelques Eſtoilles, leſquelles eſtant beaucoup enfoncées dans la Region Etherée, nous apparoiſſent en de certains temps, par le moyen de ce mouvement, comme au contraire d'autres nous diſparoiſſent inſenſiblement.

Entre les plus conſiderables de celles qui n'apparoiſſent plus, il y en a une dans la Conſtellation de la petite Ourſe marquée A, une dans le col de la grande Ourſe B. une au col de la Baleine C, celle-cy paroiſt & diſparoiſt quelquefois, une dans le Fleuve Eridan ſous le col de la Baleine D.

On tient meſme qu'une des Pleyades ne paroiſt plus, ny une qui eſtoit dans la chaine d'Andromede, & encore une autre de la meſme Conſtellation : Il y en avoit auſſi une qui eſtoit dans le Signe des Poiſſons que Tycho-Brahé a eſtimé eſtre de la troiſiéme grandeur, qui n'eſt plus viſible.

FIGURE XXXVII.

Des Eſtoilles Nouvelles.

Cartes des Nouvelles découvertes du Ciel 1678. par Meſle.

LEs Aſtronomes ont decouvert de temps en temps de nouvelles Eſtoilles dans le Ciel, tantoſt par le ſimple effet de la veuë, tantoſt par le ſecours du Teleſcope. Comme elles ont paru & diſparu imperceptiblement, & qu'elles ſe ſont montrées plus ou moins de temps, & plus ou moins brillantes & lumineuſes les unes que les autres, on a douté ſi c'eſtoient des Eſtoilles Fixes ou des Planettes. Ceux qui les ont priſes pour des Planettes, ont dit que leur Globe ou Corps avoit des Macules ou Taches ; & que quand la partie où eſtoient ces Macules, eſtoit tournée vers nos yeux, ce corps Celeſte ne ſe faiſoit point diſcerner à noſtre veuë, & ne ſe remarquoit que quand ſa partie lumineuſe eſtoit tournée vers nous par un mouvement particulier de l'Aſtre. Ceux qui les prennent pour des Eſtoilles, ſuppoſent que la Reg ion Etherée eſt d'une immenſe profondeur ou enfoncement, & que ces Eſtoilles nous paroiſſent, lorſquelles ſont dans la partie la plus proche de nos yeux & qu'elles diſparoiſſent quand elles s'élevent & paſſent à une plus grande diſtance.

Une des plus Celebres, fut celle qui parut l'année 1572. à la Chaiſe de la Conſtellation de Caſſiopée, elle eſt marquée de la lettre A , dans cette Planche ; Le fameux Tycho - Brahé aprés l'avoir priſé d'abord pour une Comette, à cauſe de ſon grand éclat, la mit au rang des Eſtoilles de la premiere grandeur. Aprés ſeize mois d'apparition, elle diſparut inſenſiblem ent. Nos derniers Aſtronomes en remarquent dans la meſme Conſtellation trois nouvelles, dont l'une eſt de la quatriéme, & les deux autres de la cinquiéme grandeur.

L'Année 1600. il en parut une dans la poitrine du Cygne que quelques uns eſtiment avoir eſté veuë juſqu'à l'année 1626. qu'elle diſparut. Elle eſt auſſi repreſentée par la lettre B, Kleper la mit au rang de celles de la troiſiéme grandeur. Monſieur Hevelius tient que celle qu'il obſerva en 1659. & qui diſparut en 1660. & qui ſe montra encore en l'année 1666 eſtoit la meſme ; mais elle eſtoit ſi petite qu'il ne la jugea que de la ſixiéme grandeur.

Le R. P. Dom Anſelme Chartreux a découvert en l'année 1670. & 1671. une nouvelle Eſtoille proche de la Teſte du Cygne,

elle

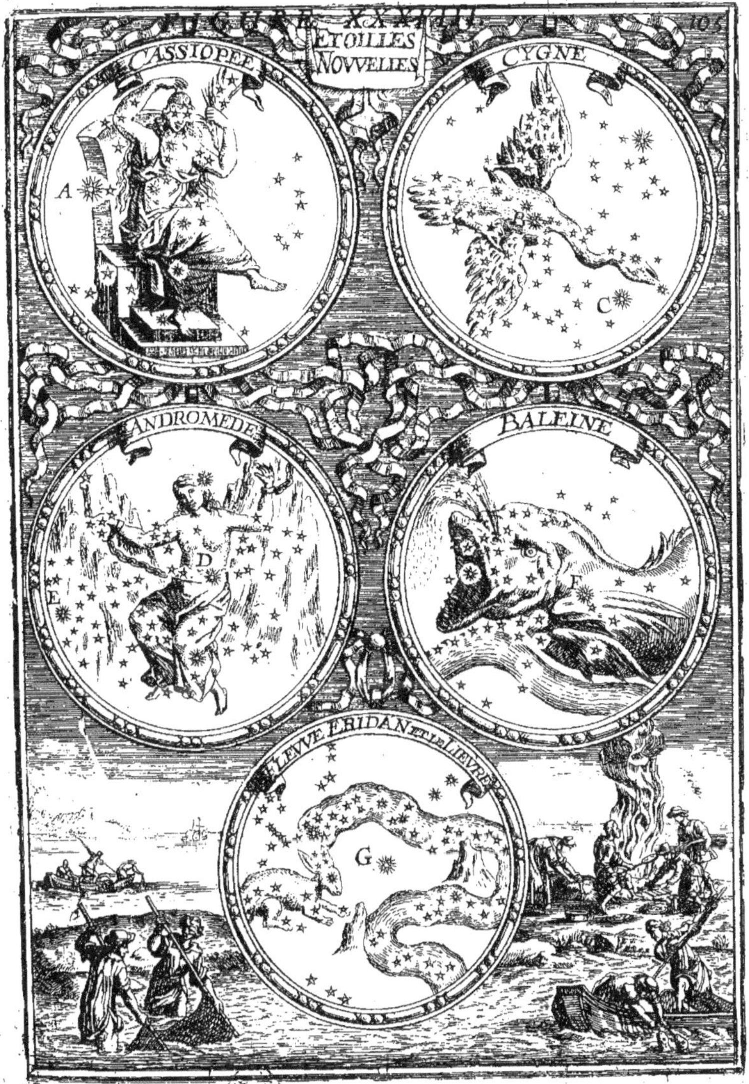
FIGURE XXXVIII
ETOILLES
NOUVELLES
CASSIOPEE
CYGNE
A
B
C
ANDROMEDE
BALEINE
D
E
F
FLEUVE ERIDAN ET LE LIEVRE
G

elle eſt icy marquée par la lettre C , Monſieur Caſſini l'a auſſi obſervé par deux fois dans le meſme temps.

Monſieur Bouillaud, le P. Fabri, & quelques autres Aſtronomes obſerverent pendant les années 1612. & 1613. une nouvelle Eſtoille à la Ceinture d'Andromede, elle eſt icy indiquée par la lettre D. Elle diſparut en 1613. & l'on dit que celle qui parut en 1664. eſtoit la meſme , proche de la main droitte de la meſme Conſtellation d'Andromede. On a commencé d'obſerver en l'année 1672. une nouvelle Eſtoille figurée par la lettre E.

Au col de la Baleine, Meſſieurs Bouillaud, & Caſſini ont obſervé une Eſtoille qui y paroiſt de temps en temps ; elle eſt fort petite quand elle commence à paroiſtre : mais pendant l'eſpace de 120. jours ſa lumiere s'augmente juſqu'à ce qu'elle égale celle des Eſtoilles de la troiſiéme grandeur. On croit que c'eſt quelque macule qui la derobe à nos yeux, & qui la laiſſe voir ſelon que par ſon mouvement elle eſt diverſement ſituée au reſpect de noſtre veuë, elle eſt figurée de la lettre F.

Monſieur Caſſini en a encor obſervé pluſieurs nouvelles à ſçavoir une ſituée entre la Conſtellation du Fleuve Eridan, & celle du Lievre : elle ſe montre & ſe cache de temps en temps, il la conte ſous la quatriéme grandeur , nous l'avons repreſentée par la lettre G. dans la page precedente. Il en a encore remarqué deux au commencement du même Fleuve , & quatre autres auprés du Pole Arctique.

De la voye Laictée selon les Anciens.

OVIDE en son premier livre des Metamorphoses dit que la voye Laictée est ainsi nommée à cause de sa blancheur, & que c'est le chemin par où les autres Dieux se rendent au Palais de Jupiter.

Quelques Pythagoriciens ont cru que la voye Laictée estoit un Astre qui du temps de l'incendie de Phaëton, s'estoit embrazé, & avoit bruslé tout le chemin par où il avoit passé.

Plutarque liv. 3. des opinions des Philosoph. chap. 1.

Quelques-uns ont estimé que cette voye Laictée estoit une espece de Miroir qui reflechissoit les rayons du Soleil; comme les Nuages nous les reflechissent quelquefois & dont la reflexion produit l'Arc-en-Ciel.

Metrodore tenoit que c'est le chemin par où passe le Soleil encore aujourd'huy.

Parmenide a pretendu qu'un mélange de rare & de dense produit ou fait paroistre cette couleur de Laict.

Anaxagore a dit que c'estoit un effet de l'Ombre de la Terre qui se termine & s'arreste en cette partie du Ciel.

Democrite a enseigné que la voye Laictée estoit la lueur de plusieurs petites Estoilles qui sont Opaques, & qui estant neantmoins doüées de quelque lumiere qui leur est propre, jettent cette lumiere de tous costez : & parce que ces petites Estoilles sont fort proches les unes des autres, elles reçoivent toutes ces rayons de lumiere qu'elles reflechissent, & c'est ce qui fait paroistre cette couleur blanche.

Aristote estimoit que la voye Laictée est une exhalaison seiche qui s'enflâme & qu'elle se conserve & s'entretient à cause de la grande quantité de la matiere des exhalaisons, & il disoit que c'estoit une espece de chevelure ignée qui estoit au dessous du Ciel des Planettes.

Posidonius pretendoit que c'estoit une substance de feu plus claire qu'une Estoile, & dont la splendeur estoit plus condensée & plus serrée.

De la Voye Laictée selon les Modernes.

Philosophie de Gassendi par Bernier. l. 5. ch. 11.

NOs Astronomes Modernes à l'exemple des Anciens nomment cette splendeur *Galactia ou la voye Laictée*, & le vulgaire l'appelle *le chemin de S. Jacques*. Suivant l'opinion de l'ancien Philosophe Democrite, l'on tombe d'accord avec luy, que c'est un amas de quantité d'Estoilles moins apparentes que les autres, soit à cause qu'elles sont plus petites, soit qu'estant d'une même grosseur que les autres, elles sont situées dans une partie du Ciel plus enfoncée & d'où elles ne peuvent envoyer icy bas qu'une lumiere confuse. Ce que l'on remarque par le moyen du Telescope ou Lunette de longue veuë, dont la Figure est icy représentée par la lettre A.

Nous donnerons dans les deux pages suivantes la Figure de la voye Laictée, par le moyen de laquelle on verra aisément les Constellations par où elle passe.

FIGURE XXXIX.

FIGURE XL.

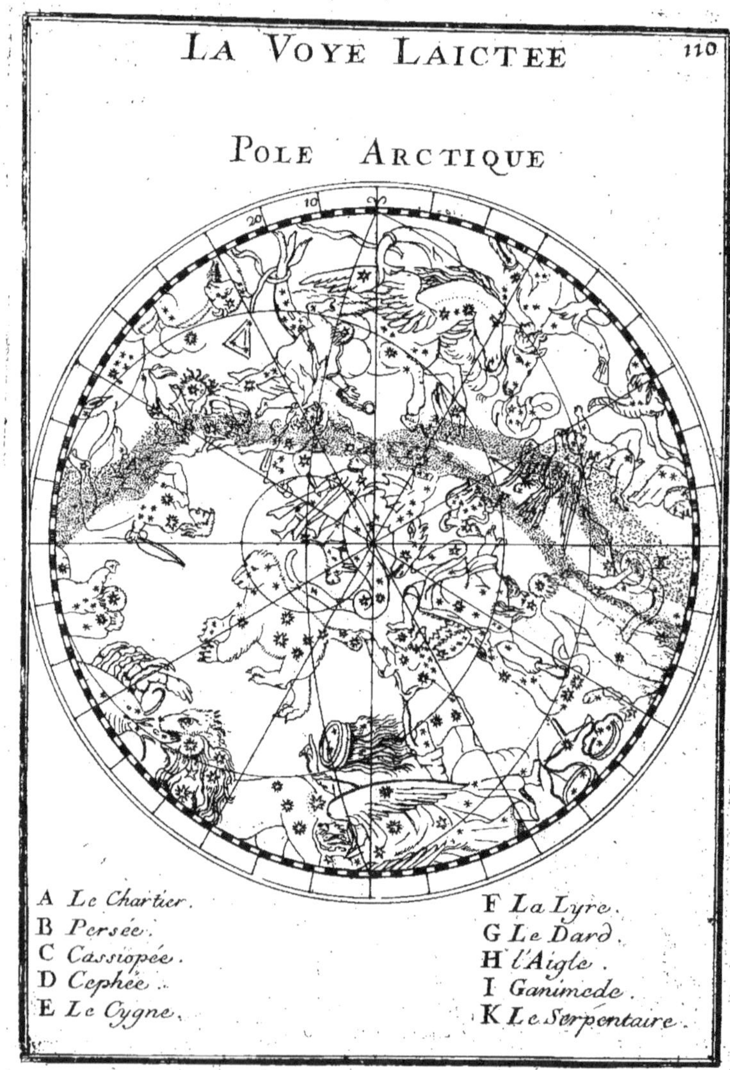

A *Le Chartier.*
B *Persée.*
C *Cassiopée.*
D *Cephée.*
E *Le Cygne.*

F *La Lyre.*
G *Le Dard.*
H *l'Aigle.*
I *Ganimede.*
K *Le Serpentaire.*

FIGURE XLI.

A *Le Scorpion*.
B *Le Sagittaire*.
C *l'Autel*.
D *Le Triangle*.
E *La Mouche*.
F *La Croix*.

G *Le Centaure*.
H *La Nef*.
I *Le grand Chien*.
K *Orion*.
L *Les Gemeaux*.

*Des Planettes en general, leur nombre , & de leur
lumiere & couleur.*

LE mot Grec de Planette fignifie Errant.
　　Les Planettes font des Eſtoilles qui ne gardent point entre-
elle la meſme diſtance, quoy que chacune en particulier ait un
mouvement certain & aſſeuré.

　　Elles font au nombre de fept à ſçavoir,

　　Saturne, ♄.
　　Jupiter, ♃
　　Mars, ♂
　　Le Soleil, ☉.
　　Venus, ♀.
　　Mercure, ☿.
　　Et la Lune, ☾.

Les derniers Aſtronomes ont depuis quelque temps decouvert
fix autres petits corps Celeſtes, qu'ils mettent au nombre des Planettes, & que l'on nomme *Satellites.* Il y en a deux qui ſe meuvent autour de Saturne, & quatre aux environs de Jupiter , que
nous repreſenterons dans les pages ſuivantes en parlant des Planettes
en particulier.

Parmy les fept Planettes il n'y a que le Soleil qui tire ſa lumiere
de ſoy-meſme; les autres fix l'empruntent de luy.

Le Soleil eſt la feule des Planettes qui brille comme les Eſtoilles,
& chaque Planette a une couleur particuliere; Saturne eſt palle , & de
couleur plombée; Jupiter tire ſur l'aſur ou couleur du Ciel, Mars
eſt rouge; le Soleil jaune; Venus éclatante; Mercure étincellant;
& la Lune blanche.

*Deſcartes
Princip.
Philoſoph.
3. part. art.
10.*

FIGURE XLII.

FIGURE XLII.

Tome I. H

Moyen de distinguer les Planettes d'avec les Estoilles & de la Grosseur des Planettes.

Boulanger de la Sphe-re. l. 11.

ENTRE les differens moyens que les Astronomes ont donné pour discerner les Planettes des Estoilles Fixes, ils disent, que pour peu qu'on s'acoûtume à regarder au Ciel, on remarquera sensiblement que les Planettes sont plus proches de la Terre que les Estoilles Fixes : Et cette proximité se justifie encore, parce que la Planette la plus basse, Eclipse ou cache le corps Celeste qui est le plus élevé; d'ailleurs le mouvement propre de la Planette l'éloigne chaque jour de la position où elle estoit le jour precedent; de sorte qu'elle ne garde point la mesme situation dans le Ciel, & fait diverses Figures avec les autres Estoilles.

Pour determiner la grosseur de chaque Planette, les Astronomes comparent leur Diametre à celuy de la Terre, & ce Diametre de la Terre est évalüé à deux mille huit cens soixante & trois lieuës, & quelque chose de plus.

Saturne est estimé par les Observateurs quatre vingt onze fois plus gros que la Terre.

La grosseur de Jupiter contient quatre vingt quinze fois celle de la Terre.

Mars selon quelques-uns est un peu plus petit que la Terre, selon quelques autres il est un peu plus gros.

La grosseur du Soleil contient cent soixante & six fois la grosseur de la Terre.

Venus a sa grosseur égale à la trente-huitiéme partie de la grosseur de la Terre, elle ne s'éloigne du Soleil que de 48 degrés.

Mercure est environ deux mille fois plus petit que la Terre : on a de la peine à discerner cette Planette dans le Ciel, tant à cause du peu de Diametre de son Globe, qu'à cause qu'il est souvent caché sous les rayons du Soleil, & qu'il ne s'en éloigne que de 28. degrés

Ptolomée trouvoit par ses observations que la Lune estoit trente-huit fois plus petite que la Terre. Mais selon Ticho-Brahé, c'est de quarante fois; & c'est l'opinion la mieux receuë.

De la distance des Cieux & des Planettes à la Terre, selon les Astronomes Anciens & Modernes.

Q̃UELQUES Anciens ont crû qu'il y avoit dix-neuf fois au-*Pline L. 11.* tant de distance entre le Soleil & la Lune, qu'il y en a entre *Chap. 21.* la Lune & la Terre.

Pythagore par son Calcul a cru qu'il y avoit cent vingt-cinq mille stades entre la Terre, & le Cercle de la Lune, & que de la Lune au Soleil il y a deux fois la distance de la Terre à la Lune. Il ajoûte que l'espace qu'il y a du Soleil au Zodiaque, est triple de la distance du Soleil à la Lune.

Les Astronomes Modernes qui ont voulu rafiner sur la mesure des *Boulanger* Anciens, se servent du demy Diametre de la Terre pour mesurer les *de la Sphere* Cieux. (Ce demy-Diametre de la Terre est de 1431. lieuës & demie, *L. 2. de la* en rejettant les fractions) & quand ils disent que le Ciel de la Lune *distance &* est éloigné du centre de la Terre de 33. Demy-diametres, ils en- *vitesse des* tendent que du centre de la Terre jusqu'au Ciel de la Lune, *Cieux.* il y a quarante-sept mille deux cens trente-neuf lieuës & demie. Ils ajoûtent que de la Terre à Mercure il y a 64. Demy-diametres, de la Terre à Venus 167. de la Terre au Soleil 1121. de la Terre à Mars 1216. de la Terre à Jupiter 7852. de la Terre à Saturne 14373. de la Terre au Firmament 22612. & de la Terre jusqu'aux petites Estoilles 45225. ou soixante & quatre millions, sept cens trente-neuf mille cinq cent quatre-vingt sept licuës & demie. Ce qui fait une distance si grande, qu'ils estiment que si nostre premier Pere vivoit encore, & que depuis sa creation il eut fait tous les jours 18. lieuës vers les Cieux, il ne seroit pas encore arrivé à la concavité du huitiéme Ciel; ou que si une balle de Canon estoit au lieu où sont les Estoilles & qu'elle vinst à tomber, quand à chaque heure elle des-cendroit deux cens lieuës, elle employeroit plus de quinze ans, avant qu'elle tombast sur la Terre: Mesme ils disent qu'il faudroit que le Firmament où sont les Estoilles fixes, tournât d'une telle rapi-dité, principalement dans son milieu, qu'une Estoile qui seroit sous l'Equateur devroit faire 2264. lieuës Françoises, dans l'espace d'un battement de poux d'un homme bien reglé, dont Cardan a observé qu'il battoit environ 4000. fois en une heure ; ce qui est une vitesse si grande, que la balle d'un Canon ne la sçauroit égaler : Pour cette cause plusieurs Astronomes jugeant ce mouvement estre trop violent & incompatible avec la nature, ont mieux aimé pour sauver les appa-rences celestes, supposer que la Terre est mobile.

H ij

*Des Paralaxes ou moyens de connoiſtre quelles ſont les Pla-
nettes les plus proches de la Terre.*

ENTRE toutes les inventions que les Aſtronomes ont imaginées
pour ſçavoir ſi une Planette eſt plus prés de la Terre qu'une
autre, il n'y en a point de plus ſubtile que celle du Parallaxe; qui
n'eſt autre choſe que la quantité d'un Angle formé par deux lignes
droites, qui ſe terminent au centre d'une Planette, l'une tirée du
centre de la Terre, & l'autre de l'œil de celuy qui obſerve; & ſelon
que cet Angle eſt grand ou petit au reſpect d'un autre Angle fait de
la meſme maniere au centre d'une autre Planette, on conclut laquelle des deux Planettes eſt la plus proche de la Terre : Car le plus
grand Angle qui eſt le plus grand Paralaxe, demontre que la Planette eſt plus proche de la Terre, que celle où ſe fait un plus petit
Angle ou moindre Parallaxe. Ainſi la Planette marquée A, eſt plus
proche de la Terre que celle de B, à cauſe que l'Angle A, eſt plus
grand que celuy de B.

De plus on remarquera qu'aux Planettes de Jupiter, de Saturne,
& aux Eſtoilles Fixes, il n'y a point ou peu de Parallaxes, à cauſe que
la Terre n'eſt que comme un point au reſpect de leur grand éloi-
gnement : ce qui fait que les lignes droites qui partent du centre de
la Terre D, & de l'œil de celuy qui obſerve C, pour aller ſe rendre
au centre de ces deux Planettes, ne font preſque qu'une meſme ligne, & ne forment quaſi point de Parallaxe. Exemple P.

Pour trouver le Parallaxe, on attend d'ordinaire que l'Aſtre ſoit
élevé d'environ 60. degrez ſur l'Horiſon : mais quand l'Homoſphere
eſt épuré, la pratique s'en doit faire dans l'Horiſon, comme par
exemple, ſi l'on veut ſçavoir des deux Planettes A, & B, laquelle eſt la plus proche de la Terre, on n'a qu'à ſçavoir lequel des
deux Angles CAD, & CBD, eſt le plus grand; & comme dans
cet Exemple, c'eſt celuy qui eſt marqué des lettres CAD, on
inferera que l'Aſtre A, eſt le plus proche de la Terre à cauſe qu'il
a un plus grand Angle ou Parallaxe que la Planette B. La pratique
s'en fait par les Regles de la Trigonometrie en faiſant la reſolution
d'un Triangle rectangle.

FIGURE XLIII.

Des Aspects des Planettes.

LA définition la plus juste que donnent les Astronomes aux Aspects des Planettes, est celle de Gassendi, & du Comte de Pagan, qui disent, *que les Aspects des Planettes ne sont autre chose que de certains rapports ou habitudes mutuelles, selon lesquelles les Planettes se regardent les unes les autres, entant qu'elles se trouvent placées en diverses parties du Zodiaque.*

Quoy qu'il y ait autant de differents Aspects entre les Planettes, qu'il y a de differentes situations entre elles, neantmoins les Astronomes ne se font attachez qu'à cinq Aspects, à sçavoir le Trine, le Quarré, le Sextil, la Conjonction, & l'Opposition.

Ils ont figuré ces Aspects par ces Caracteres, le Trine △ , le Quarré ▢ , le Sextil ✳ , la Conjonction ☌ , & l'Opposition ☍ .

L'Aspect Trine a pour Rayon le costé d'un Triangle Equilateral décrit dans le Zodiaque ; si ce costé du Triangle va selon l'ordre des Signes, l'Aspect sera à la droite, comme si Jupiter estoit dans le 1. degré du Belier A , son Aspect Trine à la droite feroit au 1. degré du Lyon B ; & si ce costé s'estend contre l'ordre des Signes, comme s'il tomboit au 1. degré du Sagittaire C, cet Aspect seroit à la gauche: Mais l'un & l'autre sont toûjours composés de 4. Signes, ainsi qu'il se peut remarquer dans la Figure I. par les lettres A B C.

L'Aspect Quarré est un rayon d'une Figure quarrée décrite dans l'Ecliptique, comme si le Soleil estoit dans le 20. degré du Belier D, son Aspect quarré à la droite, feroit dans le 20. degré de l'Ecrevisse E, & son Aspect quarré à la gauche au 20. degré du Capricorne F, mesurant l'Aspect par trois Signes, selon l'ordre, & contre l'ordre des Signes les lettres DEGF, en montrent l'Exemple dans la II. Figure.

L'Aspect Sextil est le rayon d'un Exagone décrite dans l'Ecliptique, comme si la Lune estoit dans le 10. degré du Belier A, son Aspect Sextil seroit à la droite au 10. degré de Gemini H , & son Aspect Sextil à gauche seroit au 10. degré d'Aquarius I, mesurant l'Aspect de deux Signes selon & contre l'ordre des Signes: les lettres AKBLCI, en representent l'Exemple dans la III. Figure.

La Conjonction se fait au Zodiaque quand deux Planettes sont dans le mesme degré d'un mesme Signe : comme par exemple quand le Soleil & la Lune se trouvent tous deux au 9. degré du Lyon , on dit pour lors le Soleil & la Lune sont en conjonction. Exemp. O. IV. Fig.

L'Opposition se fait en des Signes dimetralement opposez l'un à l'autre, comme si Venus estoit dans le 1. de Gemini M, & Saturne dans le 1. du Sagittaire N, leur Aspect seroit un Aspect d'Opposition. V. Fig.

FIGURE XLIV.

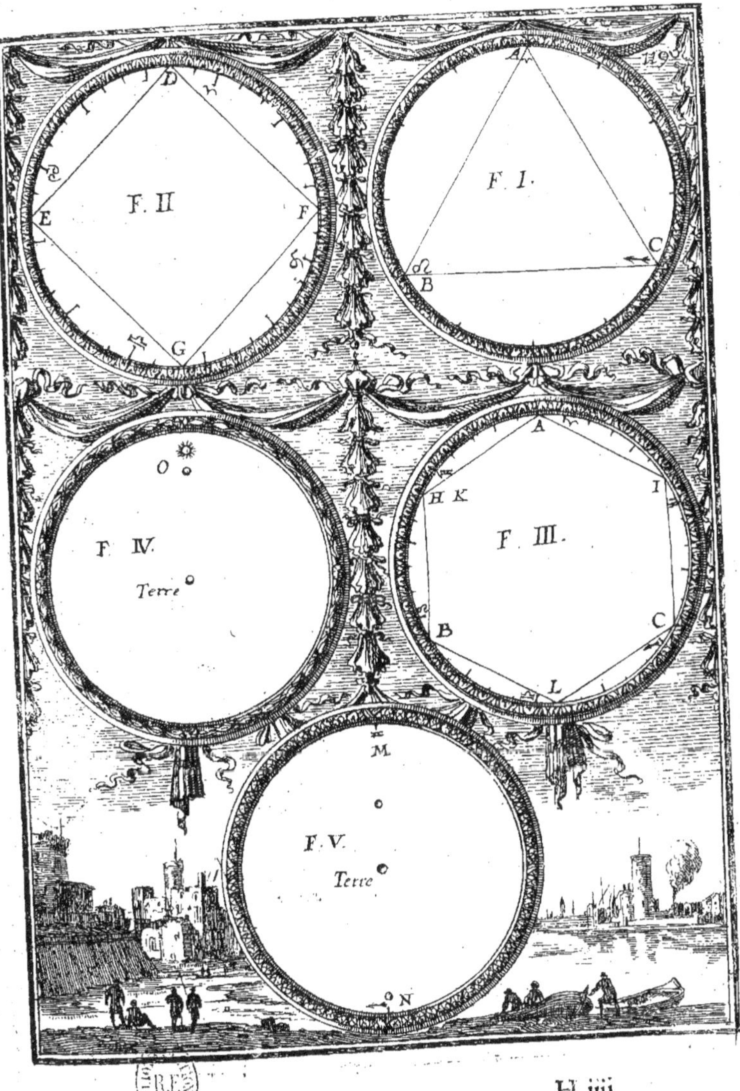

De la Cause du mouvement des Planettes selon les Anciens.

Plutarque l. 11. des Opinions des Philoso- phes chap. 15.

ANAXAGORAS, Democrite, Cleanthes, tiennent que les Astres vont d'Orient en Occident. Alcmeon & les Mathematiciens, disent, que les Planettes se meuvent à l'opposite des Estoilles Fixes de l'Occident en Orient.

Anaximander, dit, qu'ils sont portez par les Spheres & Cercles, sur lesquells ils sont attachez. Anaximene, qu'elles se meuvent aussi bien vers la Terre, comme à l'entour de la Terre. Platon a dit, que le cours du Soleil de Venus & Mercure sont égaux.

D'autres, comme Platon, Aristote & les Stoïciens, ont creu que les Planettes estoient animées, & ont dit qu'elles devoient se mouvoir comme le corps de l'Animal est meu par son Ame.

Epicure a creu que toutes les Planettes avoient esté produites par l'assemblage de quantité d'Atomes, qui s'estoient d'abord formés par une forte agitation en tourbillons, puis en suite en Globes, qui furent contrains de fléchir ou se tourner vers un certain costé, à cause de l'impetuosité qui se fit par cette agitation interieure & premiere qu'ils conserveront tant que le mesme mouvement circulaire des Atomes perseverera. Selon cette opinion les Globes ou Corps des Planettes ont maintenant acquis une perfection de tourner par le mouvement de certaines natures spiritueuses ou ignées.

Natalis Comes Mytolo- giæ lib. 4. cap 8.

Toute l'Antiquité a creu qu'Endimion a esté le premier qui a reconnu que la Lune par un mouvement qui luy estoit propre, alloit d'Occident en Orient; d'où vient que les Poëtes dirent qu'il avoit esté amoureux & aimé de Diane, car ils prenoient Diane & la Lune pour une mesme Divinité : Cette premiere découverte

Pline l. 11. de l'Histoire Naturelle chap. 9.

donna lieu aux Observareurs du Ciel de distinguer le progrez particulier des autres Corps Celestes.

Hipparque & plusieurs autres ont creu que cette revolution propre de la Lune & des autres Planettes, se faisoit sur un Cercle dont la Terre estoit le Centre.

De la Cauſe du mouvement de Planettes ſelon les Modernes.

SAINT Thomas & quantité de Philoſophes Modernes, ont écrit que chaque Ciel & chaque Planette eſtoient meus par autant d'Anges qu'ils ont nommé Intelligences.

D'autres plus Modernes & ſur tous Gaſſendy, croyent que la cauſe du mouvement des Aſtres eſt plûtoſt interne qu'externe, & que cette cauſe n'eſt autre choſe que la forme naturelle ou la contexture particuliere du corps des Aſtres, entant que les principes dont ils ſe ſont formez eſtant tres-mobiles, ſont venus à ſe joindre & à ſe diſpoſer; de ſorte qu'il a eſté neceſſaire que ce tournoyement ou cette motion circulaire s'enſuiviſt, duràt & perſeveràt.

Nous avons dit dans la page precedente que le mouvement propre des Planettes ſe fait d'Occident en Orient, contraire à celuy que le premier Mobile accomplit chaque jour dans l'eſpace de 24. heures; car ce dernier mouvement ſe fait d'Orient en Occident : Et il eſt aiſé de remarquer ſenſiblement que les Eſtoilles ſe levent & ſe couchent ſelon ce progrés. Mais le mouvement propre de toutes les Planettes qui eſt peu perceptible à nos ſens, & qui va de l'Occident à l'Orient, ne ſçauroit eſtre diſtingué plus évidemment que par le cours de la Lune: Car ſi on l'obſerve une nuit proche de quelque Eſtoille remarquable, on trouvera le lendemain qu'elle s'en ſera éloignée, & qu'elle aura laiſſé l'Eſtoille du coſté de l'Occident pour s'avancer vers l'Orient.

Ptolomée & ſes Partiſans ont bien creu que cette revolution propre des Planettes ſe faiſoit ſur un Cercle, mais ils ont nié que la Terre en fuſt le Centre : Ainſi ils ont eſtably un Apogée & un Perigée; c'eſt-à-dire un point dans ce Cercle plus éloigné de la Terre, & un autre plus proche.

Le Celebre Kepler, Auteur des Tables Rudolphines, ſoûtient que ce meſme mouvement ſe fait ſur une Ellipſe ou Ovale. Le Comte de Pagan a ſuivy & éclaircy cette Opinion.

Mais comme les Aſtronomes ont découvert par le moyen du Teleſcope que quelque Planettes paroiſſent tantoſt d'une Figure, & tantoſt d'une autre; il y en a qui croyent que ce ſont des Eſtoilles errantes autour du corps de la Planette, qui cauſent ces differentes apparences: D'autres veulent que ſe ſoient des exhalaiſons qu'ils appellent Macules ou Taches; & d'autres pretendent que ce ſoient des Parties du Diſque ou corps meſme de la Planette : Nous en donnerons cy-aprés la repreſentation de quelques-unes.

Gaſſendi dans Bernier des choſes Celeſtes l. 5. ch. 8.

Comte de Pagan Theorie des Planettes ch. 3.

De Saturne.

L'USAGE du Telescope ou Lunette de longue veuë, a fait découvrir cette Planette sous plusieurs apparences tres-differentes de celle que la veuë ordinaire la represente. Car on y remarque une espece de Ceinture en façon d'Anneau, & une espece de petite Estoille qui fait sa revolution tout autour. L'Anneau est large & plat, & environne le corps de cette Planette, paroissant comme un Ovale, ou comme un Cercle qu'on voit obliquement. Cet Anneau se montre sous differentes Figures, selon qu'il est diversement situé au respect du Soleil; & il disparoist lorsque le Soleil illumine la partie que nous regardons. La petite Estoille qui fait une revolution autour du corps de Saturne, est appellée par quelques-uns petite Lune : Elle accomplit son mouvement à peu prés en quinze jours.

Astrologie du Comte de Pagan.

Les Astrologues croyent que les rayons de Saturne sont dangereux & nuisibles, qu'il rend Paresseux, Bizarre, Lâche, Timide, Dissimulé, Ingrat, Avare, Stupide, Morne, Jaloux, Envieux, & Severe : Mais quand il est regardé favorablement de Jupiter, ils asseurent qu'il rend les personnes heureuses dans la fortune Ecclesiastique, qu'il fait aimer l'Estude, & qu'il donne des Richesses du costé de l'Agriculture & de l'Oeconomie.

Natalis Comes.

Les Anciens Grecs qui ont toûjours meslé beaucoup de Fables aux veritez de l'Histoire, ont publié que Saturne estoit fils du Ciel & de Cybele, qu'ils ont aussi nommée Vesta : Car les uns ont fait Vesta mere de Saturne, & les autres ont dit que c'estoit sa femme. Saturne avoit un frere aisné appellé Titan qui luy ceda son droit d'aisnesse à condition que Saturne détruiroit tous les enfans masles que Cybele mettroit au Monde, afin que la Couronne pût revenir à Titan. Saturne tint parole, & fit perir beaucoup de ses fils; mais il fut trompé à la naissance de Jupiter par la tendresse maternelle de Cybele, qui luy fit avaler une pierre au lieu de l'enfant qu'elle venoit de mettre au Monde, & détourna ainsi ce nouveau-né, & cacha avec la mesme adresse Neptune & Pluton. De sorte que Titan averty de cette ruse, attaqua Saturne, le mit en prison, d'où Jupiter le delivra. Mais un Oracle ayant marqué que les enfans de Saturne le chasseroient de son Trône, il dressa des embuches à

Jupiter

FIGURE XLV.

Jupiter croyant prevenir ce malheur qui ne laiſſa pas d'arriver ; car le fils chaſſa le pere de l'Empire du Monde.

L'Hiſtoire dit que Saturne eſtoit Roy de Crete , qu'il en fut chaſſé par Jupiter ſon fils , & obligé de ſe retirer en une Province d'Italie, qui depuis en a porté les noms de *Saturnie* & de *Latium,* dont l'un eſtoit celuy de ce Roy fugitif , & l'autre dérive du verbe *Latere* , qui ſignifie ſe cacher , parce que ce Roy pour éviter les embuches & la furie de ſon fils, fut contraint de s'y cacher.

On dit qu'il eſtoit extremement Oeconome , & qu'il inventa l'Agriculture , & que pour ſes belles qualitez on feignit qu'il avoit eſté changé en un Corps Celeſte.

De Jupiter.

LE Telescope a fait découvrir proche de cette Planette des apparences ou phenomenes tres-considerables, à sçavoir plusieurs Bandes ou Zones, quatre petites Estoilles appellées Satellites de Jupiter, & deux Macules ou Taches : nous les avons representez dans la Planche qui suit.

Ces Bandes ou Ceintures environnent la surface de son Globe d'Orient en Occident, presque de la mesme maniere que les Zones, selon les Geographes, envelopent le Globe Terrestre : Mais elles ont cela de particulier que d'année en année on y apperçoit quelque changement.

Les quatre petites Estoilles, nommées Satellites ou Gardes, sont à differentes distances du corps de cette Planette, & font à l'entour leur revolution d'Orient en Occident : la plus éloignée ne l'est que d'un Arc de treize Minutes, & fait son circuit à l'entour de Jupiter en seize jours, dix-huit heures, & environ neuf Minutes.

Les deux Macules ou Taches découvertes par Monsieur Cassini, sont Mobiles d'Orient en Occident autour du mesme Jupiter, & font leur circuit à peu prés en dix heures.

Par les Observations que les Astrologues pretendent avoir faites sur les qualitez de Jupiter, ils disent que ses rayons sont tres-salutaires, qu'il influë la Prudence, la Courtoisie, la Bonté, l'Humanité, la Reconnoissance, la Tendresse, la Chasteté, la Pudeur, l'Inclination à la Devotion & au Culte Divin ; & ils le regardent comme le principal Auteur de la Richesse, & de la Felicité.

Les Poëtes ont dit que Jupiter estoit fils de Saturne, & de la Deesse Cybele, appellée autrement Ops, Rhea & Vesta ; Ils ont feint que Saturne ayant déja dévoré les enfans qu'il avoit eus, ne toucha point à Jupiter, parce que Cybele touchée de tendresse, fit avaler à son Epoux une pierre au lieu de l'enfant qu'elle venoit de mettre au Monde, ainsi que nous l'avons déja dit dans la page precedente ; & qu'avec le mesme artifice elle sauva ses deux autres enfans, Neptune, & Pluton ; Ils ajoûtent que Jupiter ayant atteint l'âge capable de connoistre les inhumanitez de son Pere, l'avoit chassé de son Trône.

Enfuite les trois Freres partagerent l'Univers en telle forte, que l'Empire du Ciel & de la Terre échût à Jupiter, l'Empire des Eaux à Neptune, & celuy des Enfers à Pluton.

L'Hiftoire dit que Jupiter eftoit fils de Saturne, Roy de Crete ou de Candie, & que les violences de ce Roy ayant obligé les Peuples à le chaffer, ils donnerent fa Couronne à Jupiter, qui gouverna fes Eftats avec toute la prudence & toute l'equité qui fe peuvent imaginer; d'où vient que fes Sujets & les Sages de fon fiecle, pour faire honneur à fa probité & à fa clemence, publierent qu'il avoit efté converty en ce Corps Celefte.

FIGURE XLVI.

De Mars.

LA Lunette de longue veuë ou Telescope , a fait découvrir deux Macules ou Taches proche la superficie du corps de Mars. Elles ont servy à reconnoistre que cette Planette a un mouvement particulier autour de son Axe , & que cet Axe est presque perpendiculaire sur le Plan de l'Ecliptique.

On a aussi remarqué que son Corps paroist quelquefois tout rond, quelquefois en Croissant , comme s'il imitoit les diverses faces de la Lune, selon qu'il est diversement situé au respect du Soleil & de nos yeux.

Dans les significations de l'Astrologie. Mars rend courageux , entreprenant , actif , ambitieux , violent , impitoyable , precipité, furieux , turbulent : Son aspect favorable rend heureux à la Guerre , & contribuë aux évenemens fameux ; mais ses mauvaises influences engagent à de notables accidens , & à d'insignes traverses.

Il n'y a rien de si fabuleux parmy les Grecs que la naissance de Mars. Ils ont dit que Junon, Sœur & Epouse de Jupiter, ayant veü que son Mary avoit mis au monde Pallas sans aucun commerce de femme , elle enfanta Mars sans aucun commerce d'homme , par les avis de la Deesse Flore, qui luy indiqua une Fleur dont l'attouchement fit ce prodige. Ces deux naissances de Pallas & de Mars eurent cela de commun, que Pallas presida sur la Guerre par les prerogatives que luy accorda Jupiter , & Mars commanda aux Armées par les droits que Junon luy attribua.

Quelques-uns ont asseuré que Mars estoit un Roy de Thrace; Brave, Intrepide , Vindicatif , Dangereux , & qui se rendit celebre par des desolations de Provinces, des embrazemens de Villes, & de grandes hostilitez : De sorte que les Sçavans de ce temps-là voyant le rapport de ses mœurs avec les effets naturels de la Planette qui est audessus de celle du Soleil , dirent que ce Prince avoit esté changé en cette Planette.

FIGURE XLVII.

FIGURE XLVII.

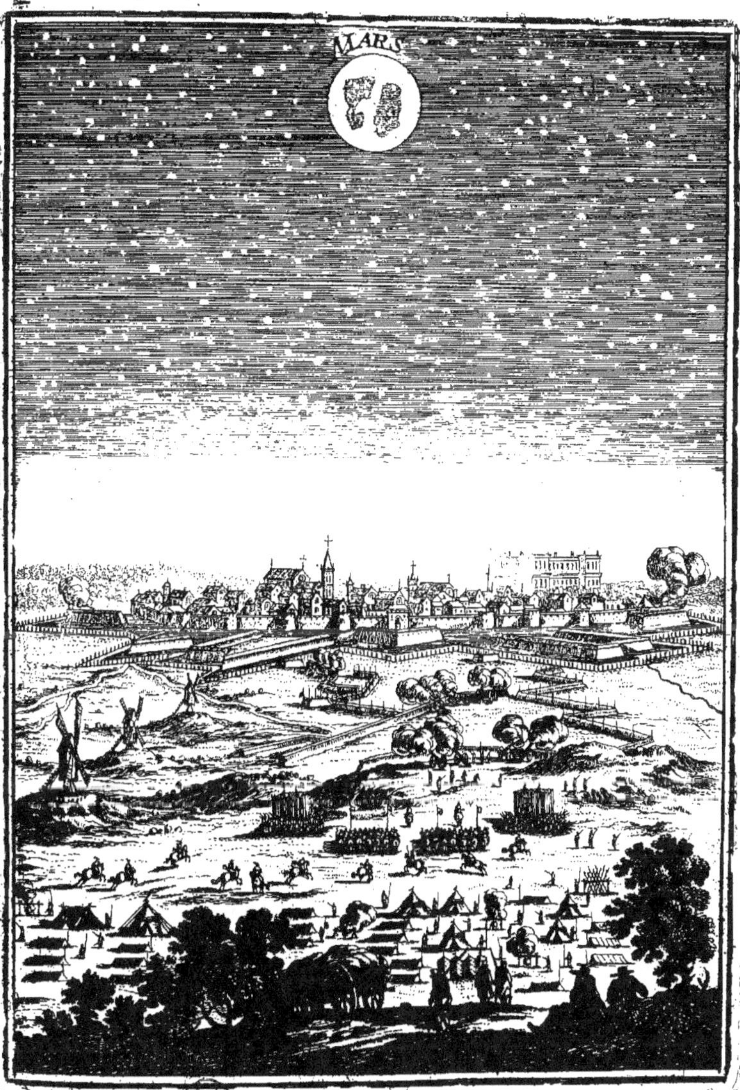

Du Soleil.

IL y a quelques Modernes , qui fondez fur quelques Obfer-
vations faites avec le Telefcope , nous ont reprefenté le Soleil de la maniere qu'il eft icy dépeint avec quantité de petites
Montagnes qui femblent vomir des flâmes ; mais ces apparences ne
font qu'un jeu des refractions qui nous le font paroître tout dé-
chiré & dentelé, lorfqu'il eft proche de l'horizon , principalement
quand il fe leve, au lieu qu'étant un peu élevé & dégagé des vapeurs , il paroît rond & fans prefque aucune inégalité.

Les Obfervateurs des Eclipfes divifent le Diametre du corps du
Soleil , & celuy du corps de la Lune , chacun en douze parties
égales, qu'ils appellent Doigts Ecliptiques, & jugent de l'augmentation ou de la diminution de l'Eclipfe par le nombre des Doigts
qui font Eclipfez.

Selon les fignifications de l'Aftrologie, le Soleil rend ambitieux,
liberal , genereux, amoureux du fafte & de l'éclat, propre aux
grands Emplois, capable de l'adminiftration des affaires generales,
infpire des fentimens de pieté , & prefide à la force & à la vigueur
du temperament.

Les Grecs ont connu le Soleil pour une Divinité qu'ils appelloient Apollon, & ne font pas demeurez d'accord du nombre de
ces Apollons, ny du lieu de leur Origine : La plus commune
opinion porte qu'il eftoit fils du Jupiter & de Latone , & qu'il
naquit dans l'Ifle de Delos , qui eft une des Cyclades. On luy
donna auffi le nom de Phebus , & la gloire d'avoir inventé la Mu-
fique, la Poëfie , & la Medecine, & ces merveilleux talens porterent les peuples à publier qu'il avoit efté changé en cet Aftre qui
nous donne le jour. Les Egyptiens qui avoient un Roy tres-ac-
comply appellé Ofiris , dirent que c'eftoit luy qui avoit efté me-
tamorphofé de la forte. Ainfi l'une & l'autre Nation rendoit des
honneurs divins aux grands Hommes, qui par des qualitez excellentes, s'eftoient diftinguez du vulgaire.

FIGURE XLVIII.

De la figure du Soleil, substance & grandeur selon les Anciens.

*Plutarque
des opinions
des Philof.
liv. II. c.
21. 20.*

ANAXIMENE a enseigné que le Soleil est plat comme une lame.

Heraclite a soûtenu qu'il est à peu prés de la figure d'un Basteau, dont la concave nous regarde.

Les Stoïques ont dit qu'il étoit rond comme le monde & comme les Estoilles.

Anaximander asseuroit que le Soleil est un Cercle 28. fois aussi grand que la terre, qu'il avoit le tour semblable à celuy d'une roüe de chariot plein de feu, qu'il avoit une ouverture ou une bouche, par laquelle ce feu se fait voir comme par le trou d'une flûte.

Xenophane vouloit que le Soleil fût une nuée enflammée, ou bien un amas de petits feux, dont la matiere estoit des exhalaisons humides, & que tous ces petits corps ignées joints ensemble, composoient le corps du Soleil.

Les Stoiciens disoient que c'est un corps enflammé qui sort de la mer.

Platon que c'est un corps remply de beaucoup de feu.

Anaxagore, Democrite, & Metrodore, ont soûtenu que c'estoit une masse ou une pierre enflammée.

Aristote, que c'est une espece de la cinquiéme Essence qui est le Ciel.

Philon Pythagoricien, avançoit que le Soleil estoit une maniere de verre qui recevoit par reflexion le feu qui est dans tout le monde, & en transmettoit la lumiere jusqu'à nous.

Epicure dit que c'est une substance terrestre fort épaisse & condensée, mais persée à jour comme une pierre ponce, & enflammée.

Le mesme Epicure asseure que tout ce que disent les Philosophes sur la nature & la figure du Soleil, est probable, & peut estre.

De la Substance du Soleil selon les Nouveaux Philosophes & Astronomes.

DESCARTES dit que l'on peut croire que le Soleil est composé d'une matiere fort liquide, & dont les parties sont tellement agitées, qu'elles emportent avec elles les parties du Ciel qui leur sont voisines, & qui les environnent : De plus il avance que le Soleil à cela de conforme avec la flâme & avec les Estoilles Fixes, qu'il produit de soy la lumiere, laquelle il n'emprunte point d'ailleurs ; & quoyque le Soleil n'ait pas besoin de nourriture comme la flâme pour se conserver, il soûtient neanmoins que la comparaison qu'il fait de l'un avec l'autre est juste, à cause que la flâme, estant une fois formée de mesme que les autres corps, se conserveroit, & n'auroit pas besoin d'aliment, si ses parties qui sont extremement fluides & mobiles, n'alloient point continuellement se mesler avec l'Air qui les dissipe ; mais le Soleil n'a pas besoin de nourriture comme la flâme, parce qu'il n'est pas dissipé par les parties du Ciel qu'il environne.

Descartes principe de la Philos. part. 3. pag. 122. art. 11. pag. 123. art. 22.

Gassendi en parlant de la Substance des Astres, tient qu'on ne sçauroit nier que le Soleil ne soit effectivement chaud, & qu'ainsi il ne soit formé de substance ignée, quoyqu'il ne soit pas possible à l'homme de dire quelle est cette substance, & soûtient hardiment que le Soleil échauffe au Souverain Degré, & qu'il seche moderement.

Gassendi des choses Celestes chap. 3.

Le Comte de Pagan dans son Astrologie Naturelle, Liv. 1. chap. 9. avance que le Globe du Soleil est lumineux, de mesme que les Globes des Estoilles Fixes de la huitiéme Sphere ; c'est à dire, douez & revestus de propre lumiere : Et dans le second Livre de la mesme Astrologie, chap. 5. soûtient sans apprehender la Censure des Philosophes de contraire opinion, que tous les Rayons du Soleil sont Corporels & Materiels.

De Venus.

ON remarque par le Telescope que cette planette paroît tantôt Spherique, tantôt en forme de Croissant ; & que selon les diverses situations où elle se rencontre, tant au respect du Soleil, qu'au respect de nôtre œil, elle se montre sous autant de diverses figures que la Lune. On a remarqué aussi deux taches sur sa convexité, d'où l'on a conclud que Venus se mouvoit sur son centre.

Les Astrologues considerant la vertu naturelle & Physique des Rayons de Venus, leur attribuent des qualitez tres-salutaires, & disent qu'Elle influë une disposition à des desseins relevez, des Honneurs, des Emplois, l'intelligence des affaires d'Estat ; Elle signifie naturellement le mariage, les amours, les plaisirs. Elle inspire la complaisance, la douceur, la grace, l'enjouëment, la politesse, & donne un esprit insinuant & affable.

Venus est appellée par les Grecs *Aphrodite*. Les Anciens en ont imaginé plusieurs : Une qui naquit de l'écume de la mer auprés de l'Isle de Cythere, appellée aujourd'huy Cerigo, d'où vient qu'ils nommoient souvent cette Divinité, Déesse de Cythere. Elle fût Mere de Cupidon, qui fût le gage de ses amourettes avec Mars, selon quelques-uns, ou avec Vulcain, selon quelques autres. La seconde Venus estoit fille de Jupiter & de la Nimphe Dione, celle-là fût l'épouse de Vulcain ; d'Elle & de Mars vint un fils appellé *Anteros*, qui signifie Contre-amour. Il y eût une autre Venus, surnommée Astarte, qui fût touchée d'amour pour Adonis. On en distingue encore une autre qui naquit à Paphos, Ville de l'Isle de Cypre.

Les Anciens ont supposé que la beauté, l'agrément, & la douceur de Venus, meriterent qu'elle fût changée en un corps Celeste tres-lumineux. Les Latins la nomment *Lucifer*, quand elle paroît le matin avant le Soleil ; & l'appellent *Vesper*, ou *Hesperus* quand elle brille le soir aprés le coucher du Soleil.

FIGURE XLIX.

De Mercure.

CETTE Planette a son Globe d'un fort petit Diametre ; estant remarqué par les Observateurs deux mille fois plus petit que celuy de la Terre ; elle est tres-difficile à observer , tant par cette raison , qu'à cause qu'elle ne s'éloigne guere du Soleil ; ainsi la veuë simple & le Thelescope ont beaucoup de peine à la découvrir : Cependant on a remarqué avec le Thelescope, que selon sa diverse situation au respect du Soleil , il paroist quelquefois en figure de Croissant, ainsi que nous l'avons marqué.

Les Astrologues qui ont estudié les qualitez naturelles des rayons de Mercure disent, qu'il rend artificieux , fourbe , curieux , & éloquent ; Il inspire la Force de l'imagination, la Fecondité de l'esprit, & l'élevation des pensées ; Il fait les hommes trompeurs, mocqueurs , infidelles , & fait amasser des richesses , mais avec une fortune inconstante.

Les Egyptiens & les Grecs ont parlé diversement de Mercure ; les premiers ont dit qu'il estoit du Sang Royal d'Osiris , & qu'auprés d'Ysis , veuve de ce Roy , il tenoit le rang de Chef du Conseil , à cause des grandes lumieres de son Esprit , qui estoit capable de conduire beaucoup d'intrigues , & de les démesler judicieusement.

Les Grecs ont publié que Mercure estoit fils de Jupiter & de Maia , fille d'Atlas , & de la Nimphe Pleione. Quelques-uns de leurs Ecrivains ont distingué trois autres Mercures ; à sçavoir, un qui estoit fils de Jupiter & de la Nimphe Cyllene , & qui fut élevé dans la Montagne Cyllene en Arcadie ; un qui estoit fils du Ciel & du Jour ; & l'autre fils de Bacchus & de Proserpine. Tous ces trois ont esté rapportez au fils de Maia, Ce que les Latins ont appellé Mercure ; les Grecs le nommoient Hermes. Ils disoient que son activité naturelle, son industrie, son eloquence, & l'air dégagé de sa taille, avoient obligé Jupiter à le choisir pour son Ambassadeur & son Interprete ; & qu'il l'avoit deputé en Egypte, où il inventa l'Arithmetique & la Geometrie, & beaucoup d'autres sciences, dont il fit part aux Peuples du Païs, particulierement de la Geometrie, de laquelle il se servit pour mesurer les Terres, aprés la retraite du Nil. Les Atheniens mettoient sa Statuë aux Carrefours des Ruës, & sur les grandes Routes pour enseigner les chemins.

FIGURE L.

De l'Apparence, Subſtance, Grandeur, & Illumination
de la Lune ſelon les Anciens.

Plutarque
liv.11. des
opinions des
Philoſoph.
chap. 30.25.
36.27. 28.

LEs Pythagoriciens tiennent que la Lune apparoiſt Terreſtre, parce qu'elle eſt habitée de meſme que la Terre où nous ſommes, & peuplée de plus grands Animaux, & de plus belles Plantes ; que ſes Animaux y ſont quinze fois plus forts que ceux de noſtre Terre ; qu'ils ne rendent aucuns excremens ; & que la longueur & la proportion qui eſt entre la Nuit de la Lune, & noſtre Nuit, eſt la meſme que celle que les Animaux de la Lune ont avec ceux de la Terre.

Les Philoſophes Stoïciens on dit que le corps de la Lune n'eſt pas incorruptible, à cauſe que ſes parties ſont de ſubſtance differente.

Anaximander a ſoûtenu que la Lune eſtoit un Cercle dix-neuf fois auſſi grand que toute la Terre, qu'il eſtoit remply de feu comme celuy du Soleil, que ce Cercle reſſemble à la Rouë d'un Chariot, dont les Jantes ou Bandes ſont creuſes & pleines de feu ; mais qu'il y a un ſouſpirail par où ce feu s'exhale.

Xenophane a crû que c'eſtoit une Nuée fort épaiſſe & condenſée.

Les Philoſophés Stoïques ont eſtimé qu'elle eſtoit un Corps compoſé d'un mélange de Feu & d'Air.

Platon, qu'elle tient plus du Feu que de l'Air.

Anaxagore & Democrite ont enſeigné que c'eſt un Corps ſolide, enflammé, où ſe trouvent des Plaines, des Vallées, & des Montagnes.

Heraclite que c'eſt une Terre environnée de Brouïllards.

Pythagore veut que le Corps de la Lune participe de la nature du Feu.

Les Stoïques eſtiment que la Lune eſt plus grande que toute la Terre, qu'elle eſt ronde comme une boule, de meſme que le Soleil.

Parmenide croit qu'elle eſt égale au Soleil, & qu'elle emprunte ſa lumiere de cet Aſtre.

Empedocle, qu'elle eſt de la Figure d'un Baſſin. Et quelques autres Philoſophes ont prétendu qu'elle avoit la Figure d'une Pyramide ronde, ou d'un Cone, qui eft une maniere de Pyramide, qui a pour bafe un Cercle.

Anaximander croit que la Lune a une lumiere qui luy eft propre, mais fort rare ou fubtile.

Antiphone tient qu'elle luit de fa propre lumiere, & que quelquefois elle ne paroift pas à caufe de la prefence du Soleil, parce qu'une grande lumiere en obfcurcit une moindre, ce qui arrive aux autres Eftoilles, dont la lumiere ne fe fait point voir à nos yeux quand le Soleil paroift.

Thales & fes Sectateurs affeurent que la Lune reçoit la lumiere du Soleil.

Heraclite pretend que la Lune auffi bien que le Soleil, a la Figure d'un Bafteau; que ces deux Aftres recevant quantité d'Exhalaifons humides, paroiffent illuminez à noftre veuë; que la lumiere du Soleil eft plus claire, parce qu'il marche par un Air plus efpuré & plus clair; & que celle de la Lune paroift plus obfcure, à caufe que l'Air dans lequel elle fe meut, eft plus trouble.

De la Face qui apparoist dedans le Rond de la Lune selon les Anciens.

Plutarque traité de la Lune, chap. 1. 2. 3. 24. & Liv. 2. des Opinions des Philof. chap. 30.

QUELQUES Anciens Philofophes ont dit que la Face qui apparoift dans la Lune, eft un accident caufé par la foibleffe de noftre veuë, qui eft éblouy des clartez de cet Aftre.

Ariftote, cité par Plutarque, dit que ce qu'on appelle vifage dans la Lune, n'eft autre chofe que les Figures & Images de l'Ocean, reprefentées dans la Lune comme dans un miroir.

Les Philofophes Stoïciens, qui fuppofoient que la Lune eftoit un compofé de l'Air & d'un Feu mol, difoient que comme dans un calme il arrive quelquefois un peu d'haleine qui frife le deffus de la mer ; auffi de mefme, l'Air qui compofe la Lune en fe noirciffant, forme cette apparence de vifage que nous y voyons paroiftre.

Plutarque remarque, quant à cette Face qui nous apparoift dans la Lune, qu'il eft à croire que la Lune eft une Terre comme la noftre, remplie de grandes Vallées & profondeurs, où il y a de l'Eau, ou de l'Air obfcur, au fond defquelles la clarté du Soleil ne peut atteindre ne penetrer pour nous la faire voir claire & également blanche de toutes parts, ce qui caufe ces apparences de tâches.

Anaxagore a pretendu que l'inégalité qui paroift en la Face de la Lune, procede de ce qu'il y a du froid & du terreftre meflé avec fa fubftance, à caufe qu'il y a toûjours quelque chofe de tenebreux & d'obfcur, meflé avec la nature du feu, d'où vient que l'on l'appelle Aftre de fauffe lumiere.

FIGURE LI.

De la Lune, & de sa Face selon les Modernes.

LA Lune paroist à la veuë, comme ayant la Figure d'une Face humaine, mais à la considerer avec le Telescope, son corps qui est rond, n'a pas sa superficie parfaitement Spherique, il y paroist des inégalitez ; & l'on y voit des apparences de Montagnes & de Valons, & mesme quantité de Figures bizarres & irregulieres. Les nouveaux Observateurs y ont découvert des concavitez perpendiculaires en façon de Puits. Ils ont remarqué que contre le témoignage de la simple veuë, son Diametre paroist plus grand quand elle est beaucoup élevée sur l'Orizon, & proche du Zenith, qu'elle ne paroist à une mediocre élevation sur l'Horizon.

La Lune n'a point de lumiere propre & naturelle ; mais celle que nous luy voyons luy est communiqué par le Soleil, qui en éclaire & illumine toûjours une moitié, si ce n'est lorsqu'elle est Eclipsée ; c'est à dire, lorsque dans son Opposition avec le Soleil, elle se plonge dans l'Ombre de la Terre.

Les Astrologues, qui en qualité de Physiciens, veulent rendre raison de la vertu naturelle des Rayons de la Lune ; disent qu'elle regle les Affections ou Accidens du Corps & de l'Esprit, c'est à dire, la santé ou l'indisposition, la qualité du temperament, la force ou la debilité de l'imagination ; & qu'elle regit le Mariage selon sa bonne ou mauvaise inspection avec les autres Planettes, le rendant favorable ou malheureux.

Quoique les Auteurs Anciens ne soient pas d'accord sur les noms Historiques & sur les Fabuleux qu'on a donnez à la Lune, la plûpart conviennent que les Ægyptiens la nommoient *Isis*, & les Grecs, *Diane*. Isis estoit une Reine dont la beauté estoit égale à sa prudence, & dont l'inclination se portoit à voyager continuellement dans les Provinces ; & à faire tant d'avantages à ses Peuples, qu'ils la revererent comme une Déesse. Les Grecs disoient que *Diane* estoit Fille de jupiter & de Latone ; & qu'elle nâquit dans l'Isle de Delos où Latone ; un moment aprés se délivra d'un Fils qui fut nommé *Apollon*. Les excellentes qualitez du Fils, & de la Fille, donnerent lieu à la Superstition des Grecs, ou plûtôt à la sage Politique de leurs Legislateurs, de dire qu'ils avoient esté convertis en Astres, pour montrer que les vertus extraordinaires estoient recompensez dans le Ciel. Ainsi ils dirent que ce Fils avoit esté changé en *Phebus*, qui est le Soleil, & la Fille en *Phœbé*, qui est la Lune.

FIGURE LII.

Des Eclipses du Soleil selon les Anciens.

Plutarque l. 11. des Opinions des Philosophes chap. 24.

THALES a esté le premier des Anciens Philosophes qui a enseigné que l'Eclipse de Soleil arrive lorsque la Lune est a plomb au dessous de luy ; parce qu'estant Opaque & de nature terrestre, elle empesche que les Rayons Solaires ne viennent jusqu'à nous. Exemple A.

Anaximander dit qu'il se fait Eclipse, lorsque la bouche ou louverture, par laquelle la chaleur du corps du Soleil vient à se fermer.

Heraclite soûtient qu'elle se fait quand le Corps du Soleil, qui a la Figure d'un Basteau, Exemple B, est renversé, comme est la marque D ; de sorte que la partie convexe de ce Bâteau est du costé d'enhaut, & la concave est en bas & vers nous.

Xenophanes a estimé que l'Eclipse du Soleil se fait par l'Extinction de sa lumiere ; qu'ensuite cet Astre recouvre & reprend sa premiere clarté le lendemain à son lever : De plus il a écrit qu'il y a quelquefois des Eclipses de Soleil qui durent un mois entier, & que souvent cet Astre est totalement eclipsé ; de sorte qu'il semble que le jour devienne nuit. Quelques-uns croyent que cela se fait par le moyen de quelques nuées condensées qui viennent tout d'un coup se placer au devant du Disque du Soleil.

Le mesme Xenophanes a tenu qu'il y a plusieurs Soleils & plusieurs Lunes selon la diversité des Climats de la Terre, & que le Globe du Soleil, aprés un certain temps, vient à donner en quelque partie de la Terre qui n'est pas habitée ; & que marchant comme par un Païs vuide, il vient a Souffrir Eclipse. Il dit aussi que le Soleil se meut sur une Ligne droite du côté d'enhaut, & vers l'infiny ; mais qu'il nous paroist se mouvoir circulairement à cause de la grande distance qu'il y a entre luy & la Terre.

Aristarque qui a mis le Soleil entre les Estoilles Fixes, a soûtenu que la Terre se tourne autour de luy, & qu'elle vient quelquefois à l'obscurcir de son Ombre.

Pline l. 11. chap. 13.

Pline écrit que toutes les Eclipses se font ordinairement aux mesmes nœuds tous les 222. mois, ou tous les 18. ans & 6. mois.

FIGURE LIII.

FIGURE LIII.

Tome I.   K

Des Eclipses du Soleil selon les Modernes.

L'ECLIPSE du Soleil eft une privation de la Lumiere du Soleil fur le Corps de la Terre ; ce qui arrive lorfque la Lune eft nouvelle, & tellement conjointe au Soleil, qu'elle arrefte le cours de fes Rayons, & empêche qu'ils ne tombent fur une partie de la Terre qui devroit eftre illuminée ; & la Lune fe trouve alors dans l'un ou dans l'autre des deux points de fon Cercle qui couppe l'Ecliptique ; & l'Eclipfe eft plus ou moins grande, felon que la Lune fe trouve plus ou moins proche de cet Ecliptique. Mais à caufe du mouvement particulier de la Téfte & de la Queuë du Dragon, il n'arrive pas d'Eclipfe du Soleil à chaque Conjonction ou Nouvelle Lune ; & on remarque que les plus frequentes font de fix mois en fix mois en quelque endroit de la Terre.

Nous avons déja dit, en parlant du Soleil, que les Aftronomes divifent le Diametre de fon Difque en douze parties égales, qu'ils appellent Doigts Ecliptiques ; ce qui leur fert d'une mefure pour déterminer fi l'Eclipfe eft plus ou moins grande.

Les Eclipfes du Soleil ne font pas univerfelles, c'eft à dire, que le Corps du Soleil ne paroift pas obfcurci à tous les peuples de la Terre ; parce que le Corps de la Lune, eftant plus petit que celuy du Soleil, n'arrefte pas tous les Rayons de cet Aftre, & n'empêche pas qu'ils n'éclairent quelques endroits de l'Hemifphere qui voit l'Eclipfe.

On remarquera que les Peuples de l'Occident D. voyent plûtoft l'Eclipfe du Soleil, que les Peuples de l'Orient E, à caufe que la Lune va plus vifte d'Occident en Orient, que le Soleil.

Gaffendi.
des Eclipfes.

Boulanger
traité de la
Sphere du
Monde, l. 3.
de l'Eclipfe
du Soleil.

FIGURE LIV.

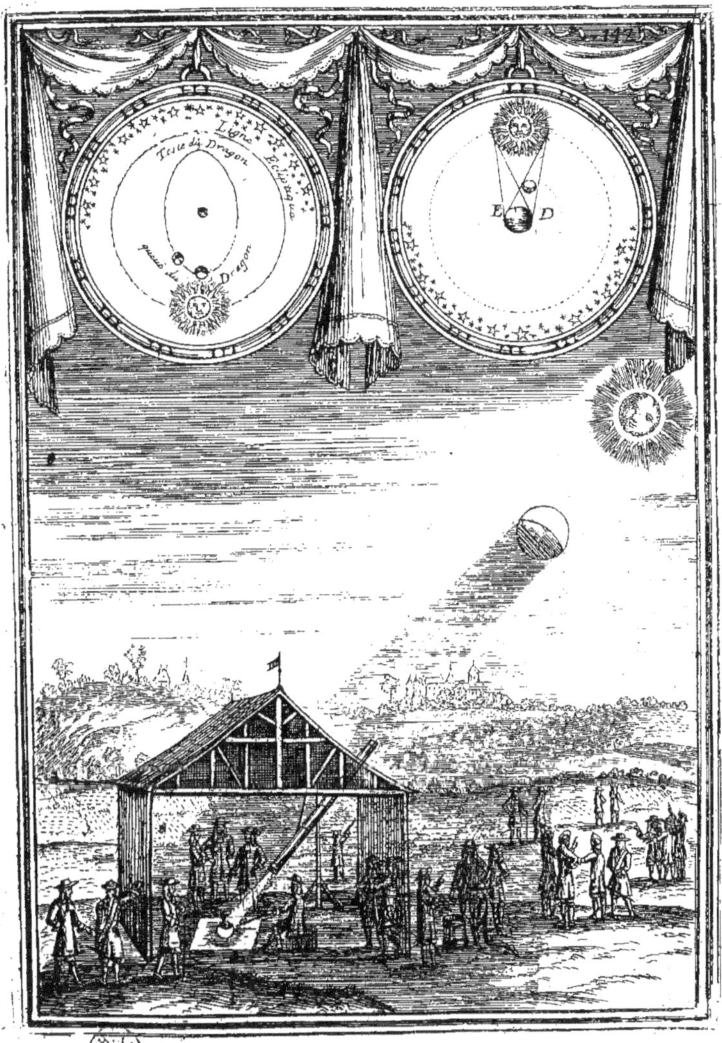

Des Eclipses de Lune selon les Anciens.

ANAXIMENE a dit que l'Eclipse de Lune arrivoit quand l'ouverture ou bouche, par où le feu sort, est fermée. Il faut supposer dans cette opinion, qu'il entendoit que la Lune estoit comme un Globe enflamé en dedans, dont la lumiere ne se faisoit voir que par une ouverture, & qu'en changeant de situation à nostre égard, elle paroissoit plus ou moins lumineuse, & quelquesfois mesme entierement Eclipsée.

Berose a écrit que l'Eclipse de Lune se faisoit quand la Face, qui n'est point allumée, se tourne devers nous & de nostre costé.

Heraclite croit que l'Eclipse se fait quand la convexité de la Lune, qui est comme un Basteau, nous regarde, & se tourne vers nous.

Quelques Pythagoriciens ont estimé que l'Eclipse est une reverberation ou obstruction de nostre Terre, ou bien d'une autre Terre opposée.

Quelques autres Anciens tenoient que la lumiére de la Lune s'allume peu à peu, & regulierement, & qu'elle augmente jusques à ce qu'elle face la pleine Lune ; & que cette lumiere diminuë en mesme proportion, jusques à la conjonction dans laquelle elle s'esteint entierement.

Platon, Aristote, & les Philosophes Stoïciens demeurent d'accord que la Lune se cache tous les mois, parce qu'elle se vient joindre au Soleil, de la lumiere duquel elle est toute offusquée ; mais que les Eclipses de Lune se font, quand la Lune vient à entrer dans l'ombre de la Terre, qui se trouve directement entre ces deux Luminaires.

Pline asseure qu'il arrive tous les ans Eclipse de Soleil & de Lune sous Terre à certains jours & heures ; & quoy qu'elle se fasse sur l'Horison, neanmoins on ne la voit pas par tout, à cause des Nuages qui empeschent quelquesfois qu'on ne la puisse observer. Il rapporte que du temps d'Hyparque l'on avoit découvert qu'il se faisoit des Eclipses de Lune tous les cinq mois, & de Soleil tous les sept. Il ajoûte que tout le monde demeure d'accord que la Lune est Eclipsée par l'ombre de la Terre, que cette Eclipse se fait quelquesfois dans l'Horison Orien-

tal, & quelquefois dans l'Occidental Cet Auteur qui n'eſtoit pas
fort ſçavant dans la Doctrine des Refractions , s'étonne qu'il ſoit
arrivé de ſon temps une Eclipſe de Lune , lorſque cet Aſtre eſtoit
en ſon coucher , & le Soleil en ſon lever , tous deux neanmoins ſe
faiſans voir aux yeux des hommes. Le ſujet de ſon étonnement,
eſt que le Soleil, eſtant ſur l'Horizon, l'ombre de la Terre doit eſtre
au deſſous ; & parce que la Lune eſt Eclipſée lorſqu'elle ſe trouve
dans cet Ombre , il ne pouvoit pas comprendre que la Lune fût
Eclipſée , & paroiſtre ſur l'Horizon, tandis que l'ombre de la Terre eſtoit au deſſous ; la connoiſſance des Refractions donne la raiſon de cette apparence. Nous en parlerons cy-aprés dans la page 154.

De plus cet Hiſtorien dit que la Lune peut eclipſer deux fois ſur
Terre en trente jours ; mais le Traducteur de ſon Ouvrage ajoûte,
qu'au lieu de la Lune quelques-uns diſent que c'eſt le Soleil : Le
meſme Pline remarque , que de ſon temps on n'a vû ny Soleil ny
Lune durant l'eſpace de douze jours.

Des Eclipses de Lune selon les Modernes.

L'Eclipse de la Lune eſt une privation de la lumiere du Soleil ſur le corps de la Lune, cé qui arrive lorſque la Lune eſt pleine, & tellement oppoſée au Soleil, qu'elle paſſe dans l'ombre de la Terre, en ſorte que la Terre eſt alors directement entre ces deux corps Celeſtes.

Boulanger traité de la Sphere du monde, l. 3. de l'ombre de la Terre. Les Aſtronomes ayant étably que le Corps du Soleil eſt 166. fois plus gros que celuy de la Lune, prouvent auſſi que l'ombre de la Terre eſt faite en Cone ou Pyramide ronde; & que ſon Axe ou ſa longueur eſt à peu prés de 268. demy-Diametres de la Terre, & qu'elle finit vers le Ciel de Venus. La pointe de cette Ombre répond toûjours directement dans l'Ecliptique; & comme l'Ecliptique eſt coupée en deux points oppoſez par le Cercle qui marque le Cours de la Lune. Si lorſque la Lune eſt pleine, elle ſe rencontre dans l'un ou l'autre de ces points, elle paſſera au travers de l'ombre de la Terre, & demeurera Eclipſée. Mais ces deux points, appellez par les Aſtronomes, les Nœuds, ou la Teſte & la Queuë du Dragon, ont un mouvement particulier; de ſorte que ces deux Aſtres ne s'y rencontrent pas toûjours à chaque pleine Lune, d'où vient que la Lune paſſe à coſté de l'ombre, ſans qu'il y ait Eclipſe; & les *Gaſſendi dans Bernier des choſes Celeſtes, l. 2. chap. 17.* plus frequentes Eclipſes ne ſe font que de ſix en ſix mois.

On remarquera que les Eclipſes totales de Lune ne durent jamais plus de quatre heures, & que ſouvent elles durent moins à cauſe de l'inégalité du mouvement de la Lune.

La partie Orientale du Diſque de la Lune eſt la premiere eclipſée, & l'Occidentale eſt celle qui ſort la derniere de l'ombre.

FIGURE LV.

Des differentes Faces ou Figures que la Lune nous presente pendant le cours d'un Mois.

LEs Eclipses justifient que la Lune n'a point de lumiere propre; ainsi celle qu'on remarque avec tant de diversité sur son Globe, & qui la fait paroistre sous des Faces differentes, vient de la diverse situation de la Lune, au respect du Soleil & de la Terre.

Dans tout autre temps que celuy de l'Eclipse de Lune, cet Astre a toûjours la moitié de son Globe éclairé des rayons du Soleil; mais nous ne voyons cette moitié qu'à la pleine Lune, & les differentes parties de cette moitié nous paroissent inégalement, selon qu'elle nous les montre plus ou moins obliquement.

Dans la Conjonction ou Nouvelle Lune, nous ne la voyons donc point, si ce n'est qu'il y ait Eclipse du Soleil, parce que l'éclat des rayons du Soleil nous en dérobe la veuë dans les conjonctions ordinaires. Quand elle passe de sa conjonction à son premier quartier, elle augmente en lumiere, & nous paroist le soir en forme de Croissant, qui a ses cornes tournées vers l'Orient, & pour lors elle suit le Soleil, & se couche aprés luy; Elle continuë à croistre, & à suivre le Soleil depuis son premier quartier, jusqu'à l'opposition ou pleine Lune.

Dans l'opposition nous voyons la moitié de son Globe tout éclairé; & de là jusqu'à son dernier quartier, & jusqu'à sa conjonction, elle diminuë en lumiere, elle marche devant le Soleil, paroist au matin; & les cornes de son Croissant regardent l'Occident.

Galilée a remarqué que quand la Lune est en conjonction, elle paroist avec une couleur sandrée & foible; & il veut que cette couleur soit causée par les rayons du Soleil, qui estant reflechis de la Terre, rejalliffent sur la partie de la Lune, qui est tournée vis-à-vis de nous.

Plusieurs Astronomes ont raisonné des autres Planettes pour ce qui regarde leur lumiere; ainsi que nous venons de dire de la Lune.

Pour expliquer facilement comme nous pouvons voir la pleine Lune à nostre Zenith, il n'y a qu'à supposer le Soleil au Nadir.

FIGURE LVI.

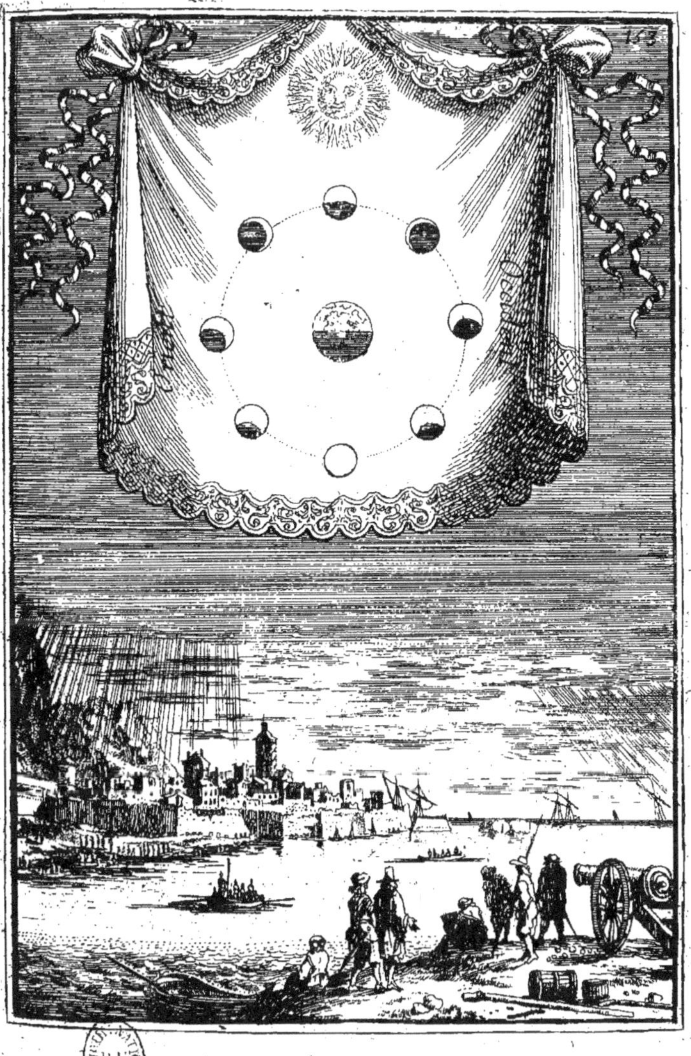

Des Refractions, ou des diverses apparences du Soleil, & de la Lune, à leur lever, & à leur coucher.

ON voit souvent paroistre le Corps du Soleil sur nostre Hemisphere, quoyque cette Planette soit encore sous l'Horizon, & bien que son Globe soit d'une figure ronde, il nous paroist en ovale. Ces apparences sont encore communes à la Lune.

Ces diverses erreurs de la veuë dependent de la differente consistance ou épaisseur de l'air, des nuages, ou des vapeurs qui se rencontrent entre nos yeux & l'objet qu'ils regardent. Car les rayons visuels se rompent à la rencontre de ces Obstacles ; & comme ils tombent en bas, ils en rapportent à nos yeux l'image d'une chose, qui sans cette Refraction, ne nous paroistroit pas. D'ordinaire au lever du Soleil, l'horizon est chargé de nuages, où l'image de cet Astre s'imprime ; & quoyqu'il soit encore dans l'Hemisphere inferieur, nos regards le vont chercher dans le nuage qui en rapporte la figure : Ce qui n'arriveroit pas si l'Air estoit extremement pur & debarrassé de toutes sortes de vapeurs & d'exhalaisons ; d'où vient que les Observateurs, qui prennent la hauteur des Astres avec un instrument, ont égard à la refraction, & diminuent quelque chose de la hauteur qui leur est donnée par ces Instrumens.

Un Exemple familier expliquera pourquoy le Soleil paroist levé sur l'Horizon, bien qu'il soit dessous. Il n'y a qu'à poser à terre un vaisseau vuide, & ensuite mettre dedans une piece de monnoye, si l'on recule insensiblement jusqu'à ce qu'on commence à ne voir plus la piece, on la fera facilement paroistre en faisant remplir le vaisseau d'eau claire. Car les Rayons visuels qui vont se rompre sur la surface de cette eau, descendent au fond, & rapportent l'image de la piece, de la mesme façon qu'ils rapportent l'image du Soleil, quand ils se sont rompus sur un nuage pour descendre sous l'Horison.

FIGURE LVII.

De la Nature des Cometes selon Anciens.

Q_UELQUES_ Sectateurs de Pythagore soûtiennent, au rapport de Plutarque, que la Comete est un de ces Astres qui ne paroissent pas toûjours, mais qui se font voir de temps en temps.

Plutarque l. 3. des Opinions des Philosophes chap. 2.

Anaxagore & Democrite disent que c'est un concours de deux ou de plusieurs Estoilles, qui mêlent ensemble leur lumiere.

Aristote estime que la Comete est une exhalaison seiche & enflamée.

Straton prétend que c'est la lueur d'une Estoille enveloppée d'un nuage épais, pareille à celle des Lampes.

Heraclide Pontique croit que la Comete est un Nuage fort élevé qui est illuminé & éclairé par une lumiere aussi fort élevée.

Seneque l. 7. des questions naturelles, chap. 6. 22.

Epigene dans Seneque, est d'opinion que les Cometes s'élevent de la Terre vers le Ciel ; & Seneque dit que les Stoïciens croyent que la Comete est un feu qui s'allume soudain ; mais que pour luy il croit que c'est un Ouvrage éternel de la nature.

Diogene a asseuré que les Cometes sont de veritables Estoilles.

Pline l. 2. chap. 25.

Pline dit qu'il y a plusieurs personnes qui estiment que les Cometes sont perpetuelles, & qu'elles ont un certain mouvement particulier ; mais toutefois qu'on ne les voit point, si elles ne sont éloignées du Soleil ; de sorte qu'il ne les puisse obscurcir de ses Rayons.

D'autres on dit qu'elles sont composées d'un certain feu, & d'une certaine humeur, qui se rencontrent fortuitement, à cause de quoy elles sont subjettes à revolution.

Quelques autres ont prétendu que c'est une reflexion de nostre veuë vers le Soleil, laquelle se fait de la mesme maniere que les apparences qui se font dans les miroirs.

Seneque comme dessus chap. 17.

Apollonius dit que la Comete n'est point une image fausse, ny un feu de deux Estoilles qui se répand sur ce qui leur est voisin ; mais que c'est proprement une Estoille de mesme que le Soleil & la Lune. Il ajoûte que les Chaldeens mettoient les Cometes au nombre des Estoilles errantes, & qu'on a connû autrefois le cours qu'elles faisoient ; mais Epigene dit que les Chaldeens n'ont rien appris de certain des Cometes.

Aristote & ceux qui suivent ses opinions, disent que la Comete est un Meteore, ou amas d'exhalaisons chaudes & seiches, que les Rayons du Soleil ont élevez dans la plus haute Region de l'Air, où elle s'enflâment & jettent d'autres Rayons, tantôt vers une partie du Ciel, tantôt vers l'autre. Ce Philosophe dans Seneque, livre 7. des Questions Naturelles, chap. 28. dit que les Cometes signifient la tempeste, l'orage des vents, & des pluyes.

De la Nature des Cometes selon les Modernes.

DESCARTES dit que les Cometes ne font point des Meteores qui s'engendrent en l'Air proche de Nous , ainsi qu'on a vulgairement crû dans l'Ecolle, avant que les Aftronomes euffent examiné leurs Parallaxes ; mais il foûtient ce qu'il peut avoir appris d'Artemidore dans Seneque, livre 7. des Queftions Naturelles chap. 13. que ce font des Aftres qui font de fi grandes Excurfions de tous coftez dans les Cieux , qu'il feroit impoffible de les expliquer conformément aux loix de la Nature , fi on manquoit de fuppofer une efpace extremement vafte entre le Soleil & les Eftoilles Fixes , dans lequel ces Excurfions fe puiffent faire : d'où il conclud que les Cometes fe rencontrent au deffus de Saturne. Il ajoûte qu'une Eftoille Fixe peut devenir Comete , ainfi qu'on le peut lire dans l'article CXIX. de la III. partie de fes Principes de la Philofophie. Parlant ailleurs de la Comete , il dit qu'elle n'eft qu'une Eftoille fortie hors de fon tourbillon , & embarraffée d'une matiere étrangere , qui empêche qu'elle ne paroiffe avec une lumiere brillante ; & il dit qu'elle jette fa Queuë ou Chevelure du cofté qui eft oppofé au Soleil, à fon égard.

Defcartes des Princip. de la Philof. 3. part. art. 41.

Gaffendi eft d'opinion que les Cometes font de certains Corps lumineux que l'on voit quelquefois paroiftre entre les Aftres fous différente grandeur ; & qu'un peu devant qu'elle ceffe de paroiftre, l'on voit tous les jours leur grandeur apparente diminuer , & leur lumiere s'éteindre peu à peu.

Gaffendi dans Bernier des chofes Celeftes l. 5. ch. 9.

Rohault donne la mefme definition de la Comete que Gaffendi ; il dit que les grandeurs fous lefquelles les Cometes apparoiffent , approche de celle fous lefquelles nous voyons les Planettes de Mars , de Jupiter & de Saturne ; & remarque que leur lumiere eft grandement foible ; en forte que dans le temps le plus ferein , on ne les voit gueres autrement que comme on voit ces trois Planettes au travers d'un peu de brouïllards.

Rohault traité de Phifique 2.p. chap. 16.

Des divers Noms & Apparences des Cometes selon les Anciens.

PLINE dans son second Livre Chapitre 25. rapporte plusieurs sortes d'Exemples de differentes Cometes; & entr'autres il fait mention de celles que les Grecs appellent *Xiphia*; c'est-à-dire Epée, à cause qu'elles ont la lueur d'une Epée, quoy qu'elles soient les plus pâles & les moins éclatantes de toutes; De cette espece est celle que nous avons icy marquée de la lettre A

Celle que Pline nomme *Disceus*, est de la couleur de plomb ou de Leton, & jette de ses bords des rayons clair semez, comme elle est marquée en B.

Celles qu'il appelle *Ceratiennes*, sont faites de la maniere d'une Corne. Exemple C. Il dit que les Grecs appellent *Hippées*, celles qui ont de grandes barbes faites comme les Crins d'un Cheval, que nous avons marquée en D.

Les Grecs appellent *Pithetes*, celles qui ressemblent à des Tonneaux sortant d'une clarté enveloppée de fumée: Pline dit encore, qu'il y a des Cometes blanches qui ont leur chevelure argentine, & qui sont si lumineuses, qu'elles éblouïssent les yeux des Observateurs. Il ajoûte qu'elles impriment dans l'ame un je ne sçay quoy d'auguste & de divin. Exemple E.

Il y en a d'autres qui sont herissées & environnées de crins velus. Exemple F.

Troisiéme partie de l'Histoire de la guerre des Juifs lib. 9. chap. 7.   L'Histoire de la prise de Jerusalem fait mention d'une Estoille qui parut sur cette Ville en forme d'Epée; selon *Egesipe*, c'estoit une Comete d'une grandeur prodigieuse, representant un homme qui tenoit dans sa main un grand nombre d'Epées qu'il faisoit voltiger sur le Temple.

FIGURE LVIII.

De la Diverſité des Cometes, du lieu où elles ſont, &
de leur durée.

LEs Philoſophes & Aſtronomes diſent qu'il y a trois ſortes de Cometes, ſçavoir, la Barbuë, la Cheveluë, & la Comete à Queuë.

Les Barbuës, ſont celles qui jettent tous leurs Rayons vers la partie du Ciel, où leur mouvement propre les porte. Exemple A.

Les Cheveluës ſont celles dont les rayons ſe répandent de tous côtez.

Et les Cometes à Queuë ſont celles qui portent leurs Rayons vers la partie du Ciel, d'où elles s'éloignent.

Il s'eſt veu ſouvent une meſme Comete, qui en changeant ſon cours, changeoit auſſi l'oppoſition de ſes Rayons.

On a remarqué que les Cometes ont un mouvement d'Orient en Occident, qui leur eſt imprimé par le premier mobile, un propre qui eſt d'Occident vers Orient, & quelquesfois un vers le Nord ou vers le Sud, que l'on appelle de Libration.

Quelques Anciens en bornoient l'élevation juſqu'au Concave du Ciel de la Lune; & vouloient que les Cometes, eſtant ſeulement un nuage élevé, comme le ſoûtenoit Heraclide de Pont, ou une apparition d'air ſubtilizé & rarifié, comme l'a écrit Boëce, elles ne s'élevaſſent point au deſſus de la plus haute Region de l'Air. Ce qui *Seneque l. 7.* eſt contraire aux experiences des Obſervateurs Modernes qui les ont *des queſtions* veuës au deſſus de la Lune, & meſme de Mercure. *Naturelles*

chap. 10.

Les Anciens & les Modernes ne conviennent point du temps qu'elles doivent durer : Seneque parle d'une qui parut ſix mois entiers.

Pline 52. Pline dit qu'elles ne durent jamais moins de ſept jours, & plus de *chap. 25.* quatre-vingt. Quelques Modernes diſent qu'elles paroiſſent aprés des intervalles de temps toûjours égaux, ſçavoir de 46. ans en 46. ans, ou à peu prés; ainſi ils aſſeurent que celle qui ſe fit voir en 1664. eſtoit la *Gaſſendi l. 5.* meſme qui avoit déja paru trois ou quatre fois auparavant. *chap. 9.*

La Superſtition des Anciens leur faiſoit croire qu'elles eſtoient des préſages ſiniſtres, & qu'elles menaçoient de la décadence des Empires, de la mort des Grands, de la perte de quelque Bataille, & des malheurs de la Peſte ou de la Famine. Mais les Modernes rejettent ces ſignes de fatalité, & avoüent neanmoins qu'elles peuvent naturellement annoncer, & meſme cauſer quelques alteration en l'Air, & agir ſur les Corps & ſur les Fruits de la Terre, de la meſme façon que les influences des autres Corps Celeſtes y agiſſent.

FIGURE LIX.

FIGURE LIX.

Tome I.   L

CHAPITRE IV.

*De la Region de l'Air, de l'Origine des Nuées,
& de leur Couleur, de l'Arc-en-Ciel, des
Tonnerres, Esclairs, Vents brûlans, Tourbillons, Orages, Pluyes, Neiges, Gresles,
Bruines, Brouillards, Rosées, Vents, &c.*

Ous finirons ce Traité de la Sphere par les differentes
Regions de l'Air, & par les diverses sortes de Me-
téores, & autres impressions qui s'y engendrent, selon les Philosophes & les Astronomes Anciens & Modernes.

L ij

De l'Air selon les Anciens.

L'Air est un corps qui consiste en unité ; il n'est point composé de petits corps ou Atomes, ainsi que l'a voulu Epicure ; c'est un Corps plein, & sans vuide, qui s'écoule de la Region du Feu ; il est plus leger, plus delié, & plus haut que la Terre & que l'Eau ; & plus épais & plus pesant que le Feu ; il est de luy-mesme froid & obscur ; il est divisé en trois Regions : Haute, Moyenne, & Basse : La plus haute est fort seche & fort chaude ; celle du milieu est temperée, mais plus froide que la Region Superieure, & que la Region Inferieure ou Basse, qui est épaisse & obscure.

Seneque des Questions Naturelles l. 1. chap. 2. 6. 7. 10.

Ceux qui suivent l'opinion d'Aristote, divisent l'Air en trois intervales qu'ils appellent Regions, & les nomment la Haute Region, la Moyenne & la Basse.

La Haute Region commence à la Sphere du Feu, ou selon ceux qui rejettent l'Element du Feu, à la concavité du Ciel de la Lune, & s'étend jusqu'au sommet des plus hautes Montagnes : naturellement cette Region Superieure est chaude, & les Meteores sont dissipez avant que de pouvoir s'élever si haut : Neanmoins, selon le sentiment de quelques-uns, les Cometes s'y engendrent.

Element est un corps simple qui ne peut estre divisé ny separé en differentes formes.

Meteore est ce qui est produit en l'Air par l'amas des vapeurs & des exhalaisons qui sont attirées en haut par la force des Rayons du Soleil, & des autres Corps Celestes : Ces mots de vapeurs & d'exhalaisons seront expliquez cy-aprés dans la page 168.

La Moyenne Region commence du sommet des plus hautes Montagnes, telles que le Caucase & le Pic des Canaries, & se termine à l'endroit où finit la Reflexion que font les Rayons du Soleil contre la Terre. Cette Region est plus froide que chaude, & c'est là que se forment les Nuées, les Vents, le Tonnerre, la Pluye, la Gresle, & semblables Meteores.

La Basse Region est celle où nous respirons, & où nous remarquons le vol des Oyseaux : Elle commence où la moyenne prend fin, c'est à dire à l'endroit où se termine la reflexion que font les Rayons du Soleil, quand ils tombent sur la Terre. Ils concluent que par cette reverberation, la Region inferieure est naturellement chaude & humide ; c'est là que se forment les brouillards, la rosée, & la plûpart des autres impressions de l'Air.

FIGURE LX.

De l'Air selon les Modernes.

Descartes discours 1. & 4. des Meteores, pag. 189. & 159. & du discours de sa Methode pag. 6.

Rohault traité de Physique, tom. 2. part. 3. chap. 2.

DEscartes dit que tout corps invisible & impalpable se nomme Air ; & que l'Air , & tous les autres corps semblables, qui nous environnent , sont composez de plusieurs petites parties de diverses figures & grosseurs, qui ne sont jamais bien arrangées, ny si justement jointes ensemble, qu'il ne reste plusieurs intervalles autour d'elles ; & que ces intervalles ne sont pas vuides, mais remplis d'une matiere fort subtile & fort fluide, qui s'étend sans interruption depuis les Astres jusqu'à nous.

Rohault asseure que l'Air est une matiere fluide & transparante, dans laquelle nous vivons, & qui est repanduë de tous costez à l'entour du Globe, composé de la Terre & de l'Eau.

On n'a point encore bien verifié combien il faloit de temps à l'air pour se corrompre naturellement de soy-mesme sans aucune impression estranger; mais on a remarqué par plusieurs experiences que six pieds Cubiques d'air suffisent pour la libre respiration d'un homme.

Les Philosophes Modernes ont fait des Experiences tres-curieuses & tres-convaincantes pour prouver la pesanteur de l'Air ; & quoiqu'il ne nous paroisse pas tel, nous sommes comme ceux, qui nageant entre deux eaux, n'en sentent point la pesanteur , quoiqu'elle ne laisse pas d'estre pesante.

De la Nature & Origine des Nuées, selon les Anciens.

ANAXIMENE tient que les Nuées se font parce que l'Air s'épaissit extremement.

Epicure soûtient que les Nuées se font de vapeurs.

Seneque parlant de l'opinion d'Asclepiodotus sur les Tonnerres, & Foudres, dit à la fin de son Discours, que la Nuée n'est autre chose qu'une épaisseur d'Air gros & ramassé ensemble.

Pline asseure qu'on peut fort bien dire, que de l'humidité qui monte de la Terre en haut, ou de l'Air qui est humide, se forment & se composent les Nuées : Mais pour dire qu'elles ayent un corps, & qu'elles soient solides, il n'en faut nullement douter, l'experience le montre assez, puisqu'elles donnent ombre au fond de l'eau, pour quelque profonde qu'elle soit ; ainsi que les Plongeurs l'asseurent, qui ne perdent jamais le Soleil de veuë, quelque profondeur que puissent avoir les gouffres où ils se jettent.

Plutarque des Opinions des Philos. l. 3. chap. 4.

Seneque des questions Naturelles l. 2. chap. 30.

Pline l. 2. chap. 42.

De la Nature & Origine des Nuées selon les Modernes.

CEUX qui suivent le sentiment de l'Ecole, disent que la principale matiere des Nuées, est la vapeur, l'exhalaison estant d'une nature trop seche pour composer une espece de corps humide, comme est celuy de la Nuée.

Exhalaison est une maniere de fumée que le Soleil tire de la Terre, & des autres Corps Terrestres.

Vapeur est un autre sorte de fumée que le Soleil, par sa chaleur, tire de l'eau, & des autres corps humides.

Gassendi Abregé de la Philos. tom. V. chap. 2. Gassendi pretend que la matiere de la plûpart des Meteores est composée d'Exhalaisons & de vapeurs mêlées, parce que l'on ne peut pas concevoir que les fumées humides, attirées par le Soleil, montent à part; & les seches à part, mais que celles ou l'humidité predomine, s'appellent vapeurs, & celles où la secheresse prévaut, sont apellées exhalaisons.

Dans l'Ecole on distingue d'ordinaire les Nuées en Nuées legeres, & en Nuées épaisses.

Les Nuées legeres, que le vulgaire appelle Nuages, se forment d'ordinaire dans la fin de la premiere Region de l'Air, ou au commencement de la seconde; mesme il y en a qui s'élevent presque à demy formées de dessus certaines Rivieres & Lacs, principalement dans le Printemps & dans l'Autonne; lorsque le Soleil attire, par la puissance de ses Rayons, ou plûtôt par la dilatation de sa chaleur, les parties les plus onctueuses de l'eau, par l'espace de plus ou de moins de temps, selon que la saison s'avance plus vers l'Esté. Et comme la matiere de ces Nuées est legere & comme transparante, de là vient que le Soleil, par son élevation sur l'horison, & par la reverberation de ses Rayons sur la Terre, les dissipe facilement sans les resoudre en pluye, en dessechant leur matiere qu'il subtilise à mesure qu'elle s'éleve.

La Nuée épaisse est une vapeur fort considerable, élevée par la vertu de la chaleur des Rayons du Soleil, jusque dans la moyenne Region de l'Air, qui la ressere ou condense par le froid qui se rencontre dans cette Region, qui nous la rend visible, & par fois si solide, qu'elle fait ombre au corps du Soleil. Si dans les saisons de l'Autonne & de l'Hyver, ces sortes de Nuées ne viennent à se resoudre avant midy, elles durent ordinairement tout le jour, & mesme quelquefois la nuit, à cause de la foiblesse des Rayons du Soleil, qui ne les ayant pû dissiper au milieu de la journée, aura sans doute beaucoup moins de force à le faire sur le soir.

De la couleur des Nuées.

DESCARTES qui dit que les Nuées sont composées de vapeurs condensées & reserrées en gouttes d'eau , ou petites parcelles de glaces suspendus dans l'Air , & devenuës notablement moins transparentes que l'Air pur ; ajoûte que la blancheur & la noirceur des Nuées , ne procede que de ce qu'elles sont plus ou moins exposées à la lumiere des Astres , ou à l'ombre ; tant d'elles mesmes, que de leurs voisines.

Davity asseure que de la mesme maniere que la fumée rend la flâme rouge , qui est d'elle mesme claire & luisante , tout ainsi l'exhalaison fumeuse qui se méle parmy les vapeurs , fait devenir les Nuées rouges , qui d'elles mesmes sont blanches; mais la vapeur trop épaisse les rend noires.

Descartes discours 5. des Meteores pag. 203. & discours 9. pag. 271.

Davity du Monde tom. I. de l'impression de l'Air.

De l'Arc-en-Ciel ou Iris selon les Anciens.

Plutarque liv. 3. des opinions des Philosoph. chap. 5.   PLUTARQUE estime que l'Arc-en-Ciel est un Meteore sans aucune subsistance réelle, n'ayant seulement que l'apparence.

Anaximene dit que l'Arc-en-Ciel se fait par l'illumination du Soleil, qui donne dans une Nuée épaisse, grosse & noire; de maniere que ses Rayons, ne pouvans percer & penetrer à travers, se ramassent dans cette Nuée.

Anaxagore tient que c'est une refraction de la lumiere ronde du Soleil, donnant contre une Nuée épaisse, laquelle doit toûjours estre vis-à-vis de luy.

Pline l. 1. chap. 59.   Pline dit qu'il est certain que l'Arc-en-Ciel est causé par les Rayons du Soleil, lesquels frappans une Nuée creuse, sont contraints de se reflechir, & de se rompre vers le Soleil.

Aristote, & les Philosophes de son Ancienne Escole, definissent l'Arc-en-Ciel, un Arc qui nous paroist de plusieurs couleurs dans une Nuée ronde & concave, en partie transparente, & en partie opaque, provenant de la reflexion des Rayons du Soleil, ou de la Lune.

Seneque l. 1. des questions Naturelles chap. 3.   Seneque a écrit que l'Arc-en-Ciel se fait rarement durant la Nuit, à cause que la Lune n'a pas assez de force pour pouvoir percer les Nuées, & les colorer de sa clarté, comme fait le Soleil, quand il leur est opposé, & que cet Arc est peint des diverses couleurs : que l'on l'apperçoit, parce que quelques parties de la Nuée, où il se voit, sont tellement condensées, qu'elles ne peuvent laisser passer les Rayons du Soleil à travers ; & les autres sont si rares, qu'elles ne les peuvent reflechir. Cette inégalité mêle & confond la lumiere & l'ombre l'une avec l'autre, & engendre dans l'Arc cet admirable varieté que l'on y voit, plus ou moins distinctement, selon que le Soleil envisage plus ou moins à plomb la Nuée ; car on ne peut pas douter que l'Arc ne soit l'image du Soleil, engendré dans une Nuée creuse & pleine de rosée, ainsi que l'experience le fait voir, puisqu'il ne paroist jamais que la Nuée ne soit opposée, ou vis-à-vis du Soleil, soit qu'il soit peu ou beaucoup élevé. En effet, si le Soleil descend, la Nuée sera élevée ; au contraire, s'il est haut, elle sera basse ; mais si elle change de situation, en sorte qu'elle gagne le côté du Soleil, pour lors elle ne representera plus d'Arc, à cause qu'elle n'est plus directement exposée au Soleil. Pour la diversité des couleurs , elles procedent en partie du Soleil , & en partie de la Nuée , car le Soleil seul , & la Nuée seule ne les peuvent former ; d'où vient que jamais on ne voit d'Arc-en-Ciel en temps serein : Toutes les couleurs qui paroissent dans l'Arc-en-Ciel , comme le bleu, le vert, le rouge, le jaune, & celle de feu , tirent toute leur origines principales de deux couleurs , une vive & éclairée qui procede du Soleil , & une morne & blafarde qui vient de la Nuée. Ce Philosophe pour donner quelque demonstration sensible , comme se forment les differentes couleurs de l'Arc-en-Ciel , dit , qu'il n'y a qu'à remarquer que cela se fait à peu prés de la mesme maniere que quand un tuyeau de plomb se creve en quelque endroit , où l'eau qui en sort avec precipitation , se rependant dans l'Air du costé du Soleil , represente la figure de l'Arc-en-Ciel. Ensuite il dit , que l'on fera encore la mesme experience , si l'on se met auprés d'un foulon quand il arrouse des Draps ; car lors qu'il jette dessus ces Draps , l'eau qu'il a dans la bouche , on void que dans ces petites gouttes d'eau qui s'épandent en l'Air , il s'engendre plusieurs differentes couleurs, pareilles à celles qui ont accoûtumé de reluire dans l'Arc-en-Ciel.

Le mesme Seneque approuve l'opinion de Posidonius , lequel tient que l'Arc-en-Ciel se forme dans une Nuée concave , comme dans un miroir rond & creux, dont la figure est à peu prés celle de la moitié d'un Balon.

De l'Arc-en-Ciel ou Iris selon les Modernes.

QUELQUES Philosophes difent que l'Arc-en-Ciel eft un Arc de differentes couleurs, qui paroift dans une Nuée Opacque & Concave, par la reflexion des Rayons du Soleil qui luy eft oppofé.

Gaffendi tient qu'il y a quatre principales couleurs dans l'Arc-en-Ciel; fçavoir, la rouge, la jaune, la verte & la bleuë; que la rouge occupe l'exterieure, que la jaune vient enfuite, que la troifiéme eft la verte, & que l'interieure eft la bleuë. Il dit de plus que la generation de l'Arc-en-Ciel fe fait dans une Region oppofée au Soleil, en forte que nous foyons entre deux; & que fi l'on conçoit une ligne tirée du Soleil, & qu'elle vienne paffer par noftre œil, & foit continuée plus avant, cette ligne ira droit fe rendre au centre de l'Arc-en-Ciel; de plus il prétend que la Nuée de l'Arc-en-Ciel n'eft point un miroir concave, ainfi que quelques-uns le croyent.

Gaffendi Abregé de la Philof. tom. 5. des Meteores l. 2. chap. 6.

Defcartes dit que l'Arc-en-Ciel, *qui eft une merveille de la Nature*, ne paroift pas feulement dans le Ciel, mais auffi dans l'Air proche de nous, toutes & quantes fois qu'il s'y trouve plufieurs gouttes d'eau éclairées par le Soleil, & qu'il ne fe forme que felon que les Rayons de la lumiere agiffent contre ces gouttes, & de là tendent vers nos yeux. Pour les couleurs qui y paroiffent, elles ne confiftent, dit-il, qu'en ce que les parties de la matiere fubtile, qui forment l'Arc, tranfmettant l'action de la lumiere, tendent à tournoyer avec plus de force, qu'à fe mouvoir en ligne droite; en forte que celles qui tendent à tournoyer beaucoup plus fort, caufent la couleur rouge, & celles qui n'y tendent qu'un peu plus lentement, caufent la jaune; comme au contraire celles qui ne tournoyent pas fi vifte qu'elles ont de coûtume, font la couleur verte, & celles qui tournoyent encore moins vifte, font le bleu. Aux extremitez de cette derniere couleur, il dit, que d'ordinaire il fe mêle de l'incarnat, qui luy donnant de la vivacité & de l'éclat, le change en violet, ou couleur de pourpre.

Defcartes difcours 8. des Meteores chap. 250. 259. 268.

Le mefme Philofophe dit, que quand cet Arc n'eft pas exactement rond, ou que fon centre ne fe rencontre pas juftement dans la ligne droite, que l'on s'imagineroit venir au Corps du Soleil, en paffant par l'œil de celuy qui regarde l'Arc, ou bien lorfque cet Arc paroift renverfé; cela peut arriver, ou quand les vents changent la figure des gouttes de pluye, ou par la reflexion de Rayons du Soleil, fur la Mer, ou fur quelque Lac.

FIGURE LXI.

Des Tonneres , Foudres , Esclairs , Vents-brûlants , & Tourbillons , selon les Anciens.

Plutarque des Opinions des Philos. l. 3, chap. 3.

ANAXIMANDER est d'opinion que le Tonnere se fait par le vent, lorsqu'il se rencontre enfermé dedans une Nuée épaisse, alors par sa subtilité & legereté la rupture fait le bruit ; & la divulsion , à cause de la noirceur de la Nuée , cause la lumiere.

Metrodore dit , que lorsque dans une Nuée serrée, pour son épaisseur, il vient à s'enfermer du vent, par l'effraction il fait le bruit, & par le corps & la divulsion il resplendit ; & par l'activité de son mouvement, provenant de la chaleur du Soleil, il foudroye ; & quand la foudre a peu de force, elle se convertit en vent brûlant.

Anaxagore estime que le Tonnerre se fait quand le chaud vient à tomber dedans le froid, c'est à dire , quand une partie de l'Ether , ou du Feu Celeste vient à s'enfermer dedans l'Air, alors par le bruit , elle engendre le Tonnerre, & par l'étenduë de sa clarté, elle produit la foudre : & quand le feu a plus de corps , il se fait un sion ou tourbillon : & quand il tient plus de la Nuée , alors il s'engendre un vent brûlant.

Les Philosophes Stoïciens disent, que le Tonnere est un combat de Nuées , que l'Eclair est un embrasement qui se fait par la friction ou frottement de ces Nuées , & que la Foudre se produit par une forte & vehemente lueur.

Pline l. 1. chap. 43.

Pline asseure qu'il tombe certain feu des Estoilles , & que lorsque ces feux tombent dans une Nuée , il s'y éleve une vapeur qui fait un bruit ; de la mesme maniere que quand on met un fer chaud dans de l'Eau , d'où l'on voit sortir une fumée avec bruit. C'est de cette maniere que se forment les Tourbillons de vents que nous remarquons dans l'Air ; mais si un vent ou une vapeur, enfermées dans une Nuée, font des efforts pour sortir, il veut que cela produise le Tonnere ; s'il en sort du feu qui fracasse & rompe la Nuée, il dit que c'est ce que l'on nomme la Foudre ; & que si ces vapeurs enflammées font seulement paroistre une grande traînée de feu hors la Nuée, c'est ce que nous appellons Eclairs.

Gassendi Abregé de la Philos. l. 2. chap. 4. Seneque Questions Natur. l. 2. chap. 30. & 20.

Lucrece dit que le Tonnerre se fait par le roulement , soit de l'Air , soit de l'Exhalaison, au dedans des concavitez des Nuées, comme si l'on faisoit rouler quelque chose dans des Tonneaux , & autres vaisseaux.

Seneque dit que les Foudres predisent les choses futures ; & que le sentiment de Diogene d'Appollonie , est que quelques Foudres s'engendrent du feu, & quelques autres du vent.

Des Tonnerres, Foudres, Eclairs, Orages, Vents-bru-
lans, & Tourbillons, selon les Modernes.

CEux qui suivent Aristote, & mesme c'est l'opinion commune,
soûtiennent, soit que les vents viennent des vapeurs, ou des exhalaisons, que quand les vents se trouvent enfermées dans les Nuées ; &
qu'ils ne peuvent monter plus haut, ny descendre plus bas, à cause
de leur épaisseur, qui vient à se grossir & reserrer de plus en plus, par
un continuel surcroist de vapeurs & d'exhalaisons ; alors, pour sortir
de la Nuée, ils rompent avec violence & fracas ; & c'est de cette
rupture d'où procedent les Tourbillons, Orages, Eclairs, & Tonneres.

Les Tourbillons & Orages se font quand l'exhalaison se rencontre
renfermée dans une Nuée épaisse; & que pour en sortir, cette exhalaison
est reduite à se reserrer pour faire plus facilement breche à la Nuée, d'où
elle sort comme en piroüettant, en façon de Cone ou de Colonne.
Mais si l'exhalaison est humide, & tenant de la vapeur ; & que l'ouverture de la Nuée soit grande, il en sortira une pluye accompagnée
d'un vent impetueux, & c'est proprement ce qu'on appelle Orage.

Les Esclairs, Tonnerres, & Foudres se font quand le vent ou l'exhalaison, renfermée dans la Nuée en grande quantité, en veut sortir ; &
que la Nuée se trouvant fort épaisse, resiste à la violence de l'exhalaison; en telle maniere que cette exhalaison, en sortant de force, fort sub-
tilisée, & en feu, court dans l'Air de differens costez, au gré du vent
qui l'anime ; & voilà comme on tient que se font les Esclairs.

Mais s'il arrive aprés l'Eclair que l'exhalaison continuë à vouloir
sortir avec une plus grande violence ; alors l'exhalaison, aprés avoir
esté battuë & rebattuë dans les flancs de la Nuée, en se mettant toute
en feu, rompt la Nuée avec un grand effort & un grand bruit, & c'est
proprement ce bruit qu'on appelle Tonnerre, le feu qui en sort se
nomme la Foudre : Et lorsque, par la grande chaleur du feu, la matiere la plus grossiere de l'exhalaison, a esté petrifiée en maniere d'un
morceau de Brique noir ; c'est cette pierre qu'on appelle Quarreau.

Gassendi avance que la matiere de la Foudre n'est autre chose que
de certaines exhalaisons Grasses, Sulfureuses, Bitumineuses, & Ni- *Gassendi dãs*
treuses, que la force de la chaleur souterraine, & celle du Soleil, dé- *Bernier A-*
tachent & élevent en l'Air, & prétend qu'elle est composée des mes- *bregé de la*
mes choses qui entrent dans la composition de la poudre. *Philos. l. 2.*
chap. 5.
Descartes dit que la Foudre & l'Esclair sont une exhalaison enfer- *Descartes*
mée entre deux Nuées ; & que l'exhalaison s'enflâme par la chute de *princ. Phil.*
la Nuée qui est au dessus, sur celle qui est au dessous. *part. 4 art.*
89.

Des impreſſions de Feu que l'on voit au Ciel ou dans l'Air, ſelon les Anciens & les Modernes.

Pline l. 11.
chap. 26.

ENTRE les diverſes impreſſions de Feu que les Anciens ont re-marquées au Ciel , Pline dit qu'il y en a d'une ſorte , qu'il nomme Flambeaux , qui ne paroiſſent jamais que quand ils tombent ; il en diſtinguent de deux ſortes qu'il nomme Lampes ou Flambeaux , & Lances à Feu : Il dit que la difference qu'il y a entre les Flambeaux & les Lances , eſt que les Flambeaux laiſſent aprés eux une longue trace par où ils ont paſſé , eſtant ſeulement ardans vers leurs teſtes; mais pour les Lances à Feu , elles ſont plus longues & ſont entierement ardentes.

Davity du
Monde to. 1.
liv. 3. de
l'Accords des
Elemens.

Les impreſſions de Feu que l'on voit au Ciel s'engendrent d'ordi-naire dans la baſſe Region de l'Air , ceux que l'on voit voltiger aux environs des Mats & Antennes des Vaiſſeaux , ſont nommez par les Pilotes & Gens de Mer , le Feu ſaint-Elme , nous en parlerons dans le ſecond Livre. Pour les autres impreſſions que l'on voit ſouvent arriver en temps ſereins , & tomber du Ciel comme des Eſtoilles qui aprés avoir couru quelque temps en l'air , viennent à diſpa-roiſtre tous d'un coup. Ariſtote dit, que c'eſt une Exhalaiſon chau-

Gaſſendi.
des Meteores
chap. 7.

de & ſeiche qui s'eſtant élevée en la Region de l'Air y tourne en fa-çon de Cercle , & s'enflamme par la partie ſuperieure qui eſt la plus diſpoſée pour cela. Ainſi l'inflammation continuant & venant à fi-nir dans la partie inferieure , forme cette longueur de flamme qui paroiſt comme une trainée de poudre qui s'enflammeroit par un bout , & finiroit par l'autre ; ou comme la fumée graſſe d'une chan-delle nouvellement eſteinte qu'on allume avec une autre chandelle.

Davity com-
me deſſus.

Pour les autres feux que l'on voit quelquesfois ſur les Cymetie-res & dans les Voiries , ils proviennent des Exhalaiſons graſſes & huileuſes qui s'élevent de ces lieux-là par la reverberation des rayons du Soleil, & qui eſtant agitées par quelque Tourbillon , viennent à s'enflammer ; ſouvent ces feux ſe forment par la ſeule agitation de l'Air; quelquesfois de ſemblables Exhalaiſons s'enflamment à l'en-tour de ceux qui courent la poſte , à l'entour des Chariots & Ca-roſſes qui roulent en Eſté quand les nuits ſont chaudes ; ſouvent aux Armées durant la grande chaleur , on en voit qui ſe viennent mettre au haut des piques des Soldats , lorſqu'ils marchent le ſoir ou la nuit en Bataillons ſerrez le long des Bois où ſe recontrent des Exal-laiſons aiſées à s'enflammer par l'agitation de l'Air. De ſemblable matiere s'engendrent auſſi ſur la Terre , les vers luiſans qui eſclai-rent & brillent la nuit comme des pierreries.   *FIGURE LXII.*

FIGURE LXII.

Tome I.   M

De la maniere que se font les Pluyes, Neiges, Gresles Bruines, Broüillards & Rosées selon les Anciens.

Platarque des Opinions des Philoso- phes liv. 3. chap. 4.

ANAXIMENE tenoit que la Neige se fait quand la pluye en tombant vient à se prendre & à se geler, & que la Gresle se forment quand la pluye vient à estre surpise d'un vent froid.

Epicure veut que les Vapeurs soient la matiere des Nuées, & que les gouttes d'eau de pluye font la Gresle dont les grains deviennent Spheriques ou ronds à mesure qu'ils tombent.

Pline L. 11. Chap. 6.

Pline dit que la Gresle & la Neige se font de gouttes de pluye qui gelent lorsqu'elles tombent, que les gouttes ne font pas si fortement gelées dans la Neige que dans la Gresle.

Les Bruines & Broüillards s'engendrent de Rosées froides; quant aux Bruines elles ne viennent jamais en Esté, ny devant les grandes froidures.

La Neige se forme d'ordinaire en Hyver, & non pas la Gresle. On voit gresler plus souvent de Jour que de Nuit, & neanmoins la Gresle se fond toûjours plus viste que la Neige.

On ne voit point aussi de Rosée quand il gele, ny durant les grandes chaleurs, ny quand le vent souffle avec vehemence; mais seulement quand la Nuit est claire & seraine.

L'eau se diminuë à la Gelée, de sorte que la Glace estant fonduë, on ne trouvera jamais la mesure de l'eau telle qu'elle estoit avant qu'estre gelée.

Seneque liv. 4. des Ques- tions Natu- velles chap. 3. & 4.

Seneque dit que la Gresle n'est autre chose qu'une Glace qui est encore suspenduë en l'Air; que la Neige est une gelée blanche, prise en l'Air, & que l'on peut facilement découvrir pourquoy la Grele est ronde. On remarque que les gouttes d'eau prennent toûjours une figure Spherique; ce qui se void sur les Miroirs qui retiennent l'humeur quand on souffle dessus.

Le mesme Philosophe voulant donner raison pourquoy il Neige, & ne Gresle point en Hyver, dit qu'en Hyver l'Air est gelé, & que par consequent il ne peut se convertir en pluye; mais qu'il se change en Neige de laquelle l'Air approche le plus en ce temps-là; mais quand le Printemps a commencé, il arrive un plus grand relâchement de temps, & le Ciel estant devenu plus chaud, les gouttes de la pluye se font plus grosses, le changement de l'Air estant plus grand.

De la maniere que se font les Pluyes, Neiges, Gresles, Bruines, Brouillards & Rosées, selon les Modernes.

NOUS avons déja rapporté, selon Descartes, que les Nuées sont composées d'ordinaire de gouttes d'eau, ou de parcelles de Glace fort petites ; Sur ce fondement, il dit que les Nuées qui se tournent en pluyes descendent, ou par leur propre pesanteur, lorsque leurs gouttes se trouvent assez grosses ; ou parce que l'Air qui est dessous se retire, ou que celuy qui est dessus les presse, & leur donne occasion de s'abaisser, ou parce que plusieurs de ces causes y concourent ensemble. Quand l'Air de dessous se retire, c'est lorsque la pluye nous paroist fort menuë ; au contraire elle se fait fort grosse, quand les gouttes les plus élevées de la Nuée, sont pressées de l'Air qui est au dessus, & sont obligées à descendre, en se joignant & se grossissant avec celles qu'elles rencontrent en leur chemin. Mais quand la chaleur, qui a coûtume de rarefier les autres corps, condense d'ordinaire celuy des Nuées en parcelles de glace ; & que ces parcelles, ayant esté égallement éparses par l'Air, se divisent aprés en plusieurs petits floccons, pour lors si elles descendent, sans avoir esté fonduës, elles composent la Neige ; mais si l'Air par où elles passent est si chaud qu'il les fonde, ou qu'elles le soient presque, & qu'il survienne quelque vent froid qui les gele derechef, c'est alors que se fait la gresle.

Descartes discours des Meteores, pag. 216. 233. 217. 218. 203.

Ce mesme Auteur dit que l'on nomme brouïllards, les vapeurs qui s'élevent aux environs de la Terre, & qui deviennent beaucoup moins transparentes que l'Air.

On remarque que lorsque le Soleil passe de l'Autonne à l'Hyver, & que la foiblesse de ses Rayons, n'est plus capable de reverberation, il s'engendre plusieurs Nuées legeres, qui se mêlent les unes avec les autres, nous empeschent de nous voir ; ce qui forme ce que nous appellons Brouïllards.

Des Vents selon les Anciens & les Modernes.

Seneque des
Questions
Naturelles
.l. 5. chap. 1.

LES Philosophes sont extremement partagez sur l'origine & la matiere des Vents; Les uns ont dit, que le Vent est un Air agité devers une certaine partie de l'Horison; d'autres, que le Vent est une fluxion de l'Air, & agité par les divers mouvemens des Planettes, & par la multitude de leurs Rayons; d'autres ont asseuré que c'estoit cet esprit vital & universel, qui est l'Ame de la Nature, & le principe de toute sorte de generation.

Descartes
des Meteores
discours 4.
pag. 189.
Gassendi A-
bregé de la
Phil des Me-
teores, tom.
5. l. 2. chap.
1.

Descartes dit que toute agitation d'Air, qui est sensible, se nomme Vent.

D'autres Philosophes disent, qu'il est à croire que les Vents se font lorsque les exhalaisons aqueuses trouvent en s'élevant & en penetrant au travers des pores de la Terre, des Sels qui se mêlent avec elles; & que ces Vents là sont froids, avec lesquels il se mele des esprits de Salpetre, ou de Sel commun: ceux-là sont chauds, lorsque ce mélange est d'esprits Amoniaques & Alumineux, & principalement Amoniaques.

L'opinion la plus commune est que les Vents sont formez par des exhalaisons, c'est à dire, par des fumées chaudes & seiches que les Rayons des Corps Celestes attirent de la Terre; ils disent que ces exhalaisons s'estans élevées jusqu'à la moyenne Region de l'Air, y trouvent des Nuées froides qui les répoussent par l'effet naturel des qualitez contraires; de sorte qu'estant contraintes de descendre, elles sont agitées & dispersées de costé & d'autre, entraînant avec elles les autres exhalaisons qui montent, & par la mobilité & fluidité qui leur est naturelle, courent par les parties de l'Air où elles trouvent moins de resistance.

Les Vents sont plus ou moins chauds selon la diverse temperature ou constitution de l'endroit d'où ils viennent. Ainsi ceux qui souflent du Midy, sont chauds ordinairement, & ceux qui partent du Septentrion, tiennent des qualitez froides de la Zone glaciale; ce qui se doit entendre à l'égard des parties du Globe Terrestre où nous habitons, car les choses seront contraires dans une autre position de Sphere.

Quelques Modernes croyent que le Vent n'est autre chose qu'une agitation de l'Air; c'est ainsi que l'Air agité avec un Eventail, fait du vent, & que l'on en sent ordinairement sur le bord des Rivieres, dont le cours cause quelque impression dans l'Air.

FIGURE LXIII.

M iij

Du nombre des Vents.

Hydrograph.
du P Four-
nier l. 15. c.
10.

LEs Anciens ne connoiſſoient d'abord que deux Vents princi-paux, à ſçavoir celuy du Septentrion, & celuy du Midy ; & à l'é-gard des autres, ils donnoient le nom de Septentrionaux à ceux qui s'approchoient le plus du Septentrion ; & le nom de Meridionaux à ceux qui eſtoient les plus proches du Midy.

Enſuite on diſtingua quatre Vents qui venoient de quatre principa-les parties du Monde, & on les appella Vents premiers. Aprés on y en ajoûta quatre, qui furent tirez des points de l'horiſon, où le Soleil ſe leve & ſe couche pendant les Solſtices. Ariſtote n'en a reconnu que 12. mais du temps de Vitruve qui vivoit ſous Jules Ceſar, on en contoit 24. Dans ces derniers Siecles on en reçoit 32. & quelques Pilotes qui ont voulu eſtre plus exacts dans les voyages de long cours, ont diviſé en deux parties égales, chacun de ces 32. ce qui en a fait 64. Dans les Cartes Marines on ſe contente d'en marquer 32. ſur la Figure qu'on appelle Roſe des Vents.

Pour former cette Roſe, ils font une circonference qu'ils diviſent en quatre parties égales par deux Diametres qui ſe coupent à angles droits dans le centre, pour placer à leur extremité, les quatre Vents principaux appellez ſur l'Ocean, Nord, Eſt, Sud, & Oueſt. Ils mettent le Nord à la partie ſuperieure de la Roſe, l'Eſt à la main droite, le Sud en bas, & à l'oppoſite du Nord, L'Oueſt eſt à main gauche, directement oppoſé à l'Eſt, & entre chacun d'eux ils tirent ſept lignes qui accompliſſent le nombre de 32. Ils forment les noms des 28. autres de cette maniere.

Pour avoir le nom du Vent qui eſt préciſement entre le Nord & l'Eſt, il faut ſeulement joindre les deux mots Nord, & Eſt, & l'on aura Nord-Eſt pour le Nom propoſé. Si l'on veut ſçavoir le nom de celuy qui eſt preciſément entre le Nord & le Nord-Eſt, on n'a qu'à joindre le mot de Nord avec le mot Nordeſt, & l'on aura Nord-Nordeſt pour le Vent propoſé.

Que ſi l'on veut nommer celuy qui eſt entre le Nord & le Nord-Nord-Eſt, il faut aprés le mot de Nord, ajoûter le mot de Quart qu'on figure ainſi $\frac{1}{4}$, & l'on aura Nord-quart au Nord-eſt, pour le Vent propoſé.

Si l'on pratique la meſme choſe de l'Eſt au Nord-Eſt, on aura l'Eſt Nord-Eſt.

Et ſi aprés l'Eſt on ajoûte un Quart, on aura Eſt $\frac{1}{4}$ Nord-Eſt.

Si de part & d'autre du Nord-Eſt on ajoûte encor un Quart, on aura Nord-Eſt $\frac{1}{4}$ au Nord, & Nord-Eſt $\frac{1}{4}$ à l'Eſt.

FIGURE LXIV.

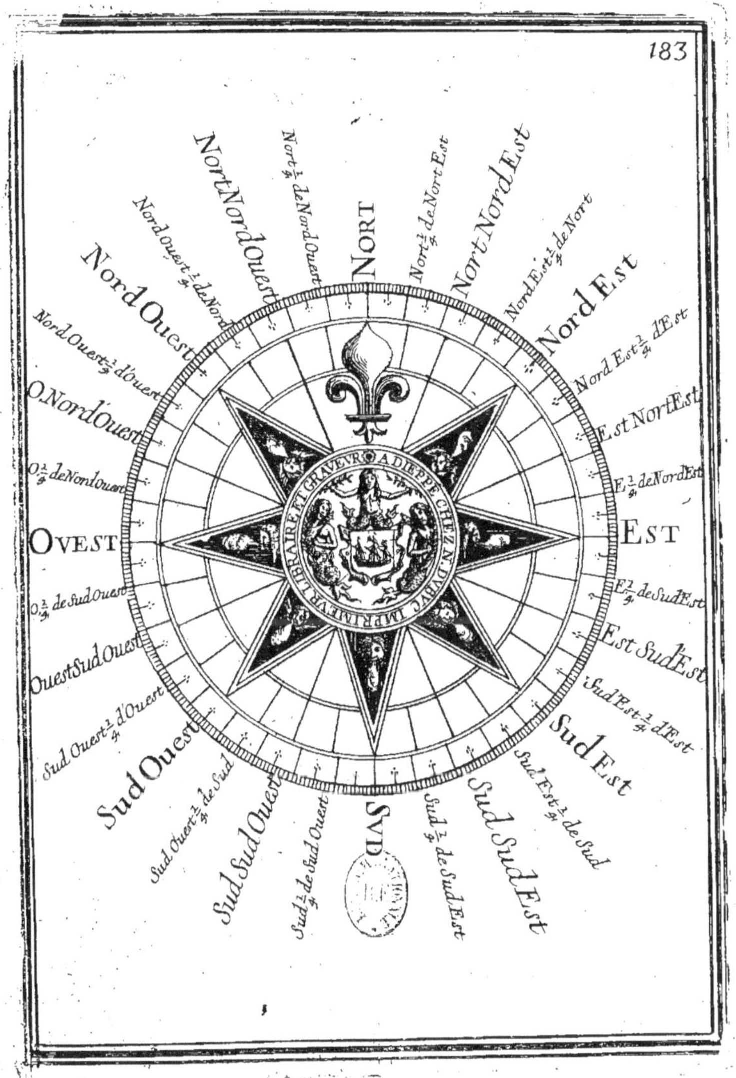

M iiij

Du Compas de Mer, ou Compas de Route appellé Bousolle par quelques-uns; & des Vents de la Mediterranée.

LA Rose des Vents expliquée dans la page precedente, est icy representée par la Figure A. Si on veut la faire servir de Compas de route pour la navigation, on la décrit sur un Carton, & on met le centre de la Rose sur un petit pivot d'acier qui la balance. Dans la partie inferieure du carton on met une éguille, c'est à dire, un fil d'acier disposé en forme de Lozange, marqué dans la Figure B. Un des Angles aigus de cette Lozange ou Eguille, est frotté d'aimant au dessous d'une Fleur de Lys qui y est representée ; & cet angle ou pointe de l'éguille estant dirigée par la vertu de l'aimant, se tourne vers le Nord du Monde, ce qui fait tourner l'angle opposé vers le Sud. Pour tenir la Rose dans une situation horizontale sur son pivot, on applique un petit morceau de cire, indiqué par la lettre C. sur l'endroit du Carton qui est proche du Nord, à cause que les qualitez de l'aimant, donnent naturellement quelque inclination à l'éguille, & font hausser vers le Pole, la pointe qui en est frottée, à moins que le morceau de cire ne serve de contrepoids.

Le Pivot qui soûtient ce carton, est au milieu d'une boüette, & cette boüette est mise dans une plus grande, où elle est tenuë en équilibre ; & suspenduë, pour demeurer dans une position horizontale, malgré l'agitation & le balancement du vaisseau : la Figure de ce Compas de Mer est marqué par la lettre D.

Les Pilotes de la Mediterranée donnent aux Vents des noms differens de ceux qu'on leur donne sur l'Ocean. Le Nord est pour eux la Tramontane, l'Est prend le nom de Levante, le Sud prend celuy d'Ostro ou de Mezo-giorno, & l'Ouest s'appelle Ponente.

Tous les autres Vents changent aussi de Noms, comme on verra dans le rapport & la conformité de leur situation, marquée dans la Rose que nous figurons.

FIGURE LXV.

185
A
C
B
D
Nor Ouest Maestro
Nor Nor Ouest Maestro Tramontana
Nort Tramontана
Nor Nord Est Greco Tramontana
Nord Est Greco
Ouest Nor Ouest Ponente Maestro
Est Nord Est Greco Leuante
OUEST PONENTE
EST LEUANTE
Ouest Sud Ouest Ponente Libeccio
Est Sud Est Sirocco Leuante
Sud Ouest Libeccio
Sud Ouest Ouest Oltro Libeccio
Sud Ostro
Sud Sud Est Ostro Sirocco
Sud Est Sirocco

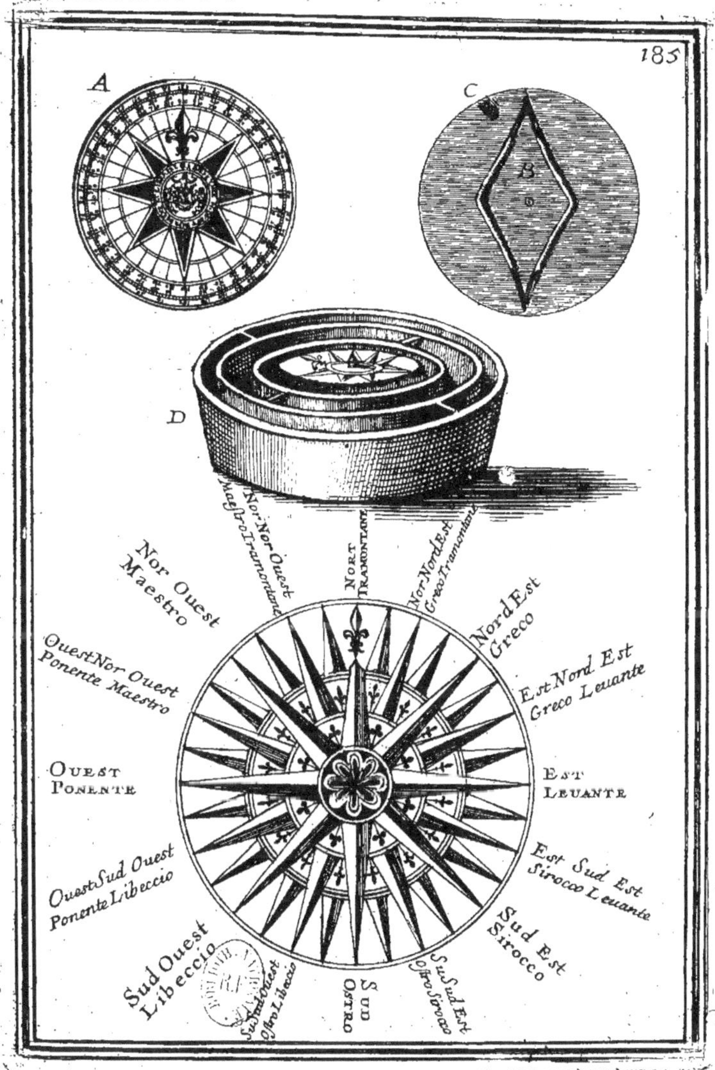

DESCRIPTION
DE
L'UNIVERS,
LIVRE SECOND.
DU
GLOBE TERRESTRE
EN GENERAL.

Des Figures dont les Geographes Anciens & Modernes se sont servis pour representer le Globe Terrestre.

Des Premieres connoissances que l'on a eu de la Terre.

'O N croit que la Terre a esté partagée ancienne-ment entre les enfans de Noé, en telle maniere que *Sem*, qui estoit le Fils aîné de ce Patriarche, & ses descendans, ont occupé presque toute cet-te partie qui nous a esté depuis connuë sous le nom d'*Asie*.

Brietii Geographia part. 1. lib. 5. cap. 4. & 5. tom. 1. p. 85. & 87.

Cham second Fils de Noé, & ses descendans, ont tenu l'Afri-

que, & cette partie d'Asie que nous appellons aujourd'huy *Syrie&*
Arabie, marquées sur l'Estampe, des chifres 1. & 2.

Japhet, le plus jeune & dernier Fils de Noé, avec ses descendans, ont possedé l'Europe, & ce que les Geographes appellent
Asie Mineure ou *Natolie*, marquée sur la planche du chifre 3.

Ceux qui sont venus ensuite, ont divisé la Terre en deux grandes Parties, dont la plus considerable avoit divers peuples, sçavoir
les *Scythes*, les *Indiens*, & les *Perses*, qui occupoient les Païs que
l'on a depuis nommé *Asie* ; ensuite ils plaçoient les *Ægyptiens*, les
Æthiopiens, & les *Pœni* ou *Carthaginois*, dans la plus grande partie
de l'*Afrique*, du costé du Septentrion, & donnoient aux *Celtes*,
toute nostre *Europe*.

Dans l'autre grande partie, ils comprenoient l'Isle de *Taprobane*,
aujourd'huy Ceylan, Isle de l'Asie, & les Peuples *Antichthone*
ou *Antipodes* ; ils y mettoient aussi les sources du Nil, qu'ils faisoient sortir des Montagnes de la Lune.

La Carte que nous en donnons icy, fera connoistre clairement
leurs opinions, & quelles estoient leurs erreurs.

Il y en a eu encor d'autres qui ont divisé la Terre en deux
grandes parties, Septentrionale & Meridionale. La *Septentrionale*
contenoit l'Europe & l'Afrique, & la *Meridionale* avoit l'Asie.

Quelques-uns ont encor partagé la Terre en quatre Parties, sçavoir, l'Asie, l'Afrique, l'Europe, & l'Egypte : cette derniere est
marquée sur le Globe, du chifre 4.

D'autres l'ont aussi divisée en quatres Parties, mais differentes,
sçavoir, Asie, Afrique, Europe, & Grece ; cette derniere est marquée sur le Globe du chifre 5.

FIGURE LXIV.

245
189
LA TERRE
PARTAGEÉ AVX
TROIS
ENFANS
DE
NÖE
IAPHET
Europe
SEM
CHAM
Asie
Afrique
ANCIENNE DIVISION DE LA TERRE
EN DIVERS
PEUPLES
CELTES
SCYTHES
CE
PŒNI
PERSES
INDIENS
ÆTHIOPIENS
ÆGYPTIENS
TAPROBANE
ANTICHITHONES
Montagnes de la Lune
Sources du Nil

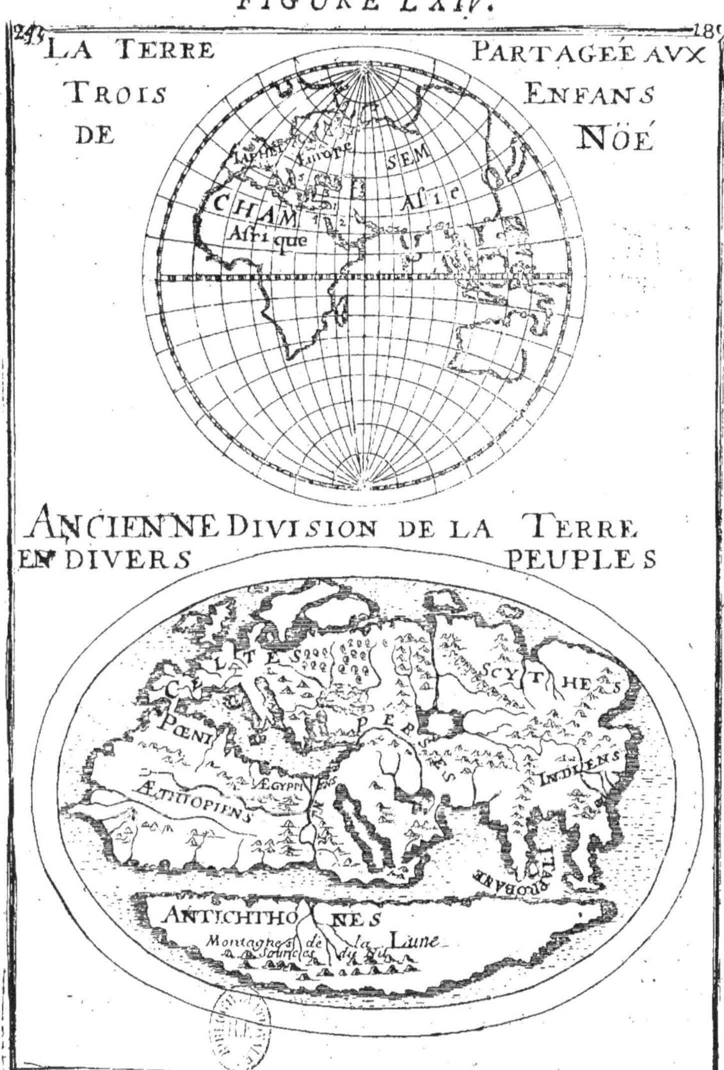

Des differentes Conſtructions ou manieres dont les Anciens Geographes ſe ſont ſervis pour repreſenter le Globe Terreſtre.

*Strabon L.
1. cité par le
P. Fournier
Liv. 1 4. ch.
1. de l'Hy-
drographie.*

LE Philoſophe Anaximander Mileſien eſt un des plus Anciens Geographes, dont l'Hiſtoire nous parle qui ait repreſenté une Mappe-Monde.

Les Anciens pour repreſenter la Terre ainſi qu'elle eſtoit connuë de leurs temps, ſe ſervoient d'Ecorces d'arbres & de peaux preparées; mais ces Cartes & d'autres excellens Ouvrages de leur façon, furent conſumez dans l'Incendie de la Ville de Millet, Patrie d'Anaximander.

Pomponius Mela qui vint fort long-temps aprés, décrivit le Monde en un ſeul Plan-Hemiſphere, & diviſa la Terre en deux Continents qui eſtoient ſeparez par le vaſte Ocean : & P. Bertius a dreſſé une Carte, ſuivant l'opinion de ce Geographe, qui eſt icy repreſentée à la Teſte de cette Planche.

Poſidonius, excellent Mathematicien, & ſçavant Philoſophe, n'ignoroit pas que le Globe Terreſtre fuſt d'une figure Spherique, mais il ne laiſſa pas de le repreſenter ſous la figure d'un Ovale, & en maniere de Fronde, parce que les parties de la Terre qui étoient connuës de ſon temps, avoient une longueur & une largeur qui ſembloient authoriſer cette Figure : Sa Carte eſt dans le milieu de la page ſuivante, & nous l'avons auſſi priſe de Bertius.

Claude Ptolemée, qui vivoit ſous les Empereurs Adrien & Antonin, & qui eſt reconnu avec juſtice pour le Prince de l'Aſtronomie, a travaillé ſur la Geographie avec plus d'erudition & d'exactitude que tous ceux qui l'ont precedé, & nous a laiſſé des lumieres dont les Modernes tirent de grands avantages. Il a repreſenté la Figure de la Terre ſous une eſpece de Quarré-long formé de deux Lignes courbes & de deux Lignes droites : Il a mis les parties de la Terre qui eſtoient connuës de ſon temps, ainſi qu'elles ſont repreſentées au bas de la page preſente ; & le ſçavant Mercator nous a donné des Cartes qu'il a dreſſées ſur cet Auteur.

FIGURE LXVII.

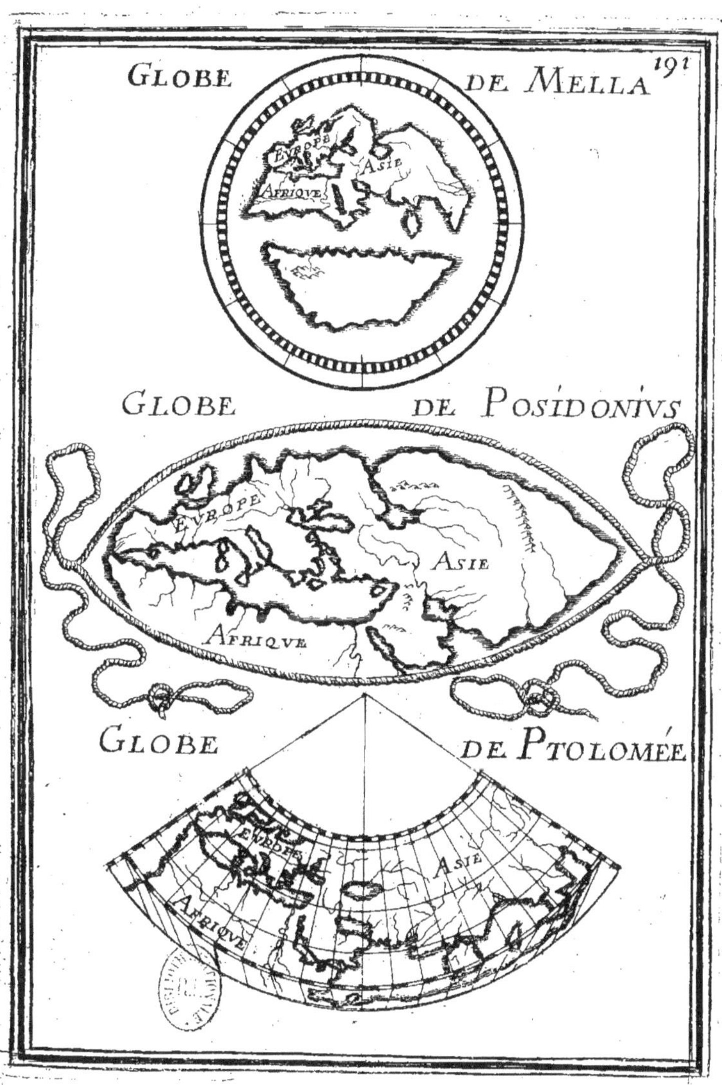

Des differentes Constructions des Planispheres, depuis la découverte de l'Amerique.

LEs anciennes representations Geographiques ont esté changées aprés les découvertes des nouveaux Pilotes & Voyageurs, & nous sommes redevables de ces découvertes au secours de la pierre d'Aymant, dont on imprime les qualitez dans l'Aiguille des Boussolles ou Compas de Mer qui servent à la conduite des Navires, & & à la facilité des voyages de longs cours. Mais on ne s'est guere prévalu de ce secours & de ces qualitez, que depuis l'année 1302. que Jean Goia, natif d'Amalfi, Ville du Royaume de Naples, mit les Aiguilles dans leur perfection ; car l'origine de leur usage est incertaine : les uns l'attribuënt aux Chinois, mais d'autres contestent cette opinion, & rejettent les Memoires qui disent que Marc Paul Venitien en apporta l'invention l'an 1260. lorsqu'il revint de son Ambassade, & asseurent que l'Aiguille aimantée estoit déja connuë dans nostre Europe, sous le nom de *Marinette*, dés l'année 1200. Ce qu'ils justifient par les Antiquitez de Fauchet, &c. Quoy qu'il en soit, on tient que la premiere Carte qui a changé la figure de celle de Ptolomée, fut apportée du Cathay l'année 1260. par Marc Paul, & qu'elle est encore à Venise dans l'Eglise de saint Michel de Muran, telle qu'elle est representée dans la partie superieure de la page suivante, où elle forme une espece d'Exagone mixte ou de figure à six costez formée de Lignes droites & de Lignes courbes.

Ensuite le Planisphere fut representé en Ovale par Jacques Castaldo, Cosmographe de la Republique de Venise, qui mit dans une seule Carte les Terres de l'Ancien & du Nouveau Continent.

Les Portugais asseurent que Miguel Lopez est le premier qui a representé les Anciennes & les Nouvelles Terres, connuës dans un Plan ou Carte de figure quarrée. On en trouve de gravées à Amsterdam chez Jansonius en l'année 1632.

P. Fournier l. 11. ch. 1. de l'Hydrog.

FIGURE LXVIII.

FIGURE LXVIII.

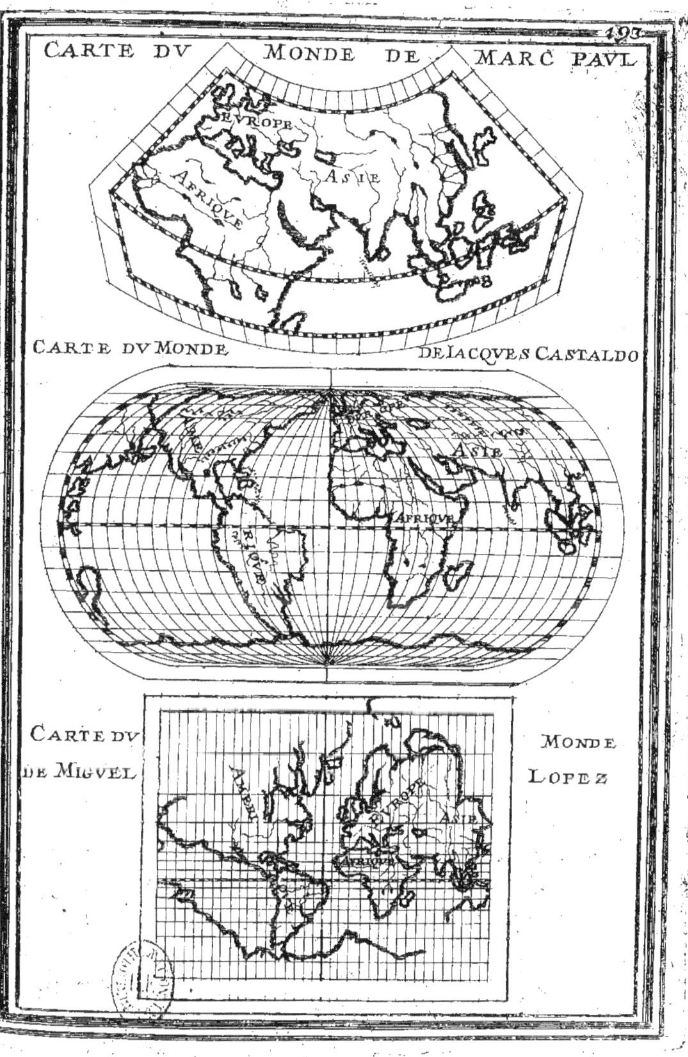

Des Planiſpheres ou Globes Terreſtres, repreſentez dans une Figure Circulaire.

OCTAVIUS PISANUS a fait une grande Carte du Globe en un ſeul Planiſphere rond, elle a eſté gravée à Anvers en l'année 1637. elle a pluſieurs feüilles.

Louis de Mayerne Turquet, Pariſien, Profeſſeur en Geographie en a donné une ſous un ſeul Planiſphere en l'année 1648. avec un diſcours où il rend raiſon de ſa Methode.

Bertius Coſmographe de Louis XIII. Roy de France, a repreſenté le Globe Terreſtre en deux Hemiſpheres, à l'imitation de Commandin, Poſtel, & Senertius, ayant mis le point qui répond au Pole Arctique, pour centre de l'Hemiſphere Septentrional ; & le point relatif au Pole Antarctique pour centre de l'Hemiſphere Meridional. Il a pretendu que cette ſorte de repreſentation donnoit toutes les parties de la Terre plus exactes & plus degagées, l'ayant tiré du Planiſphere de Ptolomée.

Mais Arzael natif de Tolede, & tres-ſçavant Mathematicien, qui vivoit en 1069. a eu l'honneur de trouver la plus parfaite des repreſentations du Globe Terreſtre, quoique l'Amerique ne fuſt pas encore découverte ; mais comme il eſtoit grand Aſtronome, il crût, avec raiſon, que le Soleil éclairoit des Peuples qui nous ſont oppoſez, ce qui luy donna lieu de repreſenter le Globe en deux Hemiſpheres, en ſorte que l'œil du Spectateur eſt vis-à-vis du point où ils ſe touchent. Preſentement chacun ſuit cette conſtruction, quoy qu'on y trouve ce defaut, qu'elle repreſente les parties qui ſont au milieu du Continent plus petites, qu'elles ne ſont en effet, comme il ſeroit aiſé de demontrer par la projection d'un Globe ſur un plan. Mais nous ſommes obligez de nous en ſervir juſqu'à ce qu'on en ait imaginé une plus parfaicte ; car nous n'en avons point qui repreſente plus diſtinctement toutes les parties de la Terre.

Le P. Fournier liv. 14. chap. 24 de l'Hydrog.

Le P. Fournier comme cy-deſſus c. 25.

Lanſbergue, premiere Claſſe du Threſor de ſes Obſervat. Aſtronom.

FIGURE LXIX.

PLANISPHERE DE TVRQVET
195
PLANISPHERE DE BERTIVS
TERRES
INCOGNVES
AME
PLANISPHERE D' ARZAEL
EVROPE
AFRIQVE

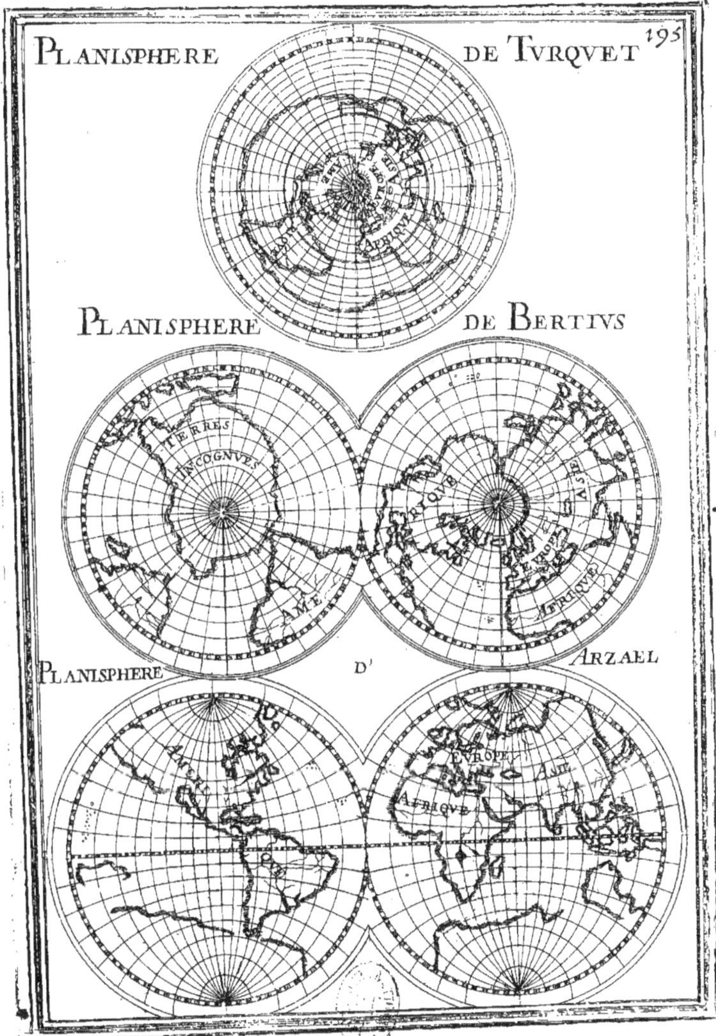

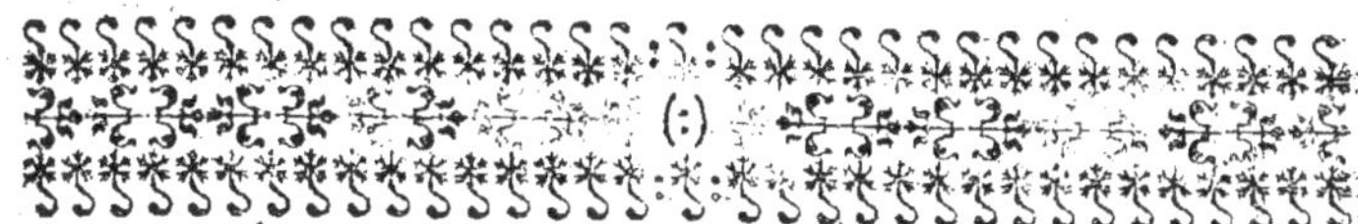

CHAPITRE II

*De la Figure du Corps de la Terre, jointe avec
la maſſe des Eaux : De la Maſſe & quantité
de la Terre, comparée à celle des Eaux ; & des
diverſes Meſures.*

---

*De la Figure du Corps de la Terre, joint avec la Maſſe
des Eaux.*

UELQUES-UNS des Anciens ont crû que la Ter-
re, unie avec l'Eau, faiſoit un corps d'une Figure platte
& creuſe, comme celle d'un baſſin ; d'autres ont dit
qu'il reſſembloit à une Colonne. Le Philoſophe Ana-
ximenes le concevoit plat comme une Table. Pline a écrit
qu'il reſſembloit à une Pomme de Pin. Lucippus luy donnoit la
forme d'un Tambour ; Mais Thales & les Stoïciens ont ſoûtenu
qu'il eſtoit de figure ronde ; & c'eſt le ſentiment que tous les Sça-

*Oeuvres
mélées de
Plutarque l.
3 chap. 10.
pag. 432.*

vans suivent, comme estant appuyé sur les experiences, & particulierement sur ce principe qu'une Ombre ronde ne peut estre jettée que par un Corps rond; de sorte que si la Terre & l'Eau ne faisoient pas un Corps Spherique ou rond, comme le marqué A, ils en feroient un qui formeroit des angles ou des pointes, comme celuy qui est marqué de la lettre B. En ce cas dans les Eclipses de Lune, l'ombre de la Terre paroistroit avec des angles sur le Corps de la Lune, comme on voit en la Figure marquée C, Mais dans ces occasions, l'ombre paroist circulaire, comme en D; d'où l'on conclud que la Terre est ronde

Si la Terre estoit plate du Nord au Sud, de l'Est à l'Ouest, ou en quelque autre sens, on verroit en mesme temps de dessus les plus hautes Montagnes, toute la superficie de la Terre: Exemple E. ce qui est toutefois contraire à l'experience, puisque les Voyageurs de moment en moment, découvrent de nouvelles Terres qu'ils ne voyoient pas auparavant, & en perdent de veuë d'autres qu'ils voyoient; Exemple F. Aussi ceux qui voyagent en deça de l'Equinoxial, du Septentrion au Midy, ou du Midy au Septentrion, remarquent que le Pole Arctique s'éleve à mesure qu'ils vont vers le Nord, & s'abaisse à mesure qu'ils voyagent vers le Midy, & la mesme chose arrive à ceux qui voyagent au delà de la Ligne. A l'égard du Pole Antarctique, l'experience aussi nous démontre que ceux qui sont plus Orientaux, voyent le Soleil & les Astres se lever plûtost que ceux qui leur sont plus Occidentaux : ce qui justifie que la Terre ne peut pas estre plate de l'Occident à l'Orient. De plus, si la Terre estoit platte, quelques parties de sa superficie seroient plus proches du Firmament, que d'autres. Par exemple, les parties du milieu seroient plus éloignées des Estoilles Fixes, que celles des extremitez, comme il est évident par la Figure H. Mais les experiences justifient, par les Observations Celestes, que toutes les parties de la superficie de la Terre & de l'Eau forment un Globe, & gardent une Figure Spherique, Exemple I.

Davity en en traité du Ciel pag. 131.

L'on peut ajoûter à ce que nous avons dit que ceux qui veulent prouver la convexité de l'Eau qui environne le Globe Terrestre, ont accoûtumé de dire que quand on découvre de loing quelque Vaisseau, on voit d'abord paroistre le haut du Mast qui s'éleve insensiblement, à mesure que le Vaisseau approche; d'où ils inferent la convexité de la surface de la Mer.

FIGURE LXX.

N iiij

De la Masse & quantité de la Terre, comparée à la Masse des Eaux.

ARiftote & fes Sectateurs croyoient qu'il y avoit dix fois plus de Mer que de Terre : Ce fentiment eftoit peut-eftre fondé fur ce qu'on n'avoit point encor découvert l'Amerique; & ce grand nombre d'Ifles qui nous font prefentement connuës. On raifonne autrement aujourd'huy ; & outre qu'il eft certain qu'il n'y a point de Mer qu'il n'y ait de la Terre au deffous : on a encore reconnu par les voyages de long cours, que la Mer la plus profonde n'excede pas deux lieuës ; ce qui au fentiment des Geometres eft égal à la hauteur des Montagnes les plus élevées : mais cette profondeur eft fort peu de chofe au refpect du demy-Diametre de la Terre. De forte que le folide de la Terre excede de beaucoup la Maffe de l'eau. Quant à l'étenduë de leurs fuperficies, on croit fur de grandes probabilitez qu'elles font égales l'une à l'autre.

Livre I. chap. 4. De la Sphere imprimé à Roüen chez Jacques Cailloüé, en l'année 1651

Les Geographes ont trouvé le circuit & le Diametre du Globe Terre-Aquée fur le mefme fondement & fur les mefmes principes dont les Geometres fe fervent pour trouver celuy d'une Boule.

On divife un grand Cercle Terreftre comme celuy qui reprefente l'Equinoxial en 360. degrez, & ayant confideré qu'un de ces degrez répondoit à 25. de nos lieuës moyennes de France, ils ont multiplié 360. par 25. & trouvé dans le produit que la Terre a neuf mille lieuës de circuit.

Et comme les Geometres trouvent que la proportion ou la raifon entre la Circonference & le Diamettre eft à peu prés comme 22. font à 7. les Geographes ont trouvé par cette regle que le Diametre de la Terre ; c'eft-à-dire la diftance en ligne droite, depuis nous jufqu'à nos Antipodes, eft de deux mille huit cens foixante & trois lieuës (deux troifiémes,) & que du centre de la Terre jufqu'à nous il y a mille quatre cens trente & une lieuës & demie, en rejettant les fractions ; & fi l'on multiplie neuf mille lieuës de circonference par deux mille huit cens foixante trois, & deux troifiémes, on trouvera vingt-cinq millions, fept cent foixante & treize mille lieuës quarrées, pour toute la fuperficie de la Terre & de l'Eau.

FIGURE LXXI.

GLOBE   TERRESTRE
360
25
1800
720
9000

22--7--9000
7
63000

2863
1431 ½

Des Mesures.

Science des
Nombres par
P. Mallet
pag. 190.

LA Ligne vaut l'épaisseur d'un grain de bled, ou douze points. Le Poulce de Roy vaut douze lignes

Le Pied de Roy vaut douze Poulces de Roy.

La Toise contient six Pieds de Roy.

L'Empan, ou le Pan, vaut neuf Poulces de Roy, ou selon d'autres seulement huit, parce que trois Empans valent deux pieds de Roy.

La Brasse vaut six Pieds de Roy.

La Coudée vaut un pied, six Poulces de Roy.

La Coudée Geometrique vaut neuf Pieds de Roy, ou six Coudées communes.

La grande Coudée vaut treize Pieds six Poulces de Roy, ou neuf Coudées communes.

Le Doigt vaut quatre grains de Bled, ou d'Orge de moyenne épaisseur.

La Palme vaut quatre Doigts ou trois Poulces de Roy.

Le Pas Geometrique, vaut cinq Pieds de Roy.

Le Pas commun, vaut trois Pieds.

La démarche, deux Pieds six Poulces de Roy.

Le Stade, vaut cent vingt-cinq pas Geometriques.

Un Mille, vaut huit Stades, ou mille pas Geometriques.

Une petite Lieuë de France vaut deux cens pas communs.

Une grande Lieuë de France est estimée de quatre cent pas communs.

Un Arpent vaut neuf cent Toises quarrées.

Un Arpent vaut cent Perches quarrées, sçavoir de celles qui valent trois Toises ou dix-huit Pieds de long chacune ; car il y a des Perches de vingt pieds, il y en a aussi de vingt-deux pieds ; c'est pourquoy ces mesures sont distinguées par grandes, moyennes, & petites ; & si l'Arpent est mesuré par la Perche de vingt pieds, ou par celle de vingt-deux, on doit specifier la mesure, pour éviter l'erreur.

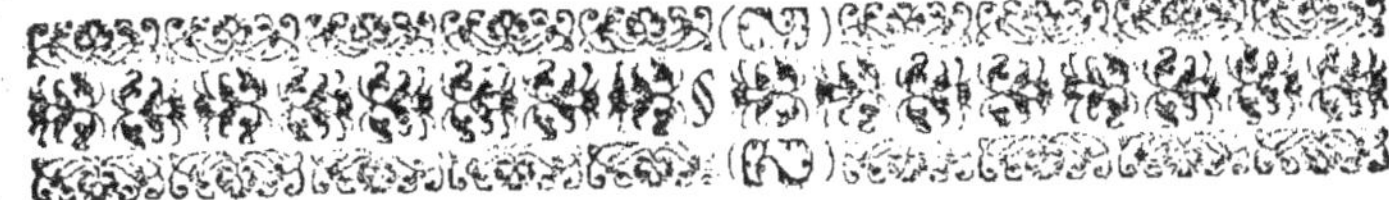

CHAPITRE III.

Avertiſſement de l'Auteur ſur la Methode qu'il a ſuivie dans cet Ouvrage. Definitions de la Geographie ; & Diviſions generales du Globe Terreſtre.

Avertiſſement de l'Auteur ſur ſa Methode Geographique.

POUR nous fixer à une Methode familiere & naturelle que nous obſerverons toûjours, & dont nous nous allons faire une regle generale, autant qu'il ſera poſſible dans le denombrement & l'explication des parties de la Terre ; il eſt neceſſaire que l'on ſçache que nous commencerons toûjours à parcourir de l'œil, les Païs qui ſont dans la partie Superieure ou Septentrionale de la Carte ; de là ſuivant le bord de la Carte, nous tournerons à la main droite vers les parties Orientales ; & puis deſcendans vers les parties Inferieures ou Meridionales, nous monterons à la main gauche vers le coſté Occidental ; enſuite nous formerons une eſpece de labyrinthe, & conduirons imperceptiblement noſtre œil des parties Exterieures de la Carte, dans les parties Inferieures, comme ſi l'on vouloit décrire une ligne ſpirale ; commençant toûjours par le haut, tournant à la droite, deſcendant en bas, & remontant par la main gauche. C'eſt à dire, parcourant tour à tour, & alternativement le Païs Septentrional, l'Oriental, le Meridional, & l'Occidental ; juſqu'à ce que, par cette courſe oblique, & par cette inſenſible diminution de la ligne ſpirale, on vienne peu à peu dans le centre de la Carte ; & qu'ainſi on démeſle methodiquement un Païs aprés l'autre, comme nous l'avons pratiqué dans les Diviſions & dans les Exemples ſuivans.

Le premier exemple ſera d'un grand Païs, comme le Royaume

de *France*, & ses Acquisitions ; dont nous énoncerons les *Provinces*, sans avoir égard aux petits Païs ou moindres subdivisions de ces Provinces, & mesme sans faire mention des Villes.

Premier Exemple.

VOULANT developper les principaux Païs d'une Carte generale, ou les Provinces de quelque Royaume, comme par Exemple de la France, on n'aura qu'à lire l'Ecrit qui est dans la page opposée à la Carte ; & comme cet Ecrit commence par cette partie des Païs-Bas Catholiques, qui est soûmise à la France, & que nous appellerons par cette raison les *Païs-Bas François*, & par la Picardie, on inferera, si l'on se resouvient de nostre Methode, que les Païs-Bas François & la Picardie, doivent estre vers le Septentrion, ou la partie Superieure de la Carte, nos Ecrits estant composez d'une maniere qu'ils commencent toûjours à expliquer les Païs les plus Septentrionaux de la Carte, ensuite les Orientaux, les Meridionaux, & les Occidentaux ; & quand tout n'a pas esté expliqué, ils continuënt le discours, en entrant toûjours dans la Carte par la partie la plus Septentrionale ; & de là, parcourrant l'Orient, le Midy, & l'Occident, toûjours en ligne spirale, jusqu'à ce que toutes les Provinces soient parcouruës : Ainsi que marque la ponctuation qui est gravée sur cette Carte. Et selon cette Methode, on commencera par les Païs-Bas François, la Picardie, la Champagne, la Lorraine, l'Alsace, la Franche-Comté, la Bresse, le Dauphiné, la Provence, le Languedoc, le Roussillon, le Comté de Foix, la Gascogne, le Bearn, les Basques, la Guienne, la Saintonge, le Païs d'Aunis, le Poictou, la Bretagne, la Normandie, l'Isle de France, l'Orleanois, le Nivernois, la Bourgogne Duché, le Beaujolois, le Lyonnois, le Forests, les Cevennes, le Roüergue, le Quercy, le Perigord, l'Angoumois, la Marche, la Touraine, l'Anjou, le Maine, le Perche, le Païs Chartrain ou Beauce particuliere, le Blaisois, le Berri, le Bourbonnois, l'Auvergne, & le Limosin, où finit la ligne spirale.

Davity de la France.

FIGURE LXXII.

Second Exemple de la Methode Geographique de l'Auteur.

SI dans le premier Exemple on a veu la facilité que l'on aura de se servir de noſtre Methode & de nos Ecrits pour venir de ſoy-meſme à la connoiſſance des Païs ou Provinces d'un Royaume ; dans celle-cy on remarquera le meſme avantage pour trouver les Villes d'une Province, ſur l'exemple des principales Villes de la Bretagne en cette maniere.

Si en liſant la page qui expoſe les Villes principales de la Bretagne, on commence à les nommer par celle de S. Malo, on jugera facilement par noſtre Methode Geographique, que la Ville de S. Malo doit eſtre la plus Septentrionale de toutes, & que c'eſt par elle qu'il faut commencer à chercher les autres dans la Carte, en tournant devers l'Orient, le Midy, & l'Occident, en ligne ſpiralle, ainſi que l'on peut remarquer par la ponctuation que nous avons fait paſſer ſur les Villes qui ſont ſur la Carte, & donc voicy les noms, S. Malo, Dol, Vitrei, Château-Briant, Nantes, Vennes, Port Louïs ou Blavet, Quinperlay, Quinpercorentin, Pemmark, Audierne, Breſt, S. Pol de Leon, Treguiers, S. Brieux, Dinant, Aubignei, Rennes Capitale de la Province, Redon, Aurdy, Hennebont, Château-Neuf, Morlaix, Guincamp ou Guicamp, Quintin, Montcontour, S. Mehen, Montfort la Canne, Maleſtroit, Rohan, Guemené, Karkais, Avaugour, & Uzel, où finit la ligne ſpirale.

Suppoſons qu'en liſant dans noſtre diſcours de la France, l'on ſoit encore tombé ſur la Bretagne ; & que ſelon noſtre Methode, on ſoit bien-aiſe d'apprendre la diviſion de cette Province, & la ſituation dés Evêchez, & de leurs Villes Capitales. Pour en venir à la pratique, noſtre diſcours ayant expliqué que cette Province ſe diviſe en Haute & Baſſe, on inferera aiſément que la Haute, qui eſt la premiere énoncée, doit eſtre du coſté de l'Orient, & la Baſſe du coſté de l'Occident ; & que quand nous ne pouvons pas commencer à tourner par le Septentrion, nous commençons toûjours à tourner par l'Orient.

Pour ce qui eſt de la ſituation des Evêchez & de leurs Villes Capitales, qui portent leurs meſmes noms ; on les trouvera dans chaque partie, en commençant par l'Eveſché le plus Septentrional. Ainſi l'on trouvera dans la Haute, ceux de S. Malo, de Dol, de Rennes, de Nantes, & S. Brieux ; & dans la Baſſe, Treguiers, Vennes, Quinpercorentin, & S. Pol de Leon.

FIGURE LXXIII.

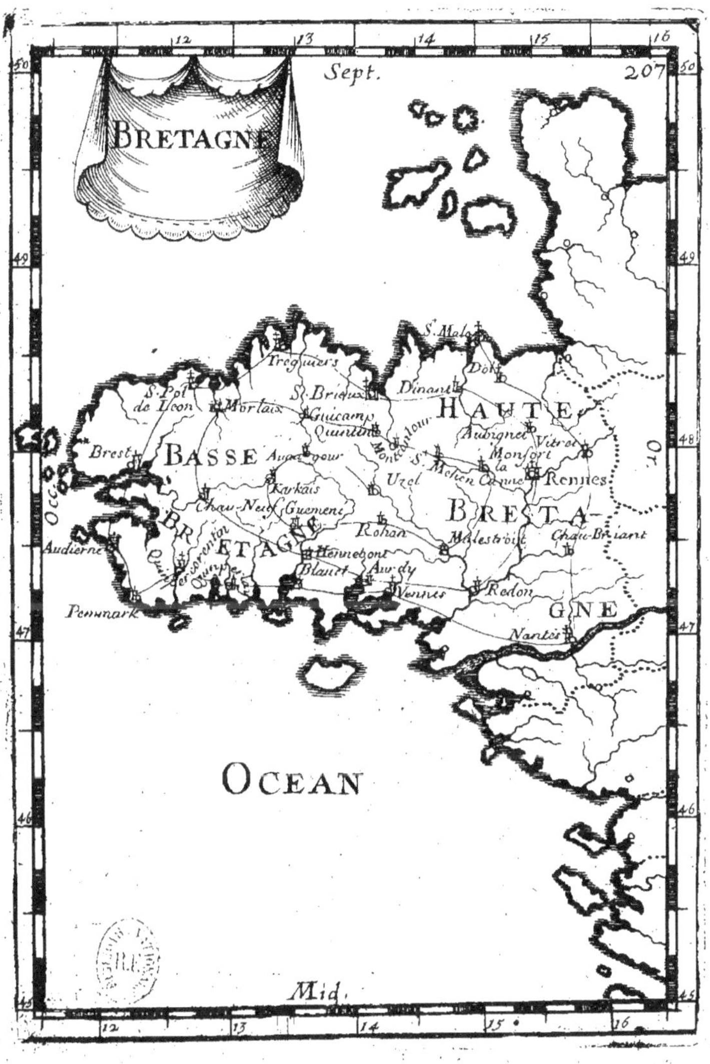

*Definition de la Geographie , & division du Planisphere,
ou Carte Generale de la Terre.*

LA Geographie ou Science de la Carte, est la connoissance & la description des differentes parties de la Terre, & de l'Eau, qui jointes ensemble , forment un Corps de figure spherique, ou rond appellé *Globe Terrestre*, & nous paroissent sous une superficie qui se distingue en Terre Ferme, Isles, Ocean, Mers, Golfes, &c. qui paroist dans la Figure A.

Les Geographes, ayant remarqué que c'estoit une proprieté des corps Spheriques, de montrer seulement à leurs Spectateurs à peu prés, la moitié de leur superficie ; & considerant qu'il estoit également ment necessaire & commode de voir ces deux moitiés en un mesme temps , & d'une seule inspection ; ils ont supposé, avec beaucoup d'Art, que le Globe Terrestre estoit couppé en deux parties égales ; en telle sorte que la section & les parties interieures de ce Corps, ne nous fussent pas visibles, comme elles se voyent en B. parce qu'en effet le dedans de la Terre, n'est pas l'objet de la Geographie, mais qu'elles nous fussent cachées, comme il paroist dans la Figure C. afin que la superficie du Globe nous parust toute entiere, comme il se voit dans le Planisphere qui est icy representé au bas de cette Planche.

Les Mots de *Sphere*, *Globe*, & *Boule* , sont Synonymes, ou d'une mesme signification ; le premier est Grec , le second est Latin , & le dernier est François ; ils signifient un Corps Solide & Rond , environné d'une seule superficie. Le mot d'Hemisphere signifie la moitié d'une Sphere, ou d'une Boule.

Planisphere est une representation des parties connuës de la Terre & de l'Eau sur une surface plane , ou platte, telle que seroit une toille & un papier ; en telle sorte que ce qui est naturellement Spherique ou rond, est representé sous une Figure platte.

Le Globe Terrestre peut estre divisé en plusieurs Continents & Isles.

Continent est une estenduë de Terre, dont les parties sont continuës, sans estre separées l'une de l'autre.

Isle, est une partie de la Terre separée du Continent par des eaux qui l'environnent de toutes parts.

Le Globe Terrestre , selon nous , sera divisé en quatre Continent, qui sont le Septentrional, Ancien , Austral , & le Nouveau.

FIGURE LXXIV.

FIGURE LXXIV.

Tome I.   O

Remarques sur la maniere dont les Cartes font Orientées.

DANS les Cartes Generales ou particulieres qui font faites regulierement, leur partie fuperieure s'appelle *Septentrionale*; celle de la main droite *Orientale*, l'Inferieure *Meridionale*, & celle de main gauche *Occidentale*, par rapport avec les quatre principales parties de l'Horifon, comme nous l'avons expliqué dans le Traité de la Sphere, & comme on le peut encore remarquer dans la Carte de la France qui eft dans le haut de la Planche prefente. On trouve neantmoins de bonnes Cartes, & mefme fort particulieres, comme plufieurs des Païs-Bas, qui font mal *Orientées*, comme parlent les Geographes; c'eft à dire, où le Septentrion n'eft pas au haut de la Carte, & l'Orient au cofté droit; mais ordinairement on fupplée à ce defaut, par les mots de *Septentrion*, *Orient*, *Midy*, & *Occident*, que l'on met à la marge : ou bien l'on fe contente d'y faire défigner une Bouffolle ou Rofe Marine, ou des Vents; en forte que le cofté vers lequel eft tournée la pointe de la Fleur de Lys, fert à marquer le *Septentrion* : l'ayant une fois trouvé, on fçait auffi-tôft le *Midy*, parce qu'il luy eft directement oppofé vers le bas, & en ligne droite. Pour trouver l'Orient & l'Occident, il n'y a qu'à couper en Angle droit cette ligne qui va du Septentrion au Midy, & alors la partie de la Carte qui fera à main droite & vers l'extremité de cette derniere ligne, la pointe de la Fleur de Lys eftant tournée en haut, marquera l'Orient; & l'autre cofté de cette ligne qui eft à main gauche, marquera l'Occident; ou bien ayant tourné la Carte, en forte que la Fleur de Lys de la Rofe, qui fert à marquer le Septentrion, foit vers la partie Superieure de la Carte, & le Midy vers l'Inferieure, alors vous trouverez l'*Orient* à la main droite, & l'*Occident* à la gauche.

La plufpart de ceux qui copient des Cartes trait pour trait, ont coûtume de mal Orienter leurs copies, afin de faire paffer les leurs pour de nouveaux Originaux; mais les Cartes Geographiques, qui font dans cet Ouvrage, n'ont point ce defaut, & l'on peut s'affeurer que le Septentrion y eft toûjours vers la partie Superieure, & le Midy vers l'Inferieure.

FIGURE LXXV.

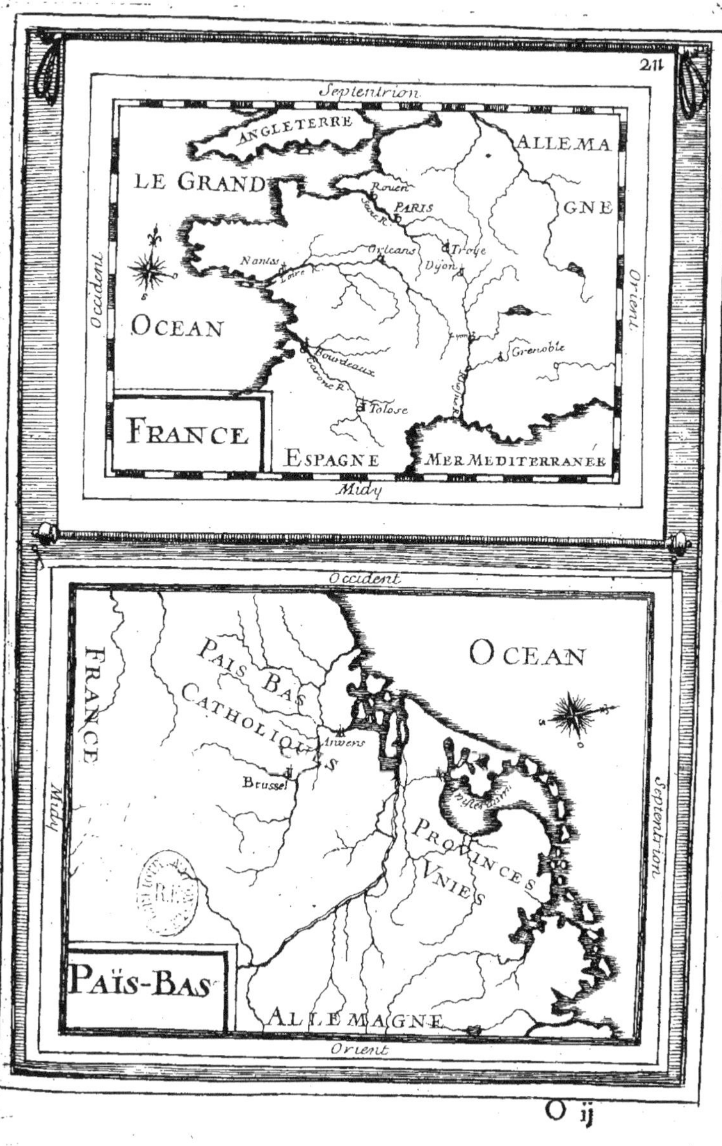

O ij

Du Continent Septentrional ou Arctique, en General.

AVANT que de traiter de l'Ocean, & des Mers qui baignent les quatre Continens, il me semble qu'il est à propos d'en donner icy une petite description.

Le Continent Arctique ou Septentrional contient

La Terre de Jesso.

La Nouvelle Zemble.

Les Terres de Spitzbergue.

L'Isle d'Islande.

La Groenlande, &c.

Cartes de Mercator & de Blaeu.

Remarques.

LE Lecteur sera averti, que pour donner dans ces premiers commencemens, la connoissance des principales parties de la Terre, on s'est contenté dans cette page, & dans les autres suivantes, de n'en exposer que les parties les plus considerables, afin que ceux qui estudient la Geographie d'eux mesmes, puissent les trouver facilement sur les Cartes; ce qui leur pourra beaucoup servir à trouver aussi les Mers, qui pour la pluspart, prennent les Noms des Païs dont elles baignent les Costes, & dont nous parlerons cy-aprés.

FIGURE LXXVI.

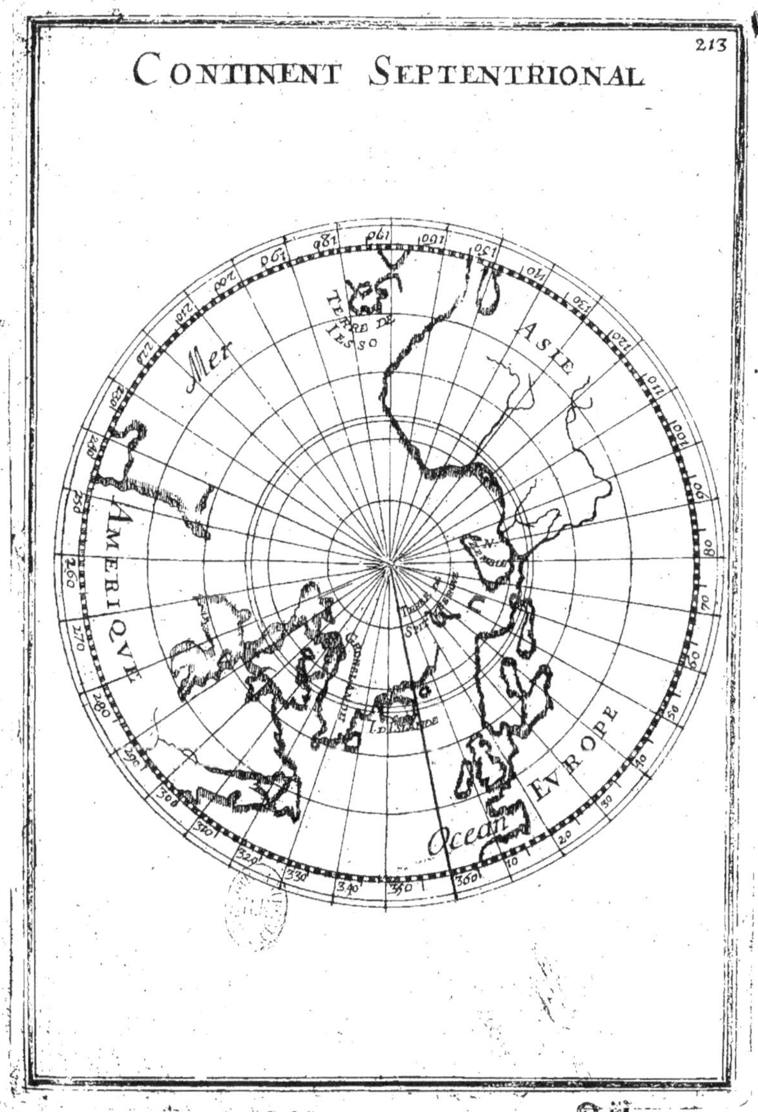

Du Continent Ancien en general.

L'ANCIEN Continent est divisé en trois grandes parties, nommées, Asie, Afrique, & Europe; chacune de ces parties est distinguée en plusieurs Regions ou Estats differents.

Les principales Regions de l'Asie, sont

La Tartarie, la Chine, & les Isles du Jappon; l'Inde, & les Isles Philippines de la Sonde, de Ceylan, & des Maldives; la Perse, l'Arabie, la Turquie en Asie, avec les Isles de Cypre, de Rhodes, &c. Dans la Mer Mediterranée, & qui sont marquées par les Chi-fres 1. & 2. sur la Carte presente.

Atlas de Blaeu, &c.

Les Principales parties de l'Afrique sont la Barbarie, avec les Isles de Malthe, &c. dans la Mer Mediterranée, qui sont marquées du Chifre 3. L'Egypte, les Costes d'Abex, d'Ajen ou d'A-jan, de Zanguebar, & les Isles de Zorcotora & de Madagascar. La Coste des Cafres, le Congo & les Isles de saint Thomas, &c. La Guinée, le Païs des Negres, avec les Isles du Cap-Vert. Le Zaara, le Biledulgerid, la Nubie, l'Abissinie, le Monomotapa, &c.

Les principales parties de l'Europe, sont les Royaumes du Nord, la Moscovie, la Pologne, la Turquie en Europe, avec plusieurs Isles de l'Archipel, celle de Candie, &c. marquées des Chifres 4. & 5. L'Italie avec les Isles de Sicile, Sardaigne, & Corse Chifrées 6. 7. & 8. L'Espagne avec les Isles de Majorque, &c. Chifrées 9. Les Isles Britanniques, l'Allemagne, la France, &c. Sous le nom de *Royaumes du Nord*, nous entendons ceux de Norwegue, de Dannemarck, & de Suede, dont nous parlerons en décrivant l'Europe, plus particulierement.

FIGURE LXXVII.

*Du Continent Meridional ou Auſtral, autrement des
Terres Auſtrales & Antarctiques, en General.*

LE s Païs qu'il comprend, & qui ſont aux environs, ſont,
La Nouvelle Guinée.
Les Iſles de Salomon.
La Terre de Quir.
La Nouvelle Zelande.
La Terre des Diemens.
La Carpenterie.
La Nouvelle Hollande, &c.

FIGURE LXXVIII.

Du Continent Nouveau ou Amerique, en General.

ON le divise d'ordinaire en deux grandes Parties, qui sont,
     L'Amerique Septentrionale.
Et l'Amerique Meridionale.
L'*Amerique Septentrionale* contient les Regions,
Du Nouveau Mexique avec l'Isle de Californie.
Du Canada avec l'Isles de Terre-Neuve.
Du Mexique avec les Isles Antilles.
L'*Amerique Meridionale* renferme divers grands Païs , qui
sont ,
   La Terre-Ferme.
   Le Bresil.
   Le Paraguay.
   Les Terres & Isles Magellaniques.
   Le Chili.
   Le Perou , &c.

FIGURE LXXIX.

CHAPITRE IV.

De l'Hydrographie ou connoissance de l'Ocean, Mers, Golfes, & Détroits. De la Nature de la Mer, de la pesanteur des choses liquides, des Poissons, des Vaisseaux, Galeres, & autres Bâtimens qui servent à la Navigation.

E seroit supprimer le plus essentiel de l'*Hydrographie* que d'en retrancher la Navigation & les differents Bâtimens qu'on y employe ; d'ailleurs, puisque la Geographie sert à décrire de quelle façon les hommes establissent des Habitations sur la Terre, on ne doit pas negliger de faire voir de quelle sorte ils se logent sur les Eaux, afin que les deux parties qui composent le Globe Terrestre soient expliquées avec une égale proportion. Ainsi nous décrirons les principales sortes de Vaisseaux qui servent à la Navigation, tant sur l'Ocean que sur les Mers particulieres : Et cela est d'autant plus necessaire, que c'est par cette voye que l'on a fait les grandes découvertes, qui servent d'objet à la Geographie.

De l'Ocean, & des Mers, selon les Anciens.

Brietii Geog. parte 1. l. 6. cap. 1. tom. 1. p. 99.

LEs Anciens Geographes ont divisé cette vaste estenduë d'eau Salée, qui est aux environs de l'Ancien Continent en Ocean Septentrional, Oriental ou *Eous*; Meridional ou Austral; & en Occidental ou Atlantique.

L'Ocean Septentrional estoit subdivisé en plusieurs Mers ou Oceans, comme la Mer Scythique, ou *Oceanus Almachius*, & *Scythicus*; marquées sur la Carte du Chifre 1. à cause du peu d'espace qu'il y a, ce que nous observerons aussi dans les suivantes. La Mer de Sarmatie, ou *Oceanus Chronius* ou *Sarmaticus*: 2. La Mer Glaciale, ou *Mare Pigrum*: 3. La Mer de Germanie, ou *Oceanus Germanicus*: 4. La Mer Caledoniene, ou Deucaledonienne, en latin, *Oceanus Caledonius* ou *Deucaledonius*: 5. La Mer d'Hibernie, ou *Oceanus Hibernicus*: 6. La Mer ou Golfe de Virginie, autrement *Oceanus & Sinus Virginius*: 7 La Mer Britannique, ou *Oceanus Britannicus*: 8. La Mer d'Aquitaine, ou *Oceanus & Sinus Aquitanicus*: 9. La Mer de Cantabrie, ou *Oceanus Cantabricus*: 10. & la Mer des Callaiques, ou *Oceanus Callaicus*: 11. ausquelles on peut ajoûter *Codanus Sinus*, aujourd'huy la Mer Baltique: 12.

L'Ocean Oriental ou *Eous*, estoit divisé en deux Mers, dont l'une s'appelloit la Mer Serique, ou des Seres, & *Oceanus Sericus*: 13. & l'autre la Mer des Sines, ou l'Ocean Oriental, proprement dit, autrement *Oceanus Sinensis & Eous*. 14.

L'Ocean Meridional ou Austral estoit divisé en Mer de l'Inde, ou *Oceanus Indicus*: 15. Mer-Rouge ou Erythrée en general, autrement *Oceanus Erythræus*: 16. & partie de la Mer d'Ethiopie, qui est à l'Orient, ou *Oceanus Æthiopicus*: 17. l'Ocean ou la Mer Erythrée, estoit subdivisée en *Golfe Persique*, 18. & *Mer d'Arabie*, ou Golfe d'Arabie, ou *Mer-Rouge*: 19.

L'Ocean Occidental ou Atlantique, appellé aussi *Hesperius*, baignoit les Costes d'Afrique qui sont à l'Occident, & vers le Midy, & partie de celles d'Europe; il comprenoit l'autre partie de la Mer d'Ethiopie, qui est à l'Occident, ou *Oceanus Æthiopicus*, 20. &c. On y peut aussi ajoûter la Mer Mediterranée & la Mer Caspienne, dont il sera parlé cy-aprés.

FIGURE LXXX.

ANCIEN CONTINENT
223
SEPTENTRIONAL
SARMATIE
EVROPE
GERMANIE
GAVLE
ESPA
Mer Mediterranée
LIBYE
AFRIQVE
ETHIO
PIE
Ethiopie
ASIE
SERI
CA
Mer
SINES
R. des
Sines
PERSE
INDE
ARABIE
Mer Rouge
Mer de l'Inde
OCEAN ATLANTIQUE ou OCCIDENTAL
OCEAN OCCIDENTAL ou ATLANTIQUE
OCEAN ORIENTAL ou de Tous
OCEAN MERIDIONAL ou AVSTRAL
TERRES INCOGNVES

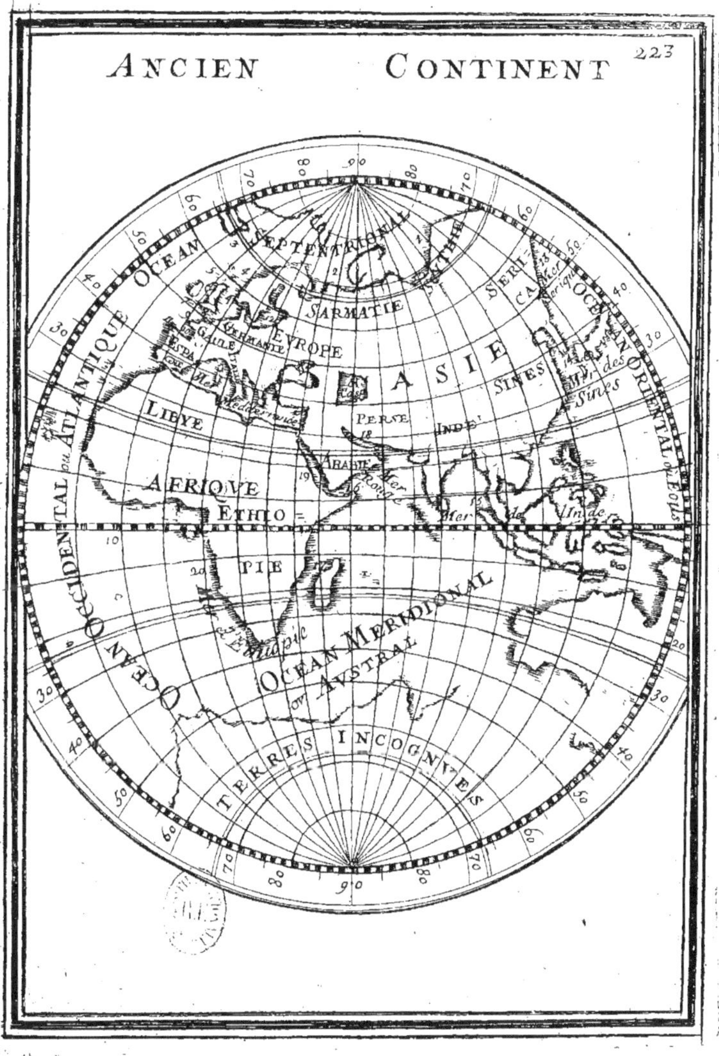

De l'Ocean, & des Mers qui sont aux environs de nostre
Hemisphere, selon les Modernes.

L'OCEAN, est divisé en 4. parties, qu'on appelle Ocean Septentric-nal, Ocean Oriental, Ocean Meridional, & Ocean Occidental.
On subdivise l'Ocean Septentrional en Mer de Tartarie, Mer Glaciale, Mer de Noortzée, ou de Germanie, & Mer Baltique. La Mer de Tartarie baigne les Costes Meridionales du Continent Septentrional, & la Coste Septentrionale de la Tartarie, jusqu'à la Nouvelle Zemble : La Mer Glaciale baigne les Costes de Groenlande, &c. La Mer de Nortzée, ou d'Allemagne, s'étend le long des Costes de Norwege, de Dannemarck, d'Allemagne, de l'Ecosse en partie, & de l'Angleterre, jusqu'au Canal ou Pas de Calais, qui est entre la France & l'Angleterre : La Mer Baltique est renfermée entre les Terres de Suede, Pologne, Allemagne, & Dannemarck.

L'Ocean Oriental comprend la Mer de la Chine, l'Archipel de S. Lazare, & la Mer de Lantchidol.

L'Ocean Meridional ou Mer des Indes, baigne les parties Meridionales de l'Asie, & les Isles qui sont aux environs des Indes, avec la partie Orientale & Meridionale de l'Afrique : Cet Ocean comprend le Golfe de Bengala, la Mer & Golfe de Perse, la Mer & Golfe d'Arabie, la Mer de Zanguebar, & la partie Orientale de la Mer d'Ethiopie, qui va jusqu'au Cap de Bonne-Esperance.

L'Ocean Occidental qui baigne cet Hemisphere, comprend l'autre partie de la Mer d'Ethiopie, la Mer Atlantique, la Mer Mediterranée, la Mer d'Espagne, la Mer de France, la Mer d'Irlande, & la Mer d'Ecosse du costé de l'Occident. Cette derniere partie de la Mer d'Ethiopie, s'étend le long de la Coste Occidentale de l'Afrique, depuis le Cap de Bonne-Esperance, jusqu'aux environs de la ligne Equinoxiale, & baigne la Coste Occidentale des Cafres, & le Congo : la Mer Atlantique s'étend depuis la Mer d'Ethiopie, jusqu'aux parties les plus Meridionales de l'Espagne : la Mer Mediterranée est renfermée entre l'Europe, l'Asie, & l'Afrique, nous en parlerons cy-aprés : La Mer d'Espagne baigne la coste Occidentale & Septentrionale de l'Espagne; la Mer de France s'estend le long des costes de Guienne & de Bretagne en partie; la Mer d'Irlande est entre l'Angleterre, l'Irlande & l'Ecosse; & la Mer d'Ecosse baigne les parties Septentrionales de l'Irlande & de l'Ecosse; cette Mer a esté appellée *Caledonienne.*   *FIGURE LXXXI.*

FIGURE LXXXI.

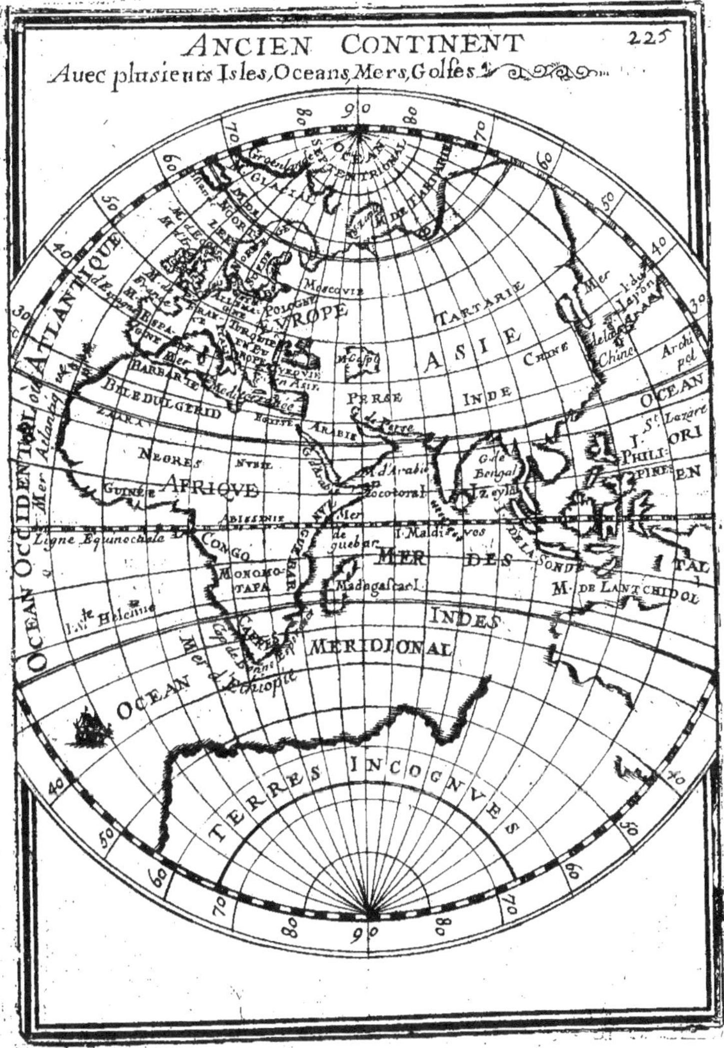

De la Mer Mediterranée selon les Anciens.

Brietii Geographiæ parte 1. Lib. 6. c. 4. Tom. 1. page 110.

POUR faciliter la connoissance de la Mer Mediterranée, nous la partagerons en Orientale & Occidentale.

L'Orientale comprendra les Mers à qui les Anciens ont donné les Noms de *Pontus Euxinus*, ou Pont Euxin: *Ægæum Mare*, ou Mer Egée; & *Sinus Virginius*, ou Golfe de Virginie.

La partie Occidentale renfermera *Mare Jonium*, ou la Mer Jonienne; *Mare Libycum*, ou la Mer de Lybie; *Mare Sardoum*, ou la Mer de Sardaigne; & *Mare Thyrrenum*, ou la Mer Thyrrenienne : chacune de ces Mers est subdivisée en plusieurs autres particulieres que nous allons specifier.

Le Pont Euxin, ou *Pontus Euxinus*, qui comprend les Palus Meotides ou *Mæotis Palus*, & le Pont Euxin proprement dit.; ce dernier estoit divisé en partie Orientale, ou *Pontus Eous*, & en partie Occidentale, ou *Pontus Hesperius*; entre le Pont Euxin, & la Mer Egée est la Propontide ou *Propontis*.

La Mer Egée, ou *Mare Ægæum*, renfermoit *Mare Ægæum propriè dictum*, ou la Mer Egée proprement dite, puis la Mer Icarienne, ou *Mare Icarium*; la Mer Capartienne & de Rhodes, ou *Mare Carpathium & Rhodiense*; la Mer de Crete, ou *Creticum Mare*; & la Mer Myrtoyenne, ou *Mare Myrtoum* : Sous le nom de Mer Egée prise en particulier, ils comprenoient la Mer de Macedoine, *Mare Macedonicum*, & la Mer de Grece, ou *Græcum Mare*.

Le Golfe de Virginie *Sinus Virginius* ou *Parthænium Mare*, comprend les Mers de Lycie ou *Lycium Mare*, de Pamphilie ou *Pamphilium Mare*, de Cilicie ou *M. Cilicium*, de Syrie ou *M. Syriacum*, & la Mer d'Ægypte ou *M. Ægyptium*.

La partie Occidentale de la Mer Mediterranée renfermoit, comme nous avons déja dit, la Mer Jonienne, ou *Mare Jonium*, appellée aussi *Celticum & Chronium*; cette Mer comprenoit en particulier le Golfe ou Mer Adriatique, autrement *Sinus Adriaticus*, & *Mare Superum*; la Mer Ausonienne ou de Sicile, *Mare Ausonium* ou *Siculum*, & la Mer Jonienne proprement dite, ou *Mare Jonium propriè dictum*.

La Mer de Libye, *ou Mare Libycum*, comprenoit la Mer de Libye proprement dite, ou *Libycum propriè dictum*, & la Mer d'Afrique, ou *Africanum Mare*.

La Mer de Sardaigne, ou *Sardoum*, avoit les Mers d'Iberie, ou *Ibericum Mare*; la Mer des Baleares, ou *Mare Balearicum*; la Mer de Gaulle, ou *Mare Gallicum*; & la Mer Thyrrenienne ou Inferieure, appellée *Thyrrenum*, ou *Tuscum & Inferum*.

FIGURE LXXXII.

De la Mer Mediterranée selon les Modernes.

Brietii Geo-
gra hi part.
1. lib 6. cap.
11. tom. 1.
pag. 127.

LEs Pilotes & Gens de Mer partagent d'ordinaire toute cette Mer en deux grandes parties, qu'ils appellent Mer de Levant & Mer de Ponant.

La Mer de Levant ou la partie Orientale de la Mer Mediterranée, enferme la Mer Noire, l'Archipel & le Golfe de Sattalie.

La Mer Noire, sous le nom de laquelle on peut comprendre la Mer de Zabache, anciennement les *Paulus Meotides*, baigne les costes de la petite Tartarie, de la Circassie, de la Mingrelie, la coste Septentrionale de la Natolie, la coste Orientale de la Romanie, & celles de Bulgarie, & de Bessarabie.

Entre la Mer Noire & l'Archipel est la Mer de Marmora, anciennement *Propontide*, qui baigne une partie des costes de Natolie & de Romanie.

L'Archipel baigne la coste Occidentale de la Natolie, & les costes Orientales de la Turquie en Europe.

Le Golfe de Satalie que d'autres nomment *Mer de Levant*, lave la coste Meridionale de la Natolie, la coste de Sourie, la coste Septentrionale de l'Egypte, & celle de Barca.

La partie Occidentale de la Mer Mediterranée, comprend le Golfe de Venise, la Mer de Toscane, & le Golfe de Lion.

Le Golfe de Venise ou Mer Adriatique, baigne les costes Occidentales de la Turquie en Europe, &c. Les costes de Tripoli, les costes Orientales des Isles de Malthe, & de Sicile, & la coste Orientale & Septentrionale de l'Italie.

La Mer de Toscane arrose la coste Meridionale de l'Italie, la coste Septentrionale & Meridionale de la Sicile, la coste de Tunis, & les costes Orientales des Isles de Sardaigne & de Corse.

Le Golfe de Leon ou de Lyon baigne la coste de Genes, les costes Occidentales des Isles de Corse, & de Sardaigne, la coste du Royaume d'Alger, la coste Septentrionale du Royaume de Fez, la coste Meridionale & Orientale de l'Espagne, & la coste Meridionale de la France.

FIGURE LXXXIII.

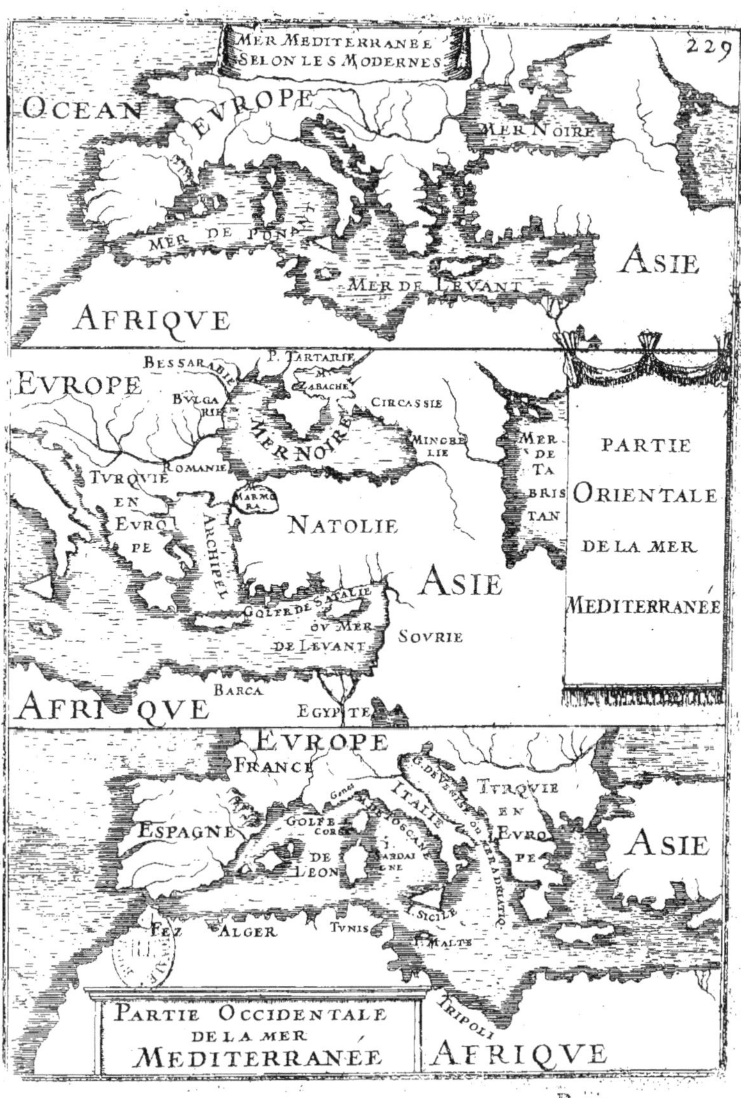

P iij

Des Golfes les plus considerables de l'Ancien Continent.

GOLFE est un grand bras de Mer qui s'enfonce fort avant entre deux Terres : Il differe de l'*Anse*, parce que l'enfoncement & le ventre de l'Anse, font presque égaux ; & il differe de la *Baye*, à cause que la Bouche ou l'entrée de la Baye a plus de largeur que d'enfoncement. Ces observations ne font pas toûjours fort religieusement observées par les Pilotes qui confondent souvent sous le nom de Golfe, l'Anse & la Baye ; chaque Golfe prend ordinairement son nom du Païs principal qu'il borne. Jusqu'à present on ignore le nom des Golfes que l'Ocean Septentrional forme le long des costes Orientales & Meridionales du Continent Arctique, & le long des costes de la parite Septentrionale de la Tartarie, les Terres y estant encore inconnuës pour la pluspart.

Des diverses Relations & Voyages de Magin, Lincot, Pirard, Tavernier, &c. Le principal Golfe de l'Ocean Oriental, est celuy de Nanquin : il est à l'Orient de la Chine, l'on met aussi au Midy de ce Royaume le Golfe de Cochinchine.

Les Golfes les plus remarquables de l'Ocean Meridional, ou de la Mer des Indes ; font ceux de Bengala, de Perse & d'Arabie : Le Golfe de Bengala est au Midy de l'Inde ; celuy de Perse separe la Perse d'avec l'Arabie ; & celuy d'Arabie ou de la Mecque, anciennement *Mer-Rouge*, & que l'on nomme quelquesfois Calzem, separe l'Arabie de l'Afrique.

Les Golfes les plus remarquables de l'Ocean Occidental, font la Mer Mediterranée, il en a esté parlé dans les pages precedentes.

La Mer Baltique ou Ost-zée, est un Golfe, ou plûtost une Mer entre les Terres de Suede, Pologne, Allemagne, & Danemark.

La Mer Blanche ou le Golfe de saint Nicolas, est un Golfe tresconsiderable de la Mer de Moscovie.

FIGURE LXXXVI.

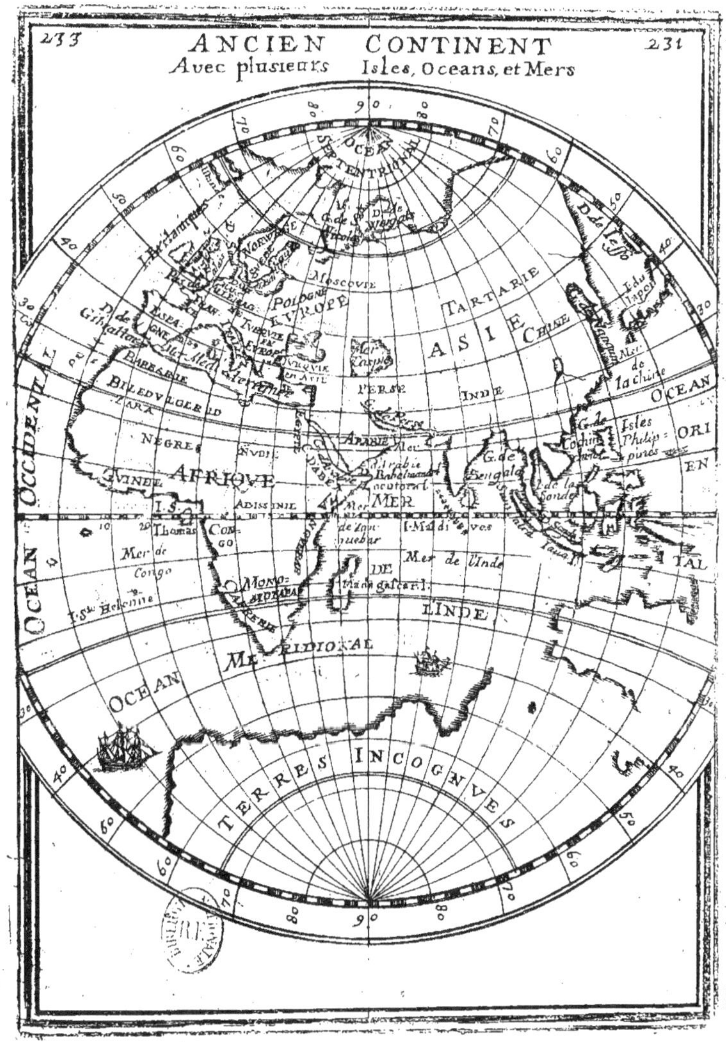

*Des Détroits les plus considerables de l'Ancien
Continent.*

DÉTROIT est un Canal ou Passage entre deux Terres qui fait communication d'une Mer à l'autre.

Les Détroits remarquables de l'Ancien Continent sont ceux
De Vueigatz.
De Jesso.
De la Sonde.
De Babelmandel.
De Gibraltar.
Le Pas de Calais.
Et le Détroit du Sund.

Le Détroit de Vueigatz qui est entre la Terre de la Nouvelle Zemble & la Moscovie, fait la communication de la Mer de Niaren, qui est à l'Orient de la Nouvelle Zemble, avec celle de Mourmanskoy, qui est à l'Occident de la Nouvelle Zemble, ou plûtost sert à joindre les Mers de Tartarie & de Moscovie.

Le Détroit de Jesso est entre la Terre de Jesso & la Tartarie.

Le Détroit de la Sonde est entre les Isles de Java & de Sumatra.

Le Détroit de Babelmandel est à l'entrée du Golfe de la Mer-Rouge entre les Terres de l'Arabie & celles de la Coste d'Abex.

Le Détroit de Gibraltar separe la Barbarie de l'Espagne.

Le Canal ou Pas de Calais est entre la France & l'Angleterre.

Le Détroit de Sund separe le Païs de Schonen, de l'Isle de Selande en Danemarck.

FIGURE LXXXV.

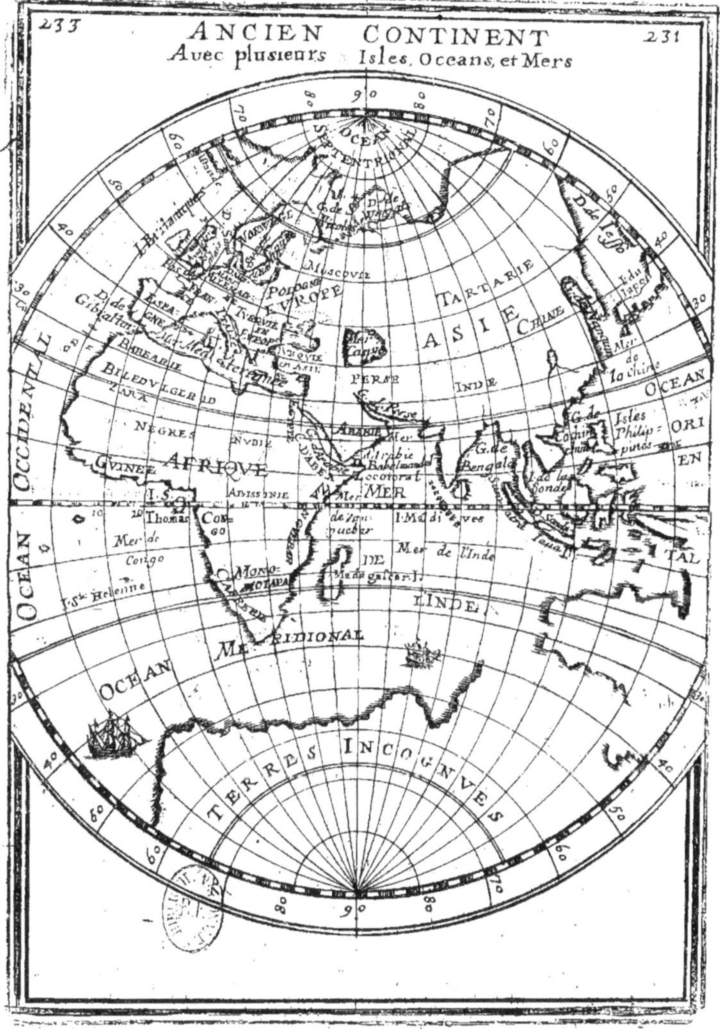

Des Mers des Golfes & Détroits qui sont aux environs de l'autre Hemisphere.

Ex orbe Maritimo Jansonii pag. 4. Brietii Geograph. part. I. lib. 6. cap. 13. tom. I. p. 141.

LA Mer qui est aux environs de l'autre Continent ou Amerique, est divisée en

Mar del Nord ou Mer Septentrionale , en Mer d'Ethiopie, & en *Mar del Zur* ou de Sud.

La Mer de Nord ou Septentrionnale , baigne une partie des Costes des Terres Arctiques , toute la Coste Orientale de l'Amerique Septentrionale , & la Coste Septentrionale de l'Amerique Meridionale.

La Mer d'Ethiopie , ou plûtost cette partie de l'Ocean Occidental qui arrouse l'Amerique Meridionale & les Terres Australes en partie , s'estend le long des Costes du Bresil, du Paraguey , de la Terre Magellanique , &c.

La *Mar del Zur* ou de Sud nommée aussi *Pacifique* , baigne la Coste Occidentale de l'Amerique Septentrionale & Meridionale, & les Isles & autres Terres qui sont aux environs.

Le Golfe le plus considerable de l'Amerique est celuy de Mexique en l'Amerique Septentrionale.

Les Détroits les plus remarquables de cette Hemisphere, sont ceux de Davis , de Magellan & de le Maire.

Le Détroit de Davis est dans les Terres Arctiques.

Le Détroit de Magellan separe l'Amerique Meridionale des Terres & des Isles Magellaniques.

Le Détroit de le Maire est à l'Orient de l'Isle Magellanique.

FIGURE LXXXVI.

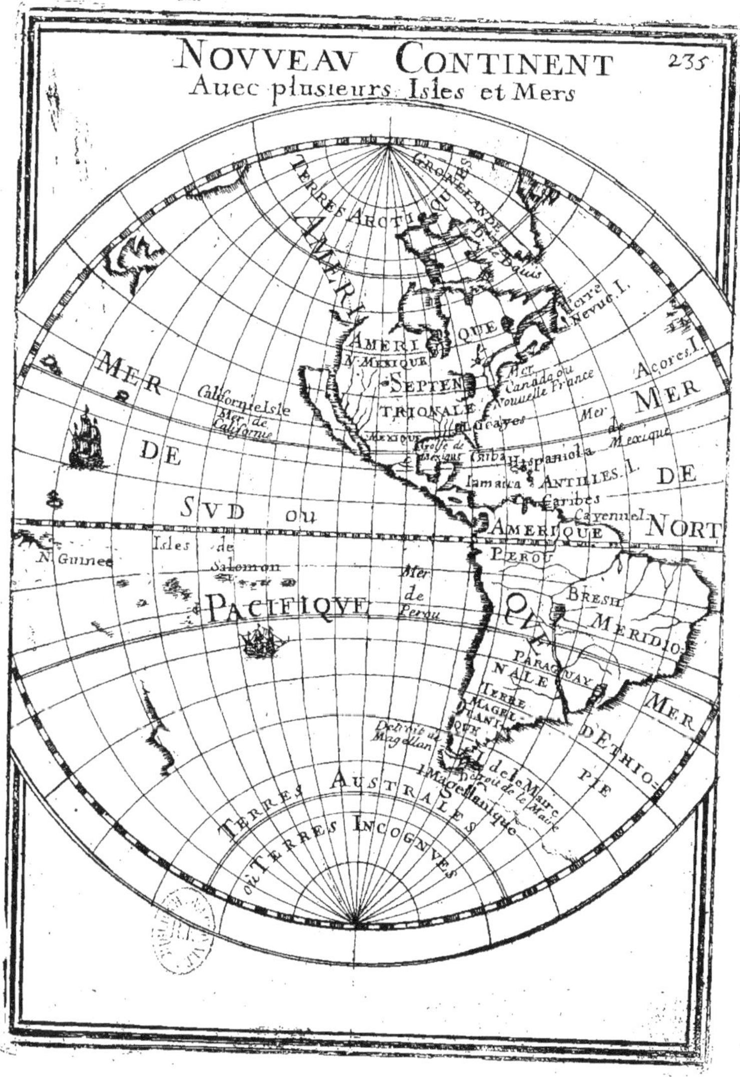

De la Mer.

IL y a des Efcrivains qui difent que fon Eau n'eft pas naturellement falée, mais qu'elle le devient, parce que fes parties plus humides, plus douces, & moins épaiffes font attirées & reduites en vapeurs par la force du Soleil; & que les plus groffieres, terreftres & brûlées qui demeurent, ont le gouft amer & falé; ils concluent que la Mer eft plus falée au deffus qu'au fonds, à caufe que le Soleil attire plus aifément les parties fubtiles & douces de fa furface. Ils tiennent auffi qu'elle eft plus falée en Efté qu'en Hyver, & du cofté d'Orient & du Midy, qu'ailleurs; & mefme il y en a quelques-uns qui difent que probablement l'Eau eft douce au fond de la Mer.

L'Eau de la Mer la plus claire eft à Ternate, qui eft une des Ifles des Molucques; on voit au travers de fes Ondes les Ancres, & mefme jufques au fable le plus fubtil de fon fond.

L'Eau de la Mer paroift dans un verre plus tranfparente, plus claire, plus pure, & plus nette que de l'Eau de Fontaine.

On a remarqué par plufieurs experiences, que l'Eau de la Mer n'eft aucunement propre à laver du linge, ny a efteindre le Feu, à caufe de fa faleure, & de fa graiffe.

Les Mers qui paroiffent eftre les plus noires, font celles qui ont plus de profondeur; & celles qui femblent eftre blanches, font celles qui en ont moins; celles qui ont leurs fables ou fond rouge, paroiffent rouges; & celles qui l'ont vermeil, paroiffent auffi vermeilles.

Les Mers du cofté du Nord font plus profondes que toutes les autres.

Les Anciens ont crû que la Mer la plus profonde n'avoit de profondeur que quinze Stades, ou un peu moins de deux milles, ce qui reviendroit à peu prés à une de nos lieuës de France: Mais les voyageurs Modernes, qui ont beaucoup plus d'experience que les Anciens, comme ayant couru & fondé la plus grande partie de l'Occean, ont rapporté que fa plus grande profondeur eft de deux milles & demy.

L'on fait d'ordinaire une queftion pour fçavoir fi la fuperficie de la Mer eft plus élevée que la fuperficie de la Terre. La plûpart des Philofophes tiennnent, que comme le corps de la Terre eft le plus

Le P. Fournier de l'Hydrog. l. 9. ch. 1. 26.

Davity du Monde. to. 1. de la Salure de la Mer, pag. 229.

Davity comme cy-deffus p. 235.

Davity comme cy-deffus p. 227.

Le P. Fournier comme cy-deffus pag. 337.

Davity comme cy-deffus p. 235.

Davity comme cy-deffus p. 228.

Davity comme cy-deffus p. 227.

pefant des Elements, il doit eftre placé dans la partie la plus baffe ;
& que l'Eau qui eft un autre Element, eft plus leger & plus élevé;
ils le prouvent par le rapport des Voyageurs, qui difent que quand
ils viennent de pleine-Mer vers quelque Rivage, la Terre leur paroît
eftre beaucoup plus baffe que leur fituation. Mais on leur répond
que c'eft l'effet de la rondeur du Globe Terreftre, & que fi la Mer
eftoit plus haute que la Terre, elle la couvriroit auffi-tôt, puifque
l'Eau tend en bas de fon naturel, avec d'autant plus d'impetuofité,
qu'elle trouve plus de pente; d'autres concluent, que fans s'arrefter,
ny à la pefanteur, ny à la legereté, il faut croire que la Mer & la
Terre unies enfemble, ne forment qu'un Globe ou maffe ronde,
ainfi qu'il a déja efté prouvé en parlant de la rondeur de la Terre.

Comme on a pas encore donné une jufte demonftration de la
regularité des Marées, nous nous contenterons de dire, que les plus
hautes fe font vers les Equinoxes de Mars & de Septembre, que
c'eft dans ces temps-là que la Mer enfle fes Eaux plus extraordinairement qu'en tout autre, & que les Marées les plus baffes, arrivent
dans les mois de Juin & de Decembre, vers les Solftices d'Efté &
d'Hyver.

*Le P. Four-
nier comme
cy-deffus p.
353.*

Des Eaux douces.

LEs Eaux douces peuvent eftre diftinguées fous les Noms de
Fontaines, Ruiffeaux, Rivieres, Torrents, Lacs, Eftangs,
Marefts, &c. Et comme elles font le principal fujet des Hydrauli-
ques, nous remettons à en parler dans un petit traité d'Architecture;
& l'on pourra, en attendant, lire le Livre du R. P. Jean François,
Jefuite, & de Pierre Italien, qui traitent de cette fcience.

Des Poissons.

QUOYQUE le nombre & la diversité des Animaux que la Terre produit, soient tres-grands, on asseure toutefois que la Masse des Eaux en nourrit davantage, sous une plus grande difference d'especes, que les Naturalistes ont pourtant reduites à deux cent quatre. La structure interieure des Poissons, n'est pas seulement dissemblable, mais encore l'exterieure : Car il y en a qui ont la peau couverte de poil, comme le Veau Marin, ou d'une peau toute rase, comme la Lamproye ; il y en a sans peau, & qui sont a chair nuë, comme les Poupes; il y en a qui sont couverts d'une écaille pierreuse, comme les Huistres, ou d'une plus douce, comme les Tortuës ; on en voit qui sont revestus d'une espece de croute, comme les Langoustes ; Enfin l'on en voit dont le dedans & le dehors sont tout à fait singuliers.

Le Dauphin fait une espece d'Arc, & a le dos recourbé, il nage avec plus de vitesse qu'aucun autre Poisson. Quand il veut attraper sa proye, il est obligé de se renverser en arriere ; la femelle porte dix mois ses petits, s'en délivre ordinairement en Esté, en fait le plus souvent deux à chaque portée, & les nourrit fort long-temps. On en a veu qui ont vescu jusqu'à trente ans ; ce qui s'est justifié par quelques-uns, à qui on avoit coupé la queuë, & qui par là se sont faits discerner aprés ce nombre d'années.

Le Marsouïn approche du Dauphin, & n'en differe que par l'œil, qui n'est pas si vif, & par le museau qui est plus ouvert & plus retroussé.

Le Veau Marin a le cry comme le mugissement d'un Veau ordinaire, & des aîles qui ne servent pas seulement à nager dans l'Eau, mais à marcher sur terre. La Femelle fait ses petits à terre, & les alaitte ; il n'y a point d'animal qui dorme avec un assoupissement plus profond.

L'Epaulard que les Islandois nomment *Narvual*, est un poisson qui ne se rencontre que dans le Mer Glaciale, sa teste ressemble à celle du Crocodile, & au dessous des yeux elle est armée d'une longue corne, que beaucoup de Curieux font passer pour celle de la Licorne, comme il a esté verifié par la dissection qu'on en a faite; il est marqué dans cette Stempe de la lettre A.

La Baleine est d'une grandeur prodigieuse, elle surpasse celle de

Pline Histoire Natur. liv. 9. chap. 13. & 11.

Relatiõ d'Island. attribuée à la Peyrere & imprimée à Paris en 1647. in 8.

FIGURE LXXXVII.

tout les autres Poiſſons , quelques-unes eſtant de 200. pieds de long. On tient que l'Eau de la Mer eſt ſon ſeul aliment, parce que dans le ventre de celles qu'on a ouvertes , on n'a trouvé qu'un peu de mouſſe, & quelques moucherons qui couvrent d'ordinaire la ſurface des Mers du Nord : Elles n'ont point de dents, leurs yeux ne ſont pas plus gros que ceux d'un Taureau ; ils ſont clairs & couverts de gros ſourcils, qui ont tant d'épaiſſeur , que dans leur vieilleſſe ils leur tombent ſur les yeux , & leur oſtent l'uſage de la veuë, de ſorte qu'elles ne peuvent plus découvrir ny éviter les Chaloupes des Peſcheurs ; la peſche s'en fait dans les Mers du Nord aux mois de Juïllet & d'Aouſt: l'huile qu'on tire de leur lard eſt d'un grand uſage dans les Païs où l'on n'a point d'huile de Noix ou d'Olive pour brûler ; on a veu des langues de Baleines de qui on a tiré 1500. livres d'huile, à d'autres 26. Barriques, & 120. Barriques de toute la Baleine.

On remarque aux Iſles Philippines un Poiſſon ſemblable aux Syrenes, que ceux de Liſle de Luçon appellent *Poiſſon-femme*, à cauſe que ſon viſage & ſon col, ſa teſte & ſon ſein, ſont tout à fait ſemblable à celuy des femmes, auſquelles il reſſemble auſſi par la maniere de leur accomplement avec le mâle ; ce poiſſon eſt grand comme un Veau, ſa chair a le gouſt de celle de Vache ; on le peſche avec des filets de cordes groſſes comme le doigt, & lorſqu'il eſt pris, on le tuë à coups de dards: ſes os & ſes dents ont beaucoup de vertu contre toute ſorte de dyſſenteries, principalement contre le flux de ſang.

Les Tortuës , au dire de Strabon , cité par Pline , eſtoient ſi grandes dans la Coſte des Indes, qu'une ſeule de leurs écailles ſuffiſoit pour couvrir une maiſon logeable ; & dans la Mer-Rouge il y avoit des Inſulaires qui ſe ſervoient ordinairement d'Ecailles de Tortuës au lieu d'Eſquif: Nos Voyageurs ont remarqué que les plus grandes n'ont environ que quatre pieds & demy, comme ſont celles que l'on trouve vers les Iſles Antilles. Les belles ne ſe trouvent que devers la Zone Torride ; l'on donne le nom de *Caret* à celles qui ont leurs Eſcailles de prix, à cauſe de leur beauté tranſparente, & de la varieté de leurs couleurs ; celles où domine le jaune ou le doré, ſont les plus eſtimées. L'on tient que la Tortuë eſt ſourde, & extremement défiante, mais qu'elle a la veuë fort aiguë ; la chair des fraiſches tuées eſt bonne à manger , ayant le gouſt de Veau, principalement quand elle eſt lardée & rôtie; celle que l'on ſale, a le gouſt du Bœuf : Ceux qui voyagent dans la Zone Torride , les

peſchent

Davity du Monde pag. 53. 85.

Relation des Iſles Philippines tom. 11. des Voyages recueillis par Thevenot in folio.

Pline tom. 1. l. 9. ch. 10.

Davity du Monde tom. 1. p. 87.

Le P. Fournier Hydrog. l. 4. ch. 30.

pêchent d'ordinaire avec des Crampons dans le temps des chaleurs : car alors cet Animal ne pouvant souffrir la chaleur de son escaille, prend plaisir à se renverser sur le dos, & flotte comme un petit bateau au gré des courans : Dans ce temps les Voyageurs ne manquent point de les harponner, & de les enlever dans leurs Bastimens. Celles qui viennent terrir, c'est à dire, qui viennent le soir à terre se reposer ou pondre leur Oeufs, sont attaquées par derriere par les Pêcheurs qui les renversent sur le dos, ou les laissant la nuit sans qu'elles puissent se retourner, à cause de leur pesanteur, & pour la petitesse de leurs quatre pieds; elles sont assommées le matin à coups de baston; l'on les attaque par derriere pour les renverser, à cause que leur morsure est tres-dangereuse & tres-difficile à guerir sur Mer; à celles qui sont cramponnées & enlevées de la Mer, avant que de les decramponner, on leur écrase d'ordinaire la teste à coups de bastons.

Le Harang est un Poisson fort connu dans les Païs Occidentaux de l'Europe, il ne nage que de compagnie, & par certains lits qui ont quelquefois dix & douze lieuës de longs, & deux ou trois de large ; ces poissons se pressent si fort les uns contre les autres, que souvent on a de la peine à retirer les *Seines* ou filets dont on les pêche, sans rompre plusieurs macles ; la pêche s'en faisoit anciennement dans la Mer Baltique, le long des Costes de *Livonie*, de *Pomeranie*, & de *Gotlande*, où il s'en trouvoit une si prodigieuse quantité qu'on les prenoit à la main ; & souvent les Matelots avoient peine à se servir des rames de leurs Chalouppes : Aprés un certain temps ils ont quitté la Mer Baltique, & se sont étendus le long des Costes de *Norvuege*, vers l'Isle de Merstrang, & dans ces derniers temps ils se sont venus ranger au Nord de l'Ecosse, proche des Isles Orcades ; où d'ordinaire on fait la premiere pêche dans les mois de Juillet & d'Aoust. Dans la fin de ce mois ils quittent cette Terre, & suivant les courrants du Nord, ils viennent vers le Midy; & les Pêcheurs qui ont accoûtumé de les suivre, font d'ordinaire la seconde pêche à la hauteur de *Germu*, ville du Comté d'Yorck, dans le mois de Septembre; & la troisiéme pêche qu'on appelle des petits Harangs, se fait entre *Calais* & *Dieppe*, depuis le mois de Septembre, jusque devers Noël, que le Harang double le Cap *Lezard*, qui est l'extremité Occidentale de la Terre de Cornuaille, & passe par la partie Occidentale d'Angleterre pour regagner le Nord de l'Ecosse. Les bonnes pêches se font d'ordinaire sur des fonds qui n'ont que quinze ou vingt brasses d'eau; ce qui fait que souvent en ces lieux, la multitude des Harangs rend la Mer fort luisante & grasse.

Tome I.   Q

Davity du Monde to. 1. pag. 88, 89. & le Pere Fournier comme cy-devant.

De la pesche des Moruës.

Denys l'Hist.
Naturel de
l'Amerique
Sept. tom. 2.
chap. 11.
pag. 27. &c.

LE grand Banc où l'on va pescher les Moluës ou Moruës, est une hauteur d'un fond de Mer qui s'éleve en de certains endroits jusqu'à vingt-cinq brasses au dessous de la surface de l'eau, & en d'autres endroits beaucoup moins, donne moyen aux Vaisseaux de flotter dessus sans danger ; ce qui le distingue des autres Bancs ou Bas-fonds.

Ce grand Banc est à l'Est & au Sud-est de l'Isle de Terre-Neuve. Sa longueur est de cent cinquante lieuës, & sa largeur de cinquante. Toutes ses extremitez sont taillées à plomb ou en escharpe ; de sorte que la partie exterieure qui borne son terrain, est une Mer où la sonde ne trouve point de fond. Quoy que le dessus de ce Banc ne fasse pas une mesme superficie, & qu'il y ait plus de fond en un endroit qu'en l'autre, chacune de ses parties est platte ; & c'est une Roche couverte de quantité de coquillages & de petits Poissons dont les Moruës se nourrissent.

Les Pescheurs distinguent deux sortes de Moruës, à sçavoir la Blanche ou la Verte & la Seche. Ils appellent Moruë Seche celle qui est propre à estre sechée, & qui se conserve long-temps sous le nom vulgaire de Merluche, & celle-là se pesche entre les Isles de l'Assomption & de Cap-Breton Mais la Blanche ou la Verte, qui est celle qu'on porte ordinairement à Paris, se pesche sur le grand Banc, & s'y trouve souvent en si grande quantité, que les Bâtimens de Mer ont peine à flotter dessus.

Le temps de la grande pesche est dans le mois de Septembre & d'Octobre: Elle se fait avec des lignes de la grosseur d'un tuyau de plume, & garnies d'un hameçon où l'on met pour amorce des foyes de Moruë avec un morceau de Harang, dont la peau a un certain éclat que les Moruës apperçoivent & qui les attire. Un bon Pescheur en prendra jusqu'à trois ou quatre cens par jour; Mais la pesche est facheuse & fatiguante lorsque le Poisson tient au Banc, & qu'il ne vient pas nager proche la surface de l'eau.

Les Terres-neuviers, c'est ainsi qu'on appelle ceux qui vont à cette pesche, y conduisent tous les ans prés de 250. petits Bâtimens des côtes de France ; & c'est une chose surprenante, comme ils peuvent donner leurs Moruës à un prix si bas comme ils font, veu les frais & les risques qu'ils courrent dans un si long trajet.

FIGURE LXXXVII.

De la Pesche des Perles.

Davity de
l'Asie pag.
363. & 360.
du tome I.

Tavernier
l. 2. c. 20.
du Voyage
des Indes.

LA Coste qui s'estend depuis le Cap de *Comory* jusqu'aux Bancs de *Chilao* ou *Quilao*, & l'Isle de Ceilan est nommée la Coste de la Pescherie, à cause que l'on y trouve des Huitres qui fournissent les plus belles Perles de l'Orient.

Il se pesche aussi des Perles vers l'Isle du Japon ; mais elles sont moins estimées que les precedentes, aussi bien que celles qui se trouvent vers la Ville d'Elcatif, & de l'Isle de Baren dans le Golfe de Balsora, où elles sont fort Baroques, c'est-à-dire raboteuses, celles qui sont plattes d'un costé & rondes de l'autre, s'appellent Tabourrins.

Les costes d'Arabie en produisent aussi de defectueuses, aussi bien que dans plusieurs lieux de l'Amerique, principalement aux environs de Panama où sont les Isles qui pour cette occasion s'appellent les Isles des Perles. On en tire aussi prés de la Riviere de la Hacha sur le Golfe Mexique.

Sur la coste de Coromandel on ne fait pas la pesche reglément toutes les années ny toûjours aux mesmes endroits; car on choisit les Bancs de sable & les Rochers où il y a plût davantage le long de l'année; mais pour les saisons de la pesche elles sont fixes: la premiere en Mars, qui dure jusqu'en Avril; la seconde, qui est toûjours la meilleure, commence au mois d'Aoust & finit en Septembre.

Les Pescheurs sont d'ordinaire des Mahometans de la Coste, ou des Idolâtres de l'Isle de Ceylan : Les premiers ont un bandeau qui leur couvre les yeux, & du coton qui remplit le creux de leurs oreilles, avec des pincettes qui leur serrent le nez : Mais les Idolâtres sont plus hardis & ne prennent que le bandeau, ils se mettent tout nuds dans des Barques ayant seulement une toile de plusieurs couleurs decoupé en languettes, qui de loin ressemblent à des plumes, & qui leur couvrent ce que la pudeur veut que l'on cache. Aprés leur avoir attaché une corde sous les bras, ils plongent dans la Mer ; & pour aller à fonds plus vîte, ils mettent au pied une pierre qui pese vingt ou trente livres : le fond où l'on trouve les Huitres, n'est que depuis trois ou quatre brasse jusqu'à quatorze ou quinze.

Les Pescheurs mettent leurs Huitres dans un sac qui est attaché à leur ceinture ; & quand il en est plein, ou que l'haleine leur manque

FIGURE LXXXVIII.

que, ils branlent la corde qui les tient comme fuspendus, & alors les gens de la Barque les retirent.

Il y a des Pefcheurs qui vendent chaque jour leur pefche en bloc, bonne ou mauvaife. Les plus judicieux donnent aux Huitres fept ou huit jours de temps pour s'ouvrir d'elles-mefmes, & quelques-fois dans chacune on trouve fix ou fept Perles, bien fouvent pas une. Quand il s'y en rencontre cinq ou fix, il y en a toûjours une qui fe diftingue des autres par la groffeur & par la beauté de fon eau, c'eft-à-dire par fa blancheur.

Les Perles fe produifent naturellement dans l'Huitre comme les œufs dans le ventre d'une Poule ; elles font molles dans la coquille & quelquesfois attachées à la chair de l'Huitre, quelquesfois fe-parées.

Le Vinaigre a la proprieté de les diffoudre, & l'Air a celle de les endurcir ; les plus blanches & les plus rondes font celles qui font d'un plus grand prix : l'on tient qu'Ollia Paulina en portoit d'ordi-naire pour la valeur d'un million On eftime que Cleopatre en avoit deux qui valoient un million & demy, que Marc-Antoine en man-gea une diffoute dans du vinaigre.

Le Roy de Perfe en a une qui luy a coufté un million quatre cens mil livres. Elle a efté pefchée auprés de la ville d'Elcatif : Le grand Mogol a voulu donner quarante mil écus d'une autre qui appar-tient au Prince de Mafcate en Arabie.

La Perle en poudre eft bonne pour un grand nombre de maladies.

Les Perles communes rouffiffent au Soleil, & deviennent haflées & blafardes; mais la vraye Perle a un luftre argenté, qui ne fe ternit point.

De l'Ambre selon les Anciens & les Modernes.

PLine dit qu'il vient de quelques Isles de l'Ocean Septentrional *Pline liv.* qui lavent les Costes de la Germanie, & qu'il est produit de cer- *37. chap. 3.* tains Arbres qui ressemblent aux Pins , de la mesme façon que la Gomme vient sur les Cerisiers , & la resine sur les Pins. Les Arbres qui le produisent sont extrememement gras & remplis d'humeurs gluantes qui rendent cette liqueur, qui se congele au froid, ou se cuit aux chaleurs de l'Autonne ; & la Marée venant à s'élever , l'emporte & l'entraîne vers les Costes de la Germanie ; la plus grande pie- ce qu'on ait remarqué, pesoit treize livres; mais *Boëtius* dit en avoir veu une piece plus grosse qu'un Cheval ; Il y a plusieurs especes d'Ambre; mais les plus estimées sont ceux dont la couleur tire sur l'œil de Perdrix, ou sur la couleur de vin , toutesfois on fait grand estat de l'Ambre qui a le lustre du Miel cuit.

Il a la proprieté, estant échauffé & frotté entre les doigts, d'atti- rer la paille & les feuilles seiches, tout ainsi que l'Aimant attire le fer ; & selon le mesme Historien , il a la vertu de guerir des Escroüelles.

Corneille Tacite dit qu'il ne se trouve nulle part de l'Ambre *Davity du* que sur les Costes de la Mer Suevique , que l'on nomme au- *Monde to 1.* jourd'uy Mer Baltique : En effet , depuis tant de Siecles *page 84.* qu'il vivoit , nous n'en avons point découvert qu'en cette Mer, *Corollaire* particulierement aux Costes de Prusse. On croit qu'il vient des *d'un Voyage,* Pins & Sapins qui sont sur le rivage de la Mer, ou sur les Rivieres *&c.* qui distillent cet Ambre, principalement aux mois de Juin, Juillet, Aoust, & que la Mer le recevant , le jette durant les tempestes aux Costes de la Prusse.

Du Corail & de la maniere que l'on le pêche selon les Anciens & Modernes.

Pline liv. 32. chap. 2.

Davity du Monde tom. 1. Colloraire d'un Voya- ge, &c.

Tavernier tom. 2. liv. 2. ch. 23. des Indes.

LEs Anciens Indiens estimoient autant le Corail que nous esti- mons les Perles. On trouvoit du Corail dans le Golfe Persique, que l'on appelloit *Face*, & celuy de la Mer Rouge estoit noir ; on en trouvoit aussi de fort beau dans le Golfe de la Gaule, aux en- virons des Isles Stœchades & dans la Mer de Sicile, prés de Drepa- ne ; comme aussi prés des Costes de la Campanie aux environs de Naples. Pline dit que dans la Mer il est fait en maniere d'un Arbris- feau vert, & que ses boutons y font blancs & tendres ; mais qu'é- tant tirez de l'eau, ils rougissent & s'endurcissent.

Maintenant on en trouve sur les Costes de Catalogne, & aux envi- rons de l'Isle de Majorque, &c. Comme aussi prés de Toulon & du Cap Cerchiech en Provence. Il y en a aussi aux environs des Isles de Corse, Sardaigne, & Sicile, & en quelques endroits de la Coste de Barbarie.

Un Voyageur Moderne asseure qu'il n'est point mol ny tendre dans la Mer, & qu'il croit sous des Rochers creux & élevez dans une eau tres-profonde : Il ajoûte qu'en certains mois de l'année on tire du bout de la branche, en le pressant, une espece de laict com- me de la mammelle d'une femme ; & cela pourroit bien estre com- me la semence, laquelle tombant sur quelque chose que ce soit, qui se trouve dans la Mer, y produit une autre branche de Corail, ainsi qu'il s'en est trouvé sur une Teste de Mort, sur une Lame d'Epée, & sur une Grenade qui estoit tombée dans la Mer, où il s'estoit en- trelassé des branches de Corail de la hauteur d'un demy pied ; ceux qui le pêchent, attachent d'ordinaire deux chevrons ou pieces de bois en Croix, & mettent une masse de plomb au milieu pour les faire aller à fond ; puis ils couvrent les chevrons de chanvre touffu qui est tortillé negligemment, gros comme le pouce, ils attachent au bout de ces pieces de bois deux cordes qui répondent aux deux extremitez d'une Barque ; ensuite ils laissent aller cette croix au courant de l'eau, le long des Rochers, où le Chanvre s'entortille autour du Corail, puis retirent cette Machine avec force, on entraîne avec elle le Co- rail qui s'est engagé dans le Chanvre.

L'on dit qu'il y a des Plongeurs de Barbarie assez adroits & har- dis pour l'aller pêcher à la main, ayant devant les yeux des Lunet- tes

FIGURE LXXXIX.

tes qui leur servent à le distinguer d'avec une certaine racine qui n'est d'aucune valeur, & qui luy a beaucoup de ressemblance. Ce qui s'accorde avec ce que Tempeste a autrefois gravé dans ses Estampes, d'où j'ay tiré le dessein qui est en la page precedente.

Le plus rouge est estimé le meilleur, quand il a quantité de branches, & qu'il n'est point raboteux ny pierreux, & qu'il est massif, sans estre vuide ny troüé.

Les Indiens, & mesme beaucoup d'autres Nations croyent, que si on en porte sur soy, il détourne plusieurs malheurs, & sur tout l'effet des Sortileges. Et d'ordinaire c'est pour cette precaution qu'ils en pendent une branche au col des enfans.

On tient qu'estant calciné & beu en cendre avec de l'eau, il empesche les douleurs des tranchées, de la Vessie, de la Gravelle, &c.

De la pesanteur des choses liquides , & de la clarté
des Eaux.

UN Pied Cubique d'Eau de Mer , c'est à dire , un pied
d'Eau quarrée en tous sens, pese soizante & treize livres , onze
onces, trois gros, cinq grains.

   Un Pied Cubique d'Eau douce pese soizante douze livres.

   Un Pied Cubique de Vin , soixante dix livres & treize onces.

   Un Pied Cubique d'Huile , soixante & six livres.

   On fait d'ordinaire une question, & l'on demande pourquoy l'Eau
de la Mer qui est plus pesante que celle des Rivieres,est neanmoins plus
claire. Aristote répond que cela peut venir de ce que l'Eau de la Mer
est plus pure & moins mêlée de terre , parce que le sable va au fond,
à cause de sa pesanteur , & que la Mer estant fort creuse , si elle
n'est agitée de vent, elle ne peut difficilement recevoir aucun mélange : Au contraire, l'Eau des Rivieres & des Fontaines , bien que
pure & subtile , n'estant pas beaucoup éloignée de son fond , qui
est toûjours mêlé de quelque limon , en contracte quelque impu-
reté , soit par leur agitation, ou par leurs cours rapide , ou pour le
voisinage de la Terre. Selon Davity, les Chymistes asseurent que
les Corps les plus homogenes , ou d'une mesme nature , sont les
plus transparens ; & qu'ils ont experimenté plusieurs fois , qu'ayans
dissous plusieurs corps, & en ayant tiré toutes les qualitez & parties étrangeres, il ne se pouvoit rien voir de plus clair & diaphane
qu'un corps composé de parties homogenes. Là-dessus il fonde la
cause qui fait paroistre l'Eau de la Mer si claire , bien qu'elle soit
plus épaisse , ce que l'on remarque journellement au Cristal, quoyqu'il soit massif.

Science des
Nombres par
P. Mallet
pag. 197.

Davity
tom. 1. du
Monde page
234.

Des Vaisseaux qui servent à courir les Mers.

ON donne le nom de Bord ou de Bâtiment à toutes sortes de Vaisseaux de quelque construction & de quelque grandeur qu'ils puissent estre , tant aux Vaisseaux Marchands qu'à ceux qui sont armez en guerre

La capacité d'un Vaisseau se connoist par la quantité de sa charge , selon qu'il porte plus ou moins de Tonneaux ou de Quintaux.

Le mot de Tonneau signifie en matiere de Marine le poids de deux mil livres; de sorte que lors qu'on dit qu'un Bâtiment est de quatre cens Tonneaux , on entend que sa charge est de huit cens mille livres pesant.

De mesme , le mot de Quintal est pris pour un poids de cent li-livres : Ainsi quand on parle d'un Bâtiment de huit mil Quintaux, on veut dire que sa charge est de huit cens mil livres.

A, est un Galion. Autresfois le mot de Galion signifioit seulement les plus gros Vaisseaux qu'on armoit en guerre, mais depuis que les Hollandois en ont fabriqué d'aussi grands pour le negoce , & qu'on leur a donné le nom de Navire ; le mot de Galion s'est évanouy , si ce n'est parmi les Italiens,& sur tout parmi les Espagnols qui appellent Galions tous les Vaisseaux qui font la traversée d'Espagne au Perou, sans avoir égard à la grandeur ny à la Figure de leur construction.

B, Une Fregate espece de Vaisseau de guerre, n'a d'ordinaire que deux Ponts , & est construite de charpente legere pour estre meilleure voiliere : son second Pont ou Tillac d'enhaut est plus plat que celuy des autres Vaisseaux , afin de pouvoir combattre dessus avec plus d'avantage.

C, Caraque , ou grand Vaisseau dont les Portugais se servoient pour les Voyages de long cours. Il avoit trois Ponts , & estoit equipé moitié guerre, moitié marchandise : Ils ont aujourd'huy à peu prés les mesmes Vaisseaux ; mais ils leur donnent rarement le nom de Caraque.

D, Flute ou Pinque , c'est-à-dire un Bâtiment fort de bordage, & propre à transporter des Marchandises , & à servir d'Hospital & de Magazin à une Armée Navale : Elles sont armées de quelques petites pieces de fonte & de fer , & de quelques Pierriers , qu'on loge derriere le platbort.

E, Est un Brulot ou Bâtiment chargé de feux d'artifice & armé de grapins , ou de crampons pour accrocher les Vaisseaux que l'on veut embrazer; le Brulot est accompagné d'une Chaloupe où se retirent ceux qui mettent le feu aux artifices.

FIGURE XC.

253

Noms des principales parties d'un Vaisseau.

A. Est le corps du Vaisseau, c'est à dire, l'assemblage de toutes les pieces de Charpenterie qui forment le Bastiment ; il est divisé par des Etages qu'on appelle *Ponts* ou *Tillacs*. L'intervalle entre deux Ponts sert à mettre une partie des Marchandises, & à loger les gens de l'Equipage ; l'autre partie des Marchandises se met à fond de cale, c'est ainsi qu'on appelle l'espace qui est au dessous du Pont le plus bas. C'est aussi dans ce fond de Cale qu'on met le *Lest*, c'est à dire un amas de cailloux, de sable, ou de quelque autre matiere pesante, propre à tenir le Vaisseau en assiette sur l'eau ; les ouvertures qui sont sur les flancs du Vaisseau, tant à *Stribord* qu'à *Basbord*, c'est à dire, tant à main droite qu'à main gauche, s'appellent *Sabords*, & servent à passer la bouche des Canons.

B. Est la proüe ou l'Avant du Vaisseau, c'est à dire, la partie du Vaisseau qui se presente la premiere vers le lieu où l'on fait voile. La pointe de la Proüe qui s'avance en Mer, s'appelle *Eperon*. Les Cuisines sont à l'avant du Vaisseau, *le Pont couppé* ou demy-Pont, qui regne sur la proüe des grands Vaisseaux, s'appelle *Chasteau-davant*, ou *Gaillard davant*.

La *Pouppe* ou l'Arriere du Vaisseau, c'est l'endroit où sont pratiquées les differentes chambres qui servent pour le Conseil, & pour le logement des Capitaines, & des Officiers. Le plus haut de ces Etages s'appelle la *Dunette*, & le Pont Couppé, ou demy Pont, qui regne sur l'Arriere, se nomme *Château d'Arriere*, ou *Gaillard d'Arriere*. A l'extremité de la Dunette, sont les Fanaux & Lanternes. Dans une Armée Navale l'Admiral porte quatre Fanaux ; mais le Vice-Admiral, le Contre-Admiral, & le chef d'Escadre, en portent chacun trois ; les autres Vaisseaux n'en mettent que chacun un. Dans les Grands Vaisseaux, l'ordre des Chambres, ou appartemens de la Pouppe est disposé de telle sorte, que la Chambre du principal Pilote est au dessus de celle du Capitaine, & c'est d'ordinaire devant sa porte qu'est l'*Habitacle*, ou Chambre du *Compas*, ou *Boussolle*, qui sert à pointer le Navire, la Chambre du Capitaine est au dessus de celle du Conseil ou des Volontaires, & sous celle des Volontaires, est la *Sainte Barbe* qui sert aux Canoniers ; sous la sainte Barbe est la *Soute*, ou

le plus

FIGURE XCI.

le plus bas étage, deſtiné aux Poudres & au biſcuit. Le Gouvernail eſt attaché à la partie exterieure de la Pouppe.

D. eſt le Mats d'Artimon, Mats de Foule, ou Mats de l'Arriere, avec ſon Mats de Perroquet appliqué à ſon bout; chaque Mats eſt accompagné de ſa *Vergue*, c'eſt à dire, de la longue piece de bois qui porte la voile.

E, eſt le grand Mats élevé à peu prés au milieu du Vaiſſeau. Bout à bout du grand Mats s'éleve le grand Mats de Hune; & bout à bout de celuy-cy s'éleve le grand Perroquet.

F, eſt le Mats de Miſaine, ou Mats d'Avant, avec ſon Mats de Hune, & ſon Perroquet.

G, eſt le Mats de Beaupré avec ſon Perroquet.

H, ſont les Haubans ou gros cordages qui ſervent à tenir les Mats en leur aſſiette, & à monter ſur les Hunes, qui ſont de petites Plattes-formes pratiquées au ſommet des Mats.

Le deſſein du Vaiſſeau, qui eſt repreſenté dans la page precedente, a eſté deſſiné ſur un Navire Portugais, qui a paſſé pour le plus grand qui ait eſté conſtruit de noſtre ſiecle: Il a eſté baſty à Goa, & eſt à preſent abandonné à un petit Port du Tage, proche d'Aldea-Gallega, à trois lieuës de Lisbone. Il y a cent quatre-vingt pas de Quille, ou de longueur par la partie d'en bas, ſix Ponts ou ſix Tillacs, 180. Sabords & autant de Canons de fonte. Son Leſt eſtoit de quatre mille Caiſſes de Sucre, chaque Caiſſe peſant quinze cens livres, & de deux mil cinq cens gros Rouleaux de Tabac: Il eſtoit ordinairement monté de trois à quatre mille hommes. Don Franciſque de Lima, Vice-Roy des Indes Orientales, le fit faire l'année 1664. & le nomma *Pere Eternel.*

FIGURE XCII.

Des Agreils d'un Vaisseau.

M. Guillet, *Dictionaire des Arts de l'Homme d'Epée.*

SOus ce nom les Pilotes & les Gens de Mer comprennent d'ordinaire les Equipemens des Cordages des Voiles, & des autres pieces qui servent à la Manœuvre d'un Vaisseau. Et sous le mot de Manœuvre ils entendent parler de l'usage de ces pieces, & du travail des Matelots qui facilite la conduite du Navire.

Les principaux Cordages d'un Vaisseaux qui sont marquez de lettres dans le dessein du present Navire sont,

A, Les Bras.
B, Les Balancines.
C, Les Guinderesses.
D, Les Gallebans.
E, Les Haubans.
F, Les Enflecheures.
G, Les Cargues.
H, Les Ecoutes.
I, Les Etays.
K, Les Itacles.
L, Les Issas.
M, Les Couets.
N, Les Boulines.
O, La Sauvegarde, &c.

Les Bras sont des Cordages amarez, où liez au bas d'une vergue, & servent à tourner & gouverner les vergues selon le vent.

Balancines ou Valancines, sont des Cordes qui descendent des Hunes, qui viennent se rendre sur chaque bout d'une vergue où elles sont amarées, afin de balancer la Vergue & de la tenir en assiette.

Guinderesse est un Cordage qui sert quelquesfois à guinder & à amener un Mats ou une Voile.

Gallebans ou Galaubans sont des Cordages qui tiennent les Mats de Hunes dans leur assiette; à chaque Mats de Hune il y a deux Galaubans; l'un à Stribord, & l'autre à Babord.

Les Haubans, nous avons dit dans la page precedente que c'étoit de gros cordages qui servoient à tenir les Mats dans leur assiete.

Anflecheures sont des Cordages qui traversent les Haubans en forme d'Echellons.

FIGURE XCIII.

Cargues font des Cordes deftinées à trouffer & relever des Voiles , on les diftingues en Cargues-point , en Cargue-fond & en Car-
gue-Boulines.

Ecoutes font des Cordages qui font amarez aux deux points
d'embas de chaque Voile ou de chaque Bonnette, pour la tenir en
eftat , & luy faire prendre le vent.

Etay eft un gros Cordage qui par le bout d'enhaut fe termine à
un Colier pour faifir le Mats , & par le bout d'embas va répondre
à un autre Colier qui le bande & le porte vers l'avant du Vaiffeau
pour tenir le Mats dans fon affiette & l'affermir.

Itacle eft un Cordage amaré par le bout d'enhaut au milieu d'une
Vergue contre les Racages , & par le bout d'embas à l'Iffas pour
faire couler la Vergue le long du Mats ; Racages font de petites bou-
les de bois enfilé l'une avec l'autre comme des grains de Chapelet,
& mifes à l'entour du Mats vers le milieu de la Vergue qui porte
fur ces racages pour courir plus librement fur le Mats.

Iffas ou Driffe eft une Corde qui fert à guinder & à amener une
Vergue ou un Pavillon.

Couets font de groffes Cordes amarées aux deux points d'en haut
de la grande Voile , & aux deux points d'embas de la Mifaine vers
l'avant du Vaiffeau , ils fervent à porter une de ces deux Voiles de
l'un des bords du Vaiffeau fur l'autre bord , felon que le vent change ou que l'on veut changer de Bordée ; Bordée eft le cours d'un
Vaiffeau depuis un revirement jufqu'à l'autre.

Boulines eft une Corde amarée vers le milieu de chaque cofté
d'une voile , & qui fert à la porter de biais pour prendre le vent de
cofté, afin que le vent donne mieux dans la voile.

Sauvegarde ou Tirevieille eft une Corde qui fert pour marcher
en feureté fur le Mats de Beaupré , lorfque les Matelots font quelques
Manœuvres de la Sivadiere , &c.

FIGURE XCIV.

Noms des principales Voiles d'un Navire.

M. Guillet,
Dictionaire
des arts de
l'Homme
d'Epée.

ON sçait que la Voile est l'assemblage de plusieurs pieces de toile ou d'étoffe que l'on attache aux Vergues & aux Etayes pour prendre le vent qui doit pousser le Vaisseau , & qu'elles prennent d'ordinaires leurs noms du Mats où elles sont attachées. Leurs principaux noms, sont,

A , Voile du Perroquet de Beaupré.

B , Voile de Sivadiere.

C , Voile du Perroquet d'Avant.

D , Voile du petit Hunier.

E , Voile de Misaine.

F , Voile du grand Perroquet.

G , Voile du grand Hunier.

H , Voile d'Etay , &c.

La Voile du Perroquet de Beaupré ne se porte guere que dans le beau temps ; car si le vent estoit forcé, elle mettroit le Vaisseau en danger de s'ombrer sous Voile, c'est-à-dire de le renverser par quelque grand coup de vent qui le feroit perir & couler bas.

La Voile de Sivadiere ou de Beaupré est la plus basse du Navire, elle prend le vent à fleur d'eau.

La Voile du Perroquet d'Avant est celle qui est appareillée à la Vergue du petit Mats de Hune du Perroquet d'Avant.

La Voile du Petit Hunier est celle qui est appareillée à la Vergue du Mats de Hune d'Avant.

La Voile de Misaine est celle qui est appareillée à la vergue du Mats de Misaine , que l'on appelle quelquesfois Mats de Bourcet d'Avant , &c.

La Voile du grand Perroquet est celle qui est appareillée à la vergue du Mats du grand Perroquet , on ne la porte guere que dans le beau temps , de peur qu'elle ne fit s'ombrer sous voile le Vaisseau en prenant trop de vent.

La Voile du grand Hunier est celle qui est appareillée à la vergue du grand Mats de Hune.

La grande Voile , la Cape ou le grand Pacsi , est la Voile qui est appareillée à la vergue ou antenne du grand Mats.

La Voile d'Etaye est ainsi nommée à cause qu'elle est appareillée au grand Etay ; elle est coupée à tiers points, & est de figure Triangulaire , elle sert d'ordinaire pour aller à la Bouline.

FIGURE XCV.

I. Grande Voile.
K. Voile de Peroquet d'Artimont
L. Voile d'Artimont.
M. Pauillon

Des Galeres.

LEs Galeres font des Bâtimens de bas-bord, qui vont à voiles &
à rames, & qui font propres fur la Mediterranée, à caufe qu'on
ne perd guere la Cofte de veuë fur cette Mer, & que les Galeres
n'eftant pas d'une conftruction à refifter aux Orages, ne s'éloignent
gueres des Terres, & fe hazardent rarement à faire Canal, c'eft à dire,
à faire de grandes traverfées, fans fe mettre fur le fer, ou mouïller
l'ancre. Dans un calme l'ufage des Rames leur donne un grand
avantage fur les Vaiffeaux de haut bord; mais elles ne font jamais
d'une grande refource pour le negoce, à caufe de leur peu de capacité; leur Avant & leur Arriere fe diftingue par les mots de Prouë
& de Pouppe. Il y a de deux fortes de Galeres, à fçavoir des Subtiles ou Legeres, qui ne font plus gueres en ufage; & de Baftardes,
qui font celles dont nous nous fervons.

Les Galeres Subtiles ont leur Prouë & leur Pouppe terminées en
pointe. Les Baftardes ont la Pouppe large, comme celle qui eft
icy reprefentée; leur longueur eft à peu prés de 22. toifes, leur largeur dans le milieu eft prefque de trois, & leur profondeur dans ce
milieu eft de fix pieds.

Ordinairement une Galere a cinquante Bancs, à fçavoir, vingt-
cinq par bande ou cofté, pour affeoir la Chiurne. Le mot de Chiurne
fignifie les hommes deftinez à manier la rame, & ceux-là fe diftin-
guent en Forçats, qui font condamnez à cette fonction, & l'exer-
cent par force; & en Bonavoglies qui s'y mettent volontairement
pour un falaire dont ils conviennent. Chaque Banc à fa Rame, &
chaque Rame quatre ou cinq hommes. Entre les Bancs de main
droite, & ceux de main gauche, il y a de Prouë à Pouppe, un intervalle ou Paffage qui s'appelle le Courfier.

A. eft un Tendelet ou Couverture en façon de Tente, qui eft
quelquesfois de Coton, quelquefois de gros drap, & qui fe met fur
la Pouppe pour fe garantir des Rayons du Soleil, & des injures du
temps.

B. eft l'Arbre de Meftre, ou le plus grand des deux Mats qui
font arborez dans une Galere.

C. eft le Trinquet ou le Mats d'avant de la Galere.

D. font les Antennes ou Vergues qui portent les voiles, chaque
Antenne eft compofée de deux brins de bois.

E. font les Calcets qui ont les Poulies deftinées à paffer les cordages pour hauffer & baiffer les Antennes.

FIGURE XCVI.

Des Bâtimens qui sont en usage sur les Costes de l'Ocean, aux environs de l'Asie & de l'Afrique.

A Est un Navire Chinois, il y en a de differente grandeur sur ce Gabarit, ou modele. Les plus grands ont deux Ponts, avec un Château d'Avant, & un Château d'Arriere; mais la Prouë n'a point d'Eperon. Ils ont deux Mats, le Grand, & celuy de Misaine; leurs Voiles sont tissuës de roseaux nattez, & leurs Ancres d'un bois extremement dur.

B. est un Navire Indien, equippé en guerre & en marchandise. L'Eperon est armé d'une longue piece de fer fort aiguë. La Pouppe a une couverture particuliere faite en voute & en cintre. Autour de la Pouppe regne une Galerie avec des appuis ou balustrades, qui portent le fanal à l'Arriere. Ces vaisseaux sont à deux Ponts, & n'ont qu'un Mats qui porte une Voile de gros cotton, ils vont à voiles & à rames.

C. est une Barque legere qu'ils appellent *Almadia.* Il y en a qui vont à la Rame, & d'autres à la Voile. Ces derniers n'ont qu'une seule voile appareillée à un petit Mats. Le Matelot qui les conduit, tient à sa main quatre cordages, à sçavoir les deux Bras amarez ou attachez à la vergue, & les deux Ecoutes amarez ou attachez aux deux coins du bas de la Voile. Il les manœuvre sans bouger de sa place, & conduit l'Almadia avec beaucoup de dexterité. Celles qui vont à Rames, sont tres-basses de bordage; & pour empescher qu'elles ne coulent bas quand elles tiennent le large de la Mer, il y a de grandes pieces de bois mises de travers d'un bord à l'autre pour soûtenir d'autres pieces de bois qui tiennent l'Almadia en son assiette, & la mettent toûjours à flot.

D. est une espece de Barque Indienne qu'on appelle *Tonne.* Elles ne sont faites que d'un gros tronc d'arbre que l'on a creusé. Il y en a du port de vingt Tonneaux; deux Rameurs les font ordinairement voguer à l'entrée des Rivieres, & le long de la Coste, pour porter de l'Eau douce aux grands Vaisseaux.

E. est encore une Barque Indienne faite d'un tronc de bois creusé. On les appelle *Palegua*; à peine peuvent-elles tenir quatre ou cinq personnes, & sont fort sujettes à se renverser; mais quand mesme cela arrive en pleine Mer, les Indiens qui sont d'excellens nageurs les relevent avec beaucoup d'adresse; & les ayant mis dans leur assiette, entrent encors dedans & continuent leur route. On se sert aussi de ces Barques sur les Costes d'Afrique.

Linschot, des Figures de son Livre & de celles de l'Ambassade des Hollandois de Batavia à la Chine, fait l'année 1655.

FIGURE XCVII.

Des Vaiſſeaux ou des Bâtimens qui ſont particuliers à l'Amerique

Herrera In des Occidentales pag. 138.

LEs Americains appellent Canots ou Canors les Bâtimens qu'ils ont inventez pour leur uſage : ils leur donnent ordinairement deux toiſes de longueur , & deux pieds de large par le milieu ; car les deux extremitez ſont aiguës & finiſſent en pointe. Pour la profondeur, elle eſt reglée ſur la hauteur d'un homme qui ſeroit aſſis, & enfermé depuis les pieds juſqu'au deſſous des aiſſelles.

Le corps du Bâtiment eſt de l'écorce de leur plus gros arbres qui ont le tronc de la groſſeur d'un muid. Ils levent cette écorce quand l'Arbre eſt en ſeve , & la fortifient avec des lattes larges de quatre doigts , & qui ont aſſez de longueur pour ſe venir aſſembler aux extremitez du Canot. Ils ont d'autres lattes poſées en travers ſur les premieres pour ſervir de coſtes au Bâtiment , & en faire la liaiſon: Les Lattes ſont ordinairement de bois de Cedre pour eſtre plus legeres. Quand une écorce n'a pas aſſez de largeur ou qu'elle vient à pourrir en quelque endroit, ils y en ajoûtent quelques autres , & les couſent fort proprement avec du fil qui eſt fait d'écorce de ſapin fendu en trois ou quatre brins. Ils percent l'écorce avec des os de poiſſons fort aigus , dans les lieux où ils n'ont point l'uſage des Poinçons de fer, & appliquent de la Gomme ſur la couture pour tenir lieu de gouderon. Ils ſont d'une conſtruction ſi legere , que les plus grands qui tiennent ordinairement huit ou dix perſonnes, peuvent eſtre portez facilement ſur les épaules de deux hommes.

Ces Canots vont à rame & à voile: leurs rames ſont de bois de haître , & le bout qui porte dans l'eau, reſſemble à la peſle d'un four. Leurs voiles ſont de natte, ou de quelques peaux appreſtées.

Les Peuples de l'Amerique Meridionale prennent encore deux de ces Canots pour en compoſer un ſeul Bâtiment , tel qu'il eſt icy repreſenté par la lettre A. Ils mettent ces deux Canots à la diſtance d'une toiſe plus ou moins , ſelon la largeur qu'ils veulent donner au Bâtiment , & les arreſtent par de groſ… pieces de bois qui en ſoûtiennent le Pont.

B, eſt une maniere de Tente ou de couverture faite de natte pour loger leurs Femmes & leurs Marchandiſes.

C, eſt le Mats élevé ſur un des travers qui porte d'un Canot à l'autre.

D, eſt la Vergue ou l'Antenne où ils appareillent leur voile , cette Vergue eſt preſque de la longueur du Canot.

E, eſt la voile faite d'un tiſſu de natte auſſi bien que les cordages.

F, eſt une rame qui ſert à la conduite du Canot.

FIGURE XCVIII.

DESCRIPTION
DE
L'UNIVERS
LIVRE TROIZIE'ME.
DU
CONTINENT SEPTENTRIONAL
ou Terres Arctiques.

De la Division generale du Continent Septentrional de la Terre de Jesso, de la Nouvelle Zemble, du Détroit de Vvaigats, des Isles de Staten-Eyland & de Maurice, des Terres de Spitzberg, de l'Isle d'Islande, de la Groenlande, &c.

Division generale du Continent Septentrional ou des Terres Arctiques.

APRE'S avoir parlé du Globe Terrestre en general dans le second Livre, nous décrirons dans celuy-cy, suivant l'ordre que nous avons étably d'abord, les parties les plus Septentrionales du Globe Terrestre que l'on nomme ordinairement les *Terres Arctiques.*

Ces Païs nous sont encore la plûpart inconnus à cause des froidures excessives qui y regnent, de la grande quantité de Glaces

qu'on y rencontre, ce qui en empéche la découverte. C'eſt pourquoy on n'en doit point attendre des deſcriptions auſſi regulieres que
celles que nous eſperons donner des autres parties de la Terre.

On a donné le nom de *Terres Arctiques* au Continent Septentrional, parce qu'il eſt ſous le Pole Septentrional, & aux environs
du Cercle Arctique ; ce nom vient de ce que le Pole Septentrional chez les Aſtronomes eſt nommé *Arctique*, du mot *Arctos*,
que les Grecs ont appliqué à la conſtellation du Ciel, qui eſt la
plus proche du Pole, ainſi que nous l'avons expliqué dans la page
22. du premier Livre de cet Ouvrage en parlant des Poles du
Monde.

Sous le nom de Continent Septentrional nous renfermerons,
La Terre de Jeſſo,
La Nouvelle Zemble,
Les Terres de Spitzbergue,
L'Iſle d'Iſlande,
Le Groenland, ou la Groenlande.
Entre la Nouvelle Zemble & la Moſcovie eſt le Détroit de Wai-
gats ou de Naſſau, marqué ſur la Carte de la Lettre A.
Entre la Nouvelle Zemble & les Terres de Spitzbergue, on trou-
ve la petite Iſle ou le Païs de Willougbis, marquée de la Lettre B.
Au Nord de l'Iſle d'Iſlande & vers la Groënlande, ſont les Iſles
de Jean Mayen, & de Leverſteyne-Hope, marquées de la Lettre C.
Au Sud-Oveſt d'Iſlande quelques-uns ont placé l'Iſle de Friſ-
lant que nos derniers Geographes ont negligé de marquer ſur leurs
Cartes, à cauſe qu'elle ne ſe rencontre plus ; & cela fait douter ſi
elle n'a point eſté ſubmergée, ou feinte à plaiſir. Ceux qui la repre-
ſentent, l'ont miſe à l'endroit marqué D.
A l'Occident de la Groenlande eſt le Détroit de David, & quelques grandes Iſles dont les noms nous ſont inconnus ; les petites
Iſles de Cumberlands y ſont les plus remarquables : elles ſont marquées de la Lettre E.

FIGURE XCIX.

273
CONTINENT ARCTIQVE
OCEAN
ASIE
Cercle Polaire Arctique
TERRE DE JESSO
AMERIQUE
EUROPE
MOSCOVIE
GROENLAND
I. ISLANDE
OCEAN
Premier Meridien

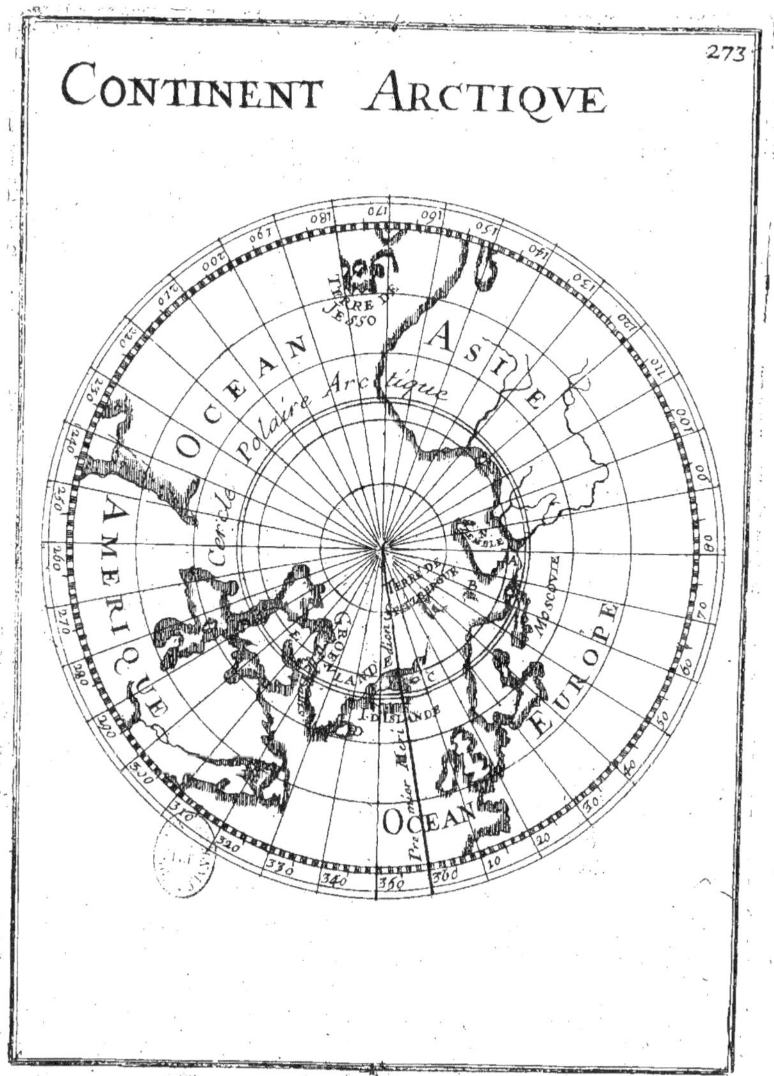

Tome I.   S

Terre de Jeſſo.

LA Terre de Jeſſo que l'on nomme auſſi Yeſſo, Seſſo, & Eſo, eſt au Nord du Japon ; ce Païs nous eſt encore pour la pluſpart inconnu, & ce que nous en ſçavons, nous le tenons des Hollandois qui y aborderent l'année 1643. Ce qu'ils en ont découvert, s'étend depuis le quarante-troiſiéme degré de Latitude Septentrionale, juſqu'au quarante-huïtiéme degré cinquante minutes de Latitude.

Les principales Terres & Places que l'on y connoiſſe, ſont,

Le Cap Patientie.

La Terre de la Compagnie, proche du Détroit d'Uries.

La Terre des Etats proché le Canal de Piecko.

La Coſte Montagneuſe d'Eſo, où eſt le Pic d'Antoine.

Les Villages de *Sivarca*, & de *Tacapſi*.

Le Cap d'Euroen, prés duquel eſt le Détroit de Sungar entre le Japon & la Terre de Jeſſo.

La Place de Matſimey ou Matomey, qui eſt la principale du Païs.

Le lieu d'Acqueis au fond d'un Golfe :

Le Cap d'Aniwa, &c.

Relation de la Terre d'Eſo dans le tom. 3. des Voyages de Thevenot in folio.

Ambaſſade des Hollandois aux Japon part. 1. pag. 3. & part. 2. pag. 26.

Carte du Japon & de la Terre d'Eſo dans l'Atlas de Ianſſe.

FIGURE C.

275
TERRE
DE
IESSO
Cap Patientie
TERRE
DE LA
COMPAGNIE
Détroit
TERRE DES
ETATS
Canal
Pic d'Antonio
Piecho
Cap Anurwa
Acqueis
Matomey
JESSO
Cap Euroen
OCEAN
Détroit de Sungar
Cap Nabo où Goerée
ORIENTAL
40
PARTIE
40
DU JAPON

Etat de la Terre de *Jesso*.

LEs Habitans de ce Païs sont d'une assez petite taille, ils ont les Cheveux longs & la Barbe de mesme, en sorte qu'ils en ont presque tout le visage couvert, ce qui les rend affreux, joint à cela qu'ils ont les yeux noirs, le front plat, & le teint jaune, & qu'ils sont fort velus par le corps. Les femmes n'y sont point si noires que les hommes ; quelques-unes d'entr'elles se coupent leurs cheveux autour de la teste, en sorte qu'ils ne leur couvrent point le visage, d'autres les laissent croître & les relevent en haut ; elles se peignent de bleu les lévres & les sourcils ; & les hommes aussi bien que les femmes ont les oreilles percées avec des Anneaux d'argent : elles en ont aussi aux doigts ; & quelques-unes portent de petits Tabliers d'une toile de soye fort legere.

Leur Religion nous est encore inconnuë, & l'on ne remarque point entr'eux aucune police ny gouvernement, si ce n'est que chacun a deux femmes : elles s'occupent à faire des nattes, & à preparer les repas de leurs Maris. Ils sont fort jaloux des Etrangers, lorsqu'ils approchent de leurs femmes & filles.

Les Hollandois ont reconnu que ces Peuples ne sont pas si barbares qu'ils le paroissent, & lorsqu'ils se doivent trouver avec des Etrangers, ils se parent de leurs plus beaux habits, saluënt en inclinant la teste, & passent & repassent les mains en chantant d'une voix tremblante comme les Japonois.

Leurs Maisons sont sur la pante des Collines : il y en a de bâties de planches jointes les unes aux autres, la pluspart sont dressées de troncs d'arbres plantez en terre & couvertes de planches, avec une fenestre en haut pour laisser sortir la fumée. On ne voit point plus de dix ou douze de ces Maisons ensemble : elles sont ordinairement à une demie lieuë les unes des autres, encore y en a-t-il beaucoup qui ne sont point habitées ; ils n'ont point d'autres meubles que des Nattes de Jonc, & pour tout ornement des robbes qui leur viennent du Japon.

Leur nourriture ordinaire est le Lard & l'Huile de Balcine, le Poisson, & toute sorte d'herbages : ils ont de petites Coupes vernies de laque, & d'autres petits Vaisseaux de mesme ornement qui leur tiennent lieu de Plats. Ils se servent de petits bâtons au lieu

de fourchettes, quelques-uns d'entr'eux qui font fous le 48. degré
50. minutes de Latitude, font razez comme les Japonois, portent
comme eux des Robes de foye, mais ils ne leur reffemblent pas
de vifage, ayant le teint plus blanc que les Japonois.

Les Peuples font naturellement pareffeux, negligeans de culti-
ver la Terre : leurs petites Barques font du Tronc d'un gros arbre
creufé, ils s'en fervent pour attaquer des Loups Marins & des Baleines qu'ils tuënt avec des harpons faits d'os, dont la pointe eft
armée de fer ou de cuivre : Ils portent toûjours leurs Coutelats &
leurs Fleches dont ils tuënt des Ours, des Cerfs, des Elans, des
Rennes, &c.

Ils troquent avec les Japonois leur Lard de Baleine, des Hui-
les de Poiffon, des Langues de Baleines fechées à la fumée; des
fourrures, plufieurs fortes de plumes d'Oyfeaux; les Japonois y
viennent une fois tous les ans, & leur apportent du Ris, du Sucre,
des Robes Japonoifes de foye, des Pipes de Cuivre, des Boëtes
à mettre du Tabac, de petits Vaiffeaux vernis, des Pendans-d'O-
reille, des Haches, Couteaux, &c.

Ils fe fervent de beaucoup de paroles Japonoifes dans leur difcours.

Quoy que ce Païs foit fort proche du Japon, & qu'il n'y ait entr'eux que le Détroit de Sungar, neanmoins les Empereurs du Japon n'en ont pû connoiftre les Terres éloignées de la Cofte, quoy
qu'ils ayent envoyé des gens pourveus de ce qui eft neceffaire pour
vivre; car ils n'ont trouvé que des Montagnars fort groffiers qui
n'ont pû les fatisfaire fur ce qu'ils demandoient : L'on croit que ce
Païs s'eftend jufqu'à l'Amerique Septentrionale, & qu'il eft proche
du fameux Détroit d'Anian, que l'on cherche depuis fi long-temps,
fans le trouver.

De la Nouvelle Zemble.

*Geographia
Blaviana in
Descrip. &
Charta No-
va Zemblæ.*

LEs Hollandois pretendent avoir esté les premiers Peuples de l'Europe qui ont découvert les Terres de *Nova-Zembla* en l'année 1594. Et ce fut en cherchant un passage par l'Ocean Septentrional, pour aller par là au Japon & à la Chine ; mais ils en furent empeschez par le grand nombre de Glaçons qui heurtoient contre leurs Vaisseaux, & qui les auroient mis en pieces, si ils n'y avoient pris garde.

Les lieux plus considerables que l'on y connoist sont,

Le Cap-Maurice.

Le Cap-Septentrional.

La Baye de Gout.

La Baye de sainte Anne.

Le Cap de Troost.

Le Cap de Nassau.

La Baye de Bere.

La Baye de Loms.

Le Cap des Estats.

Le Cap de saint Laurens.

La Baye de saint Laurens.

Le Cap des Moucherons.

Le Cap de Grauve, &c.

FIGURE CI.

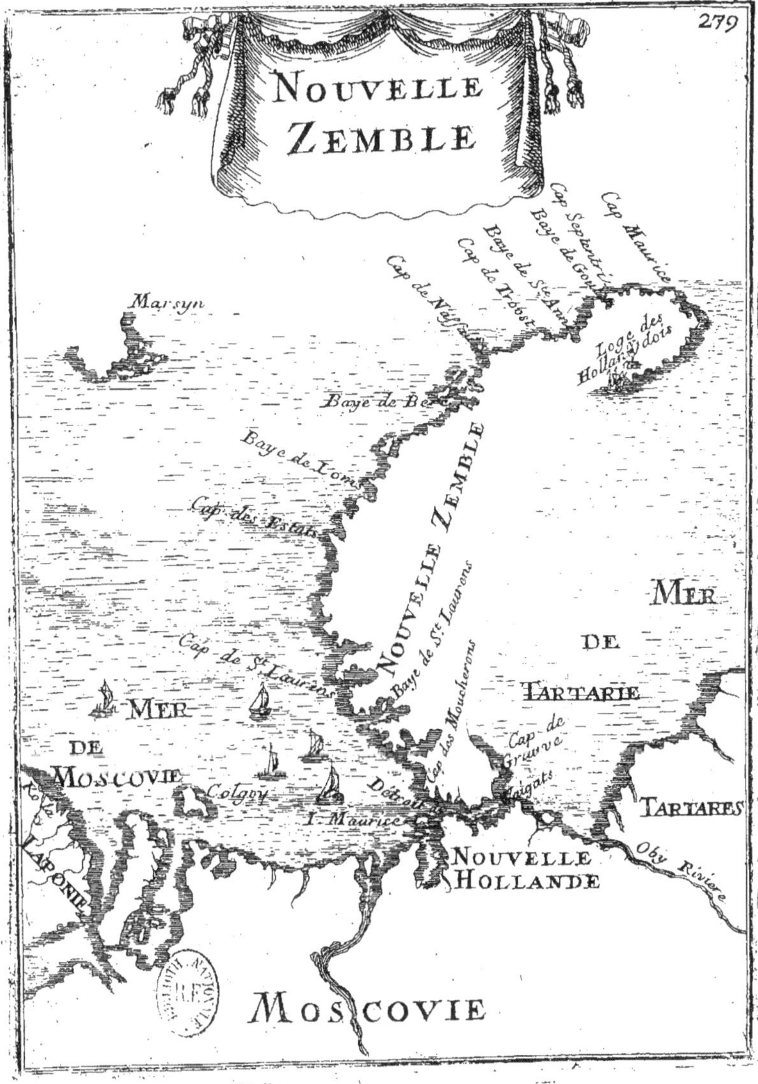

S. iiij

Etat de la Nouvelle Zemble.

DesLauriers de Naſſau.

ON ne ſçait point ſi la Nouvelle Zemble eſt une Iſle, ou ſi elle eſt attachée au Continent; ce qu'il y a de certain eſt que les Hollandois aprés pluſieurs tentatives aborderent en la partie Septentrionale de ce Païs le 29. Aouſt 1596. & ſe trouvant ſurpris par le froid exceſſif, ils furent obligez d'abandonner leur Vaiſſeau qui demeura engagé dans les Glaces, & gagnerent les Terres, où ils trouverent des bois de quelque debris de Vaiſſeau, & ſe bâtirent une Cabane où ils porterent les munitions de leur Vaiſſeau. Ils y paſſerent l'Hyver avec un froid dont la violence eſt preſque incroyable, l'haleine qu'ils pouſſoient en reſpirant contre les planches de leur Cabane, y devenoit glacée de l'épaiſſeur d'un pouce, bien qu'ils y fiſſent du feu continuellement.

La chair des Renards blancs qu'ils attrapoient, les fit ſubſiſter, mais eux-meſmes eurent peine à ſe garantir des Ours blancs qui les attaquoient, & qui devorérent deux ou trois Matelots. A la fin ayant conſtruit deux grandes Barques, ils ſe mirent à la Voile le 14. Juin 1597. abandonnant le reſte de leur Vaiſſeau, & aborderent à *Kola*, Ville de la Laponie Moſcovite, & de là gagnerent Amſterdam. Depuis ce temps-là on n'a fait que de legers efforts pour tenter la meſme route.

Ils nous ont apris que le quartier où ils furent obligez de demeurer ſi long-temps, eſt entierement deſert, & qu'on n'y trouve que des Ours, des Loups, & des Renards, qui ſe devorent les uns les autres, & qu'ils y ont tué des Ours de douze pieds de long; la chair des Renards eſt bonne à manger.

Il n'y a point de jour en ce quartier depuis le quatriéme Novembre juſqu'au commencement de Février, & le Soleil n'y paroiſt point ſur l'horiſon: Les Hollandois qui y furent arreſtez par les Glaces, en firent la triſte experience; & pendant tout ce temps, ils eurent une nuit continuelle.

Le froid y eſt ſi grand que les Vins qu'ils avoient y perdirent leur force, & celuy d'Eſpagne meſme y gela.

FIGURE CII.

Des Zembliens.

Geographia Blaviana in defcriptione Freti Waigats.

Voyage des Païs Septent. par la Martiniere chap. 37. & 38.

ON trouve aux environs du Detroit de Waigats des Zembliens, & des Samoyedes.

Les Zembliens ont de petites Loges ou Cafes, qui leur fervent de retraite pendant l'Hyver.

Ces Peuples font de petite taille, ont la tefte fort groffe, le vifage large, de petits yeux : quelques-uns n'ont point de barbe, leurs cheveux font fort noirs, & leur teint bazané tire fur le noir : Ils fe font des Habits en façon de Juftau-Corps avec des peaux de Veau-Marin, ou avec celles des Oyfeaux, que l'on nomme *Pingoins*, & dont la plume eft en dehors comme on la voit en cette Figure : Ils font Armez de Fléches, dont la pointe eft garnie d'os de Poiffons : Ils font de petits bâteaux de dix à douze pieds de longueur, avec des Coftes & des peaux de Poiffons ; & cet affamblage eft fi leger, qu'un Zemblien fe voyant pourfuivy fur l'eau charge fur ces épaules fon bâteau & fes Rames, & fe fauve fur terre.

Les Zembliens & les Samoyedes, dont nous parlerons cy-aprés, font Idolâtres, adorent le Soleil & la Lune ; & encore des Troncs d'Arbres qu'ils taillent groffierement en Figures d'hommes, devant lefquels ils font leurs prieres à genoux.

On trouve dans les Mers qui baignent les Coftes que ces Peuples habitent, divers monftres Marins ; & entr'autres ceux que les Hollandois ont appellé *Vvalruffen* ou *Morfen*, & que d'autres nomment des Chevaux, ou des Elephans de Mer : ils font plus grands & auffi forts que nos Bœufs, ont la peau femblable à celle d'un chien Marin, le poil fort court, & la gueule approchante de celle d'un Lion, d'où fortent deux défenfes ou dents qui ont la blancheur de l'yvoire, & qui ont deux pieds de long. La Nature ne leur a point donné d'Oreilles, mais ils ont quatre pieds ; ils n'engendrent qu'un ou deux petits Walrus, ils aiment à fe rouler fur la glace ; & dés qu'ils voyent arriver les Pefcheurs ils jettent leurs petits dans la Mer, & s'attachent aux Barques de ceux qui les pourfuivent.

283
ZEMBLIEN

Des Samoyedes.

LEs Samoyedes sont des Peuples de la Terre ferme de Moscovie, ils aiment à changer de demeure, & vont souvent dans le païs de Waigats, & en *Nova-Zembla*. Il y en a qui sont tributaires des Moscovites; & les enfans mesmes qui se servent de l'Arc, sont obligez de donner tous les ans, chacun deux peaux de Martes Zibellines.

Les Hollandois apprirent des Russiens, ou Moscovites en 1595. que la Terre de Waigats estoit une Isle separée de *Nova-Zembla*, & que pendant l'Esté elle estoit habitée par des Samoyedes, qui en temps d'Hyver s'en retournoient dans le Continent de Moscovie, où il y avoit quantité de bois à brûler.

Ils sont plus trapus que les Lappons, ont aussi la teste plus grosse, le visage plat, le nez plus large & camus, & n'ont presque point de poil, sont d'un bazané de terre.

Ils sont vêtus de peaux de bestes, le poil tourné en dedans, lorsqu'il fait froid; & en dehors pendant l'Esté ils ont une espece de Capuchon fourré sur la teste : & leurs plus grands Seigneurs ont des Bonnets de Castors, ou de Drap : ils attachent sur la pointe une Estoille faite de Draps de diverses couleurs, & lors qu'ils saluent quelqu'un, ils ostent ce Capuchon, ou Bonnet en se courbant jusqu'à terre.

Le vêtement des Hommes ordinaire, est un Bonnet rond frisé, comme si c'estoit de peau d'Agneau, un haut-de-chausse & une robe de peau d'Ours blanc, qui ne leur va que jusques aux genoüils, ceints au dessous du ventre d'une ceinture large de quatre doigts, leurs bas & leurs souliers sont de mesme peau, le poil en dehors, & sous leurs souliers ont une espece de Patins d'écorse d'Arbre, long de deux pieds faits en Gondole, surquoy ils marchent fort viste sur la neige, qui est en grande quantité sur les Montagnes.

Les Femmes Samoyedes sont plus laides que les Hommes, fort agiles, & prennent grand soin d'enseigner leurs enfans d'estre adroits à la Chasse; elles sont vestuës comme les Hommes, mais elles n'ont point de peau sur leurs épaules, elles vont à la Chasse comme les Hommes, armées d'un Carquois plein de Flêches, & d'un Arc en main.

Les Samoyedes en general sont fort agiles à la Course & bons Chasseurs, & se servent d'Arcs & de Flêches, mais fort mal adroits à la Pesche : les Estrangers leur sont fort suspects. Ils ont des Traisneaux attelez de Rangiferes, ou Rennes; ces animaux ressemblent assez à nos Cerfs. Ces Peuples ne sont pas delicats, puisqu'ils mangent la chair cruë, aprés avoir esté quelque temps desseichée à l'Air.

FIGURE CIV.

Du Détroit de Vvaigats.

Geographia
Bl·viana in
Charta &
Descript.
Freti Wai-
gats, &c.

LEs Hollandois qui ont toûjours soûhaité avec passion de trouver un passage par le Nord pour aller à la Chine, ne se contentant pas d'avoir envoyé à Nova-Zembla, voulurent aussi essayer si en cotoyant la Moscovie ils ne pourroient pas trouver quelque nouvelle route ; ils y envoyerent des Vaisseaux en l'année 1594. & 1595. qui découvrirent ce fameux Détroit, & le nommerent *Straet Nassau.*

Il est entre le Païs où la Terre de Waigats, & la Terre ferme de Moscovie ; le courant des eaux y va d'Occident en Orient, & c'est par-là que les Mers de Moscovie, & de Tartarie se mêlent ensemble. Ce fut en vain que les Hollandois essayerent de se servir de ce passage pour naviger dans la Mer de Tartarie, car ils en furent empeschez par les glaces.

A l'Orient du Détroit de Waigats, & prés de cette Coste de la Moscovie, que les Hollandois nommerent *Nouvelle Hollande*, il y a une petite Isle qu'ils découvrirent le troisiéme Aoust 1594. & qu'ils appellerent *Staten Eyland*, & le quinziéme du mesme mois d'Aoust, ils en découvrirent une autre à l'Occident de ce Détroit, qu'ils nommerent *Maurice*. Nous parlerons de toutes les deux dans la page suivante.

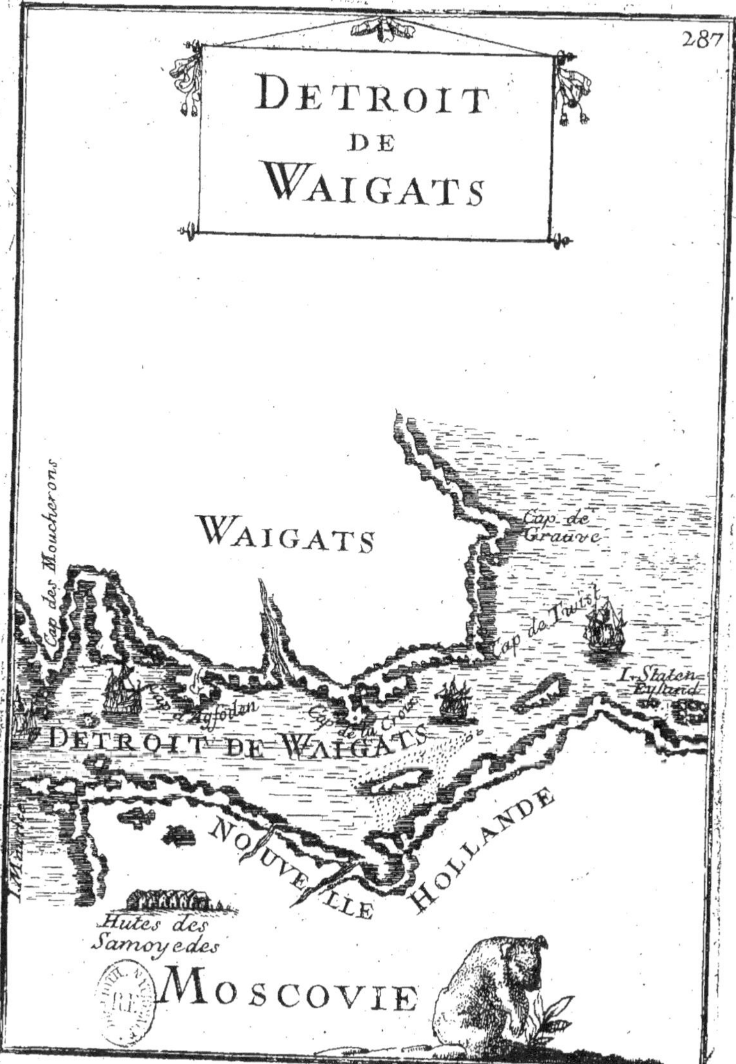
287
DETROIT
DE
WAIGATS
WAIGATS
Cap des Moucherons
Cap de Grauve
Cap de Tuist
Cap de la Croix
I. d'Agfoten
L. Staten Eyland
DETROIT DE WAIGATS
NOUVELLE HOLLANDE
Hutes des Samoyedes
MOSCOVIE

Des Isles de Staten-Eyland, & de Maurice.

*Geographia
Blaviana in
Charta &
Descript.
Freti Wai-
gats, &c.*

CETTE Terre à qui les Hollandois ont donné le nom de *Staten-Elyand*, où de *l'Isle & Terre des Estats*, n'a qu'une licuë de long, & environ deux de tour. Du costé qui regarde la Terre ferme, on y trouve quelques Ports, où les Vaisseaux sont à l'abry; mais toute cette Coste est herissée de Rochers affreux, dont la couleur ressemble à celle de la Cendre : le dedans de l'Isle ne vaut guere mieux, puisque la Terre y est mêlée de pierres & d'Argile, ce qui fait qu'il y a peu de verdure. On y a trouvé dans les fentes des Rochers quelques morceaux de Christal de montagne, qui ont à la verité un éclat approchant de celuy du diamant, mais qui sont fort aisez à casser, ce que l'on attribuë au grand froid.

L'Isle Maurice que nous avons dit avoir esté découverte par les Hollandois douze jours aprés celle de *Staten-Eyland*, a sa Coste entourée de Rochers de couleur de Cendre, en tirant sur le blanc; mais le dedans de cette Isle est d'Argile, où terre forte, & l'on y trouve un fort grand nombre de Lacs, d'Estangs & de Marais, qui rendent la Terre fort molle : il y a aussi de l'herbe en divers endroits.

Cette Isle semble estre separée en deux parties, qui ne sont jointes que par un Isthme fort étroit, mais qui est de Rochers. On voit dans les Lacs & les Estangs, des Cygnes, des Canards Sauvages, &c. & les Faucons y sont tres-communs.

FIGURE CVI.

FIGURE CVI.

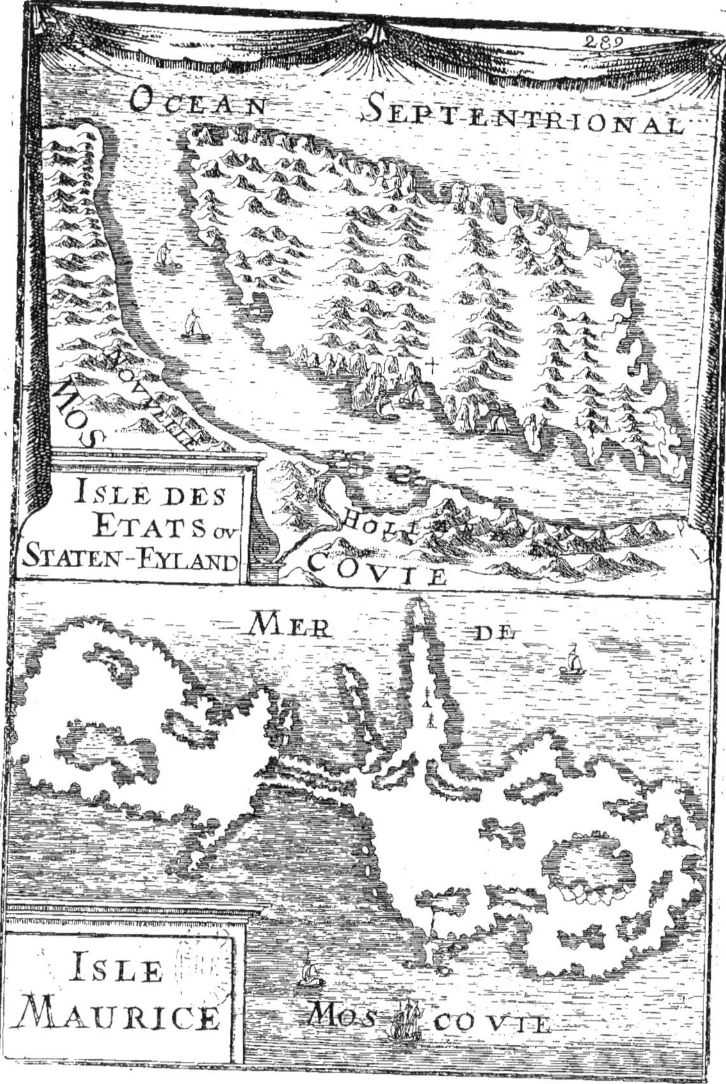

Tome I.   T

Des Terres de Spitzberg.

Geographia Blavian in Descript , & Charta Spitzbergæ.

Relation de Groenland. de la Peyrere imprimé: à Paris en 1647.

ON ne sçait point encore si c'est une Isle, où une presque Isle : les Hollandois en ont fait les premieres découvertes en 1596.

Le mot de Spitzberg vient du nombre des petites Montagnes qu'on y rencontre, & toute la Coste est fermée par cette inegalité de petites hauteurs ; elles sont de cailloux & de sable : l'on conjecture qu'elles sont l'ouvrage des coups de Mer ; mais la rade en est dangereuse : ce qui paroist par les grands débris des Vaisseaux qu'on y rencontre, & les pointes des Rochers qui l'environnent.

On y a reconnu deux Caps principaux, à sçavoir Langenes & Ronde Klip : le dedans des Terres est sterile, & l'on n'y trouve ny Hommes, ny Arbres ; il y croist un peu d'herbe, & quantité de mousse.

L'Air y est extrêmement froid, & l'Hyver rigoureux ; aussi n'avons nous point dans nostre Hemisphere de Païs plus Septentrional. En Hyver le Soleil demeure sous l'horison quatre mois entiers, deux mois devant le Solstice, & deux mois aprés ; le Printemps & l'Automne y sont si incommodes par l'epaisseur des Broüillards, qu'à peine y voit-on la Lune quand elle est sur l'Horison. Le Soleil y luit quatre mois de l'Esté sans se coucher ; & pendant ce temps-là si le Soleil paroist clair & étincelant, il presage du froid, au dire des Matelots, principalement quand le vent est Nord, & signifie de l'Orage, quand le vent est Sud. Dans cette saison on y voit quantité d'Oyseaux de Mer qui ressemblent à des Canards, & un grand nombre d'Ours & de Renards tirant sur le blanc, & quelques-uns de noirs ; leur chair est bonne à manger : il y a aussi des Rangiferes, ou Rennes qui ne vivent que de mousse, ces derniers ressemblent assez à nos Cerfs. L'on y voit des Ours blancs, presque aussi grands que nos Bœufs, ils ne vivent que du Poisson qu'ils prennent dans la Mer ; il y a prés des Costes de cette Terre quantité de Baleines, dont quelques-unes ont jusqu'à 200. pieds de long, & c'est où les Hollandois vont à la Pesche, & s'arrestent au Golfe, ou Baye Maurice, qu'ils nomment *Mauritius Bay*, où ils tirent l'Huile de Balaine. Ils partent ordinairement de Hollande au mois de May, & s'en retournent en Aoust, ou Septembre.

Ce qu'il y a de remarquable dans ce Climat si froid, est que les corps morts n'y sont point sujets à la corruption.

Les Isles principales prés de la Coste, sont Moffen, Amsterdamsche, Lang, &c.

FIGURE CVII.

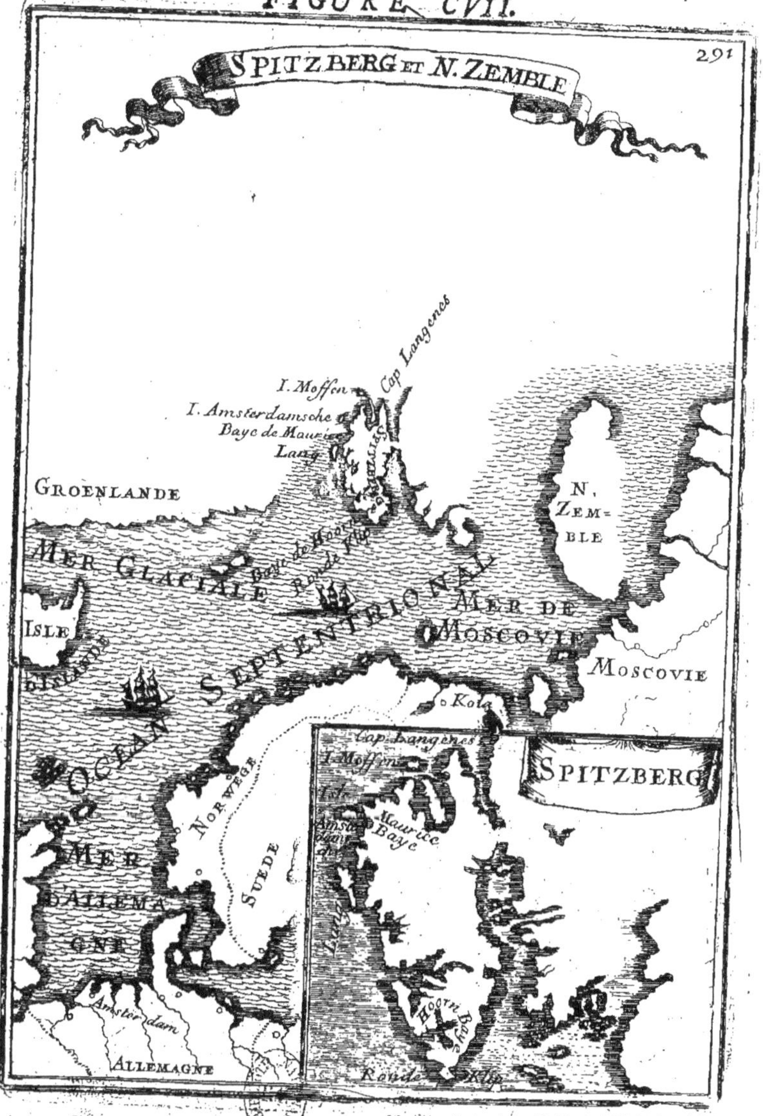
291
SPITZBERG ET N. ZEMBLE
Cap Langenes
I. Moffen
I. Amsterdamsche
Baye de Maurice
Groenlande
N. Zem-ble
Baye de Hoorn
Ronde Klip
Mer Glaciale
Ocean Septentrional
Mer de Moscovie
Moscovie
Isle d'Islande
Kola
Norwege
Suede
Mer d'Allemagne
Amsterdam
Allemagne
Cap Langenes
I. Moffen
Maurice Baye
Hoorn Baye
Ronde Klip
Spitzberg

De l'Isle d'Islande.

Atlas vel Geographia Ger Mercatoris & J. Blaeu in Descriptione Islan iiæ.
Relation d'Islande attribuée à la Peyrere, & imprimée à Paris en 1647. in 8. Davity des Estats du Roy de Danemark tom. 3. d'Europe pag. 764.

PLusieurs ont crû que cette Isle est celle que les Anciens on nommée *Thule*, ou *Thyle* ; elle fut reconnuë par un appellé Nadocus, qui la nomma *Sneland*, à cause de la quantité des Neiges qu'il y rencontra. L'année 874. un Suedois appellé Gardanus, ou Gardarus la reconnut plus exactement, & l'appella de son nom *Gardarskolm*, qui en Langue Suedoise signifie Isle de Gardarus ; en suite un Pirate de Norvuege appellé Flocco la nomma *Island*, à cause des Glaces qu'il y trouva, car Island veut dire Païs de Glace. Dans le temps de sa découverte, elle estoit deserte & couverte de bois, mais les Norvuegiens l'ont peuplée.

Elle est environnée de l'Ocean Septentrional ou Glacial.

Ses principales Montagnes sont celles de la Croix, d'Hecla & d'Helga. Nous parlerons de celle d'Hecla dans la page suivante.

Ses Caps remarquables sont ceux de Langhanes, de Hory, de Rikiaves, de Staps, & plusieurs autres

Ses principaux Havres sont Moduk, Keplauvik & Hanefiord.

Elle a quelques Rivieres & beaucoup d'Estangs : on y remarque particulierement un Lac vers sa partie Occidentale, dont les proprietez sont singulieres : car si l'on y fiche un bâton en Terre, la partie du bâton qui est dans la Terre se change en espece de Fer, celle qui est dans l'eau, se convertit en Pierre, & le reste conserve sa veritable nature.

Autresfois l'Isle se divisoit en quatre parties, qui prenoient leur noms des quatre principales parties du monde qu'elles regardoient ; mais les Rois de Norvuegue qui s'en rendirent maistres l'année 1261. abolirent cette distinction qui causoit des guerres Civiles parmy les Insulaires, sur le détail de ces situations.

On y compte aujourd'huy environ huit ou neuf habitations, dont les principales sont celles de *Hola*, de *Kirkebar*, de *Schalholt* ; le Chasteau de *Bestede*, ou *Kronniges Gard* sur la Coste Occidentale & Meridionale, est le lieu où reside le Gouverneur que le Roy de Dannemarc y envoye.

Chaque Maison de ces habitations est proprement une Caverne pratiquée sous terre, dont le toict est fait d'os de Balaine, chargez d'écorses & de Gazons, un mesme trou sert de Fenestre & de Cheminée, & chaque Famille loge avec ses Bestiaux sous un mesme toict.

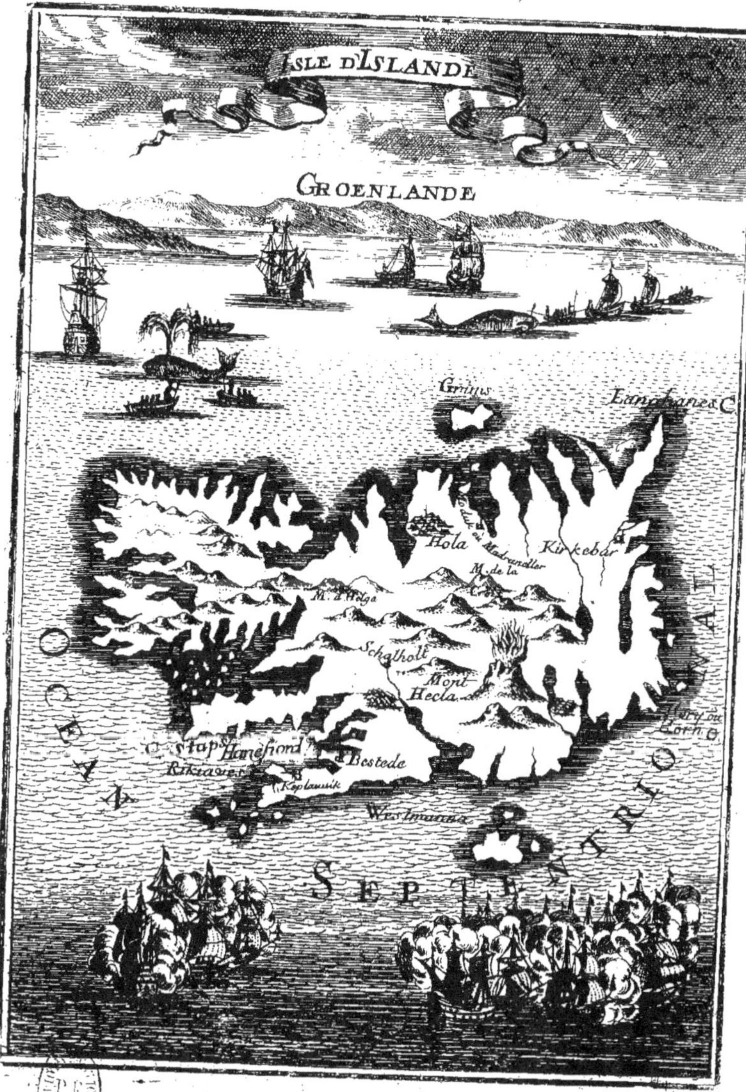
ISLE D'ISLANDE
GROENLANDE
Grims
Langanes C.
Hola
M. de la Madrundler
Kirkebar
M. d'Helga
Schalholt
Mont Hecla
Tury ou Horn C.
Stap
Hanefiord
Rikiaver
Bestede
Keplaussik
Westmana
OCEAN
SEPTENTRIONAL

Etat general de l'Iſlande.

Atlas vel Geographiæ Ger. Mercatoris, & J. Blaeu in Deſcript. Iſlandiæ.
Relation d'Iſlande attribuée à la Peyrere, & imprimée à Paris en 1647. in 8.

L'Air du Païs eſt extraordinairement froid , les Terres y ſont baſſes du coſté de la partie Septemtrionale , & fort expoſées aux rigueurs du vent du Nord , ce qui la rend ſterile & deſerte ; mais vers le Midy les herbes y croiſſent en ſi grande quantité , & y ſont ſi nourriſſantes , que le bétail creveroit ſi on ne regloit avec ſoin les heures de ſon pâturage ; les bleds n'y viennent point , ny les Arbres , & il s'y faut chauffer avec du Gazon preparé en maniere de Tourbes : on y trouve quelques Mines de Soufre.

Les Inſulaires ſont d'une taille ſi petite , que le plus grand ne paſſe pas cinq pieds. Ceux qui viennent étudier en Dannemark, n'y font pas de grands progrez , ils aiment ſi cherement leur Patrie , que l'eſperance d'une bonne fortune chez les Eſtrangers ne leur feroit pas quitter les miſeres de leur Terre natale. Leur pain eſt fait de Poiſſon ſec qu'ils mettent en poudre pour en faire une eſpece de Pâte ; ils ont un dégouſt pour la chair de Vache , de Brebis , & de Cheval , & mangent avec volupté celle des Renards , des Loups & des Ours qu'ils attrapent ſur les Glaces qui viennent du Nord.

Il y a dans la Mer qui baigne cette Iſle quantité de Poiſſons extraordinaires , mais ce qui y attire les Peſcheurs, ſont les *Merlucx*, dont l'on fait un tres-grand débit : on y trouve auſſi des Baleines.

Leur grand Trafic roule ſur le Beure , le Suif , le Soufre , & le Poiſſon ſec.

Ils racontent que pendant l'Idolatrie , ils adoroient Jupiter ſous le nom de *Thor* , & Mercure ſous celuy *d'Odin* , ils ne reconnoiſſoient que ces deux Divinitez en l'année 1000. Le Chriſtianiſme y fut étably , & la Religion Romaine en a depuis eſté bannie par le Roy de Dannemark Chriſtierne III. ils ſuivent maintenant la Religion Lutherienne & reconnoiſſent deux Eveſques , celuy de Hola & de Schalholt.

Le premier Roy d'Iſlande fut un Seigneur de Norvuegue appellé Ingultus qui y paſſa avec une Colonie. Aujourd'huy ils obeïſſent au Roy de Dannemark comme Roy de Norvuege , qui y a un Vice-Roy.

Le Mont Hecla a quelque choſe de commun avec le Mont Gibel de Sicile , il vomit des flâmes par des bouches qui ſont ſur ſa hauteur , & il en ſort auſſi des torrens d'une eau chaude & brûlante.

FIGURE CIX.

T iiij

De la Groenlande.

Relation du Groenland attribuée au sieur de la Peyrere.

ON ne sçait pas encor avec certitude si la Groenlande est une Isle, ou si elle est attachée à la Terre ferme de l'Amerique Septentrionale.

Les Peuples de Norvuege trouvent dans leurs anciennes Histoires, qu'ils ont autresfois trafiqué en Groenlande l'espace de plus de cinq cens ans, qu'ils y ont mesme envoyé des Colonies. Voicy comment les Annales de l'Islande racontent cette découverte.

Les unes disent qu'environ l'année 770. & selon les autres l'année 982. un Gentilhomme de Norvuege nommé Erric se sauva de sa Patrie pour un meurtre dont on l'accusoit, & se refugia en Islande avec son Pere nommé Torvalle : après la mort de son Pere il fut encore accusé d'un mesme crime, & reduit à chercher un autre azile; quelques Islandois l'ayant asseuré qu'il trouveroit des Terres plus Septemtrionales que leur Isle, il se mit en Mer, & les ayant heureusement découvertes, il leur donna le nom de *Groenlande*, qui en langage de Norvuege signifie *Terre verte*, à cause de la verdure des grandes Prairies qu'il y rencontra. Erric s'y estant étably, le fit sçavoir en Norvuege, & se soûmit au Roy qui y envoya une Colonie, & en exigea quelque leger tribut; mais l'année 1256. les Groenlandois refuserent de payer ce tribut au Roy Magnus qui gouvernoit alors la Norvuege, & qui s'estant appuyé du secours de quelques Troupes Danoises, envoya une Armée Navale en Groenlande, & la remit sous son obeïssance; le tribut fut continué & employé pour la Table des Rois de Norvuege. Mais l'année 1389. on accusa les Marchands de Norvuegue qui apportoient ces deniers de Groenlande d'en avoir diverty une partie. La Reyne Marguerite qui regnoit alors en Norvuegue les fit arrester prisonniers, & quoy qu'ils se fussent justifiez, elle se voulut precautionner contre de pareils soupçons, & fit une severe défense de trafiquer en Groenlande sans sa permission. Cet ordre & le peu d'utilité de ce trafic rebuterent si fort les Marchands, que personne n'y voulut plus aller, & peu à peu on en a tellement oublié la Route qu'il n'a plus esté possible de retrouver les habitations de cette Colonie.

Plusieurs ont tenté inutilement cette seconde découverte. *Martin Forbisser* Anglois l'entreprit en 1577. & aprés luy *Magnus Heignin-*

FIGURE CX.

297
DECOWERTE DE LA GROENLANDE
TERRE DE SPITZBERG
GROENLANDE
MER
GLACIALE
DE
NOORT
MER
I. ISLANDE
OCEAN SEPTENTRIONAL
ZEE
OU
NORWEGE
BRITANNIQD AL
ISLES
ESCOSSE
IRLANDE
ANGLETERRE
LEMA
ONE

ghen: en 1588. Chriſtian IV. Roy de Dannemarc y envoya dans les années 1605. & 1606. & la derniere tentative en a eſté faite en l'année 1636. par une Compagnie de Marchands qui s'eſtoient aſſociez pour cette découverte.

Les premiers qui découvrirent la Groenlande la diſtinguerent en *Oſterburg*, ou Païs Oriental, & *Veſterburg*, ou Païs Occidental. Les Pilotes ont depuis donné à *l'Oſterburg* le nom de vieux Groenland, & cette partie eſt la moins éloignée de l'Europe, & nous la terminerons au Cap Faruvel.

Ses principales habitations, ou autres lieux conſiderables, ſont *Alunlengfioerd, Bearefioerd, Skogefioerd, Lormundfioerd, Neydenfioerd.*

Relation du Groenland attribuée à la Peyrere, & imprimée à Paris en 1647. in 8.

La partie Occidentale du Groenland eſt vers l'Amerique Septentrionale, elle fut découverte par un Capitaine Anglois, que Chriſtierne IV. Roy de Dannemarc y envoya l'année 1605. avec une Flote de trois Navires, ſous la conduite de *Golskelindenau* Gentilhomme Danois leur Admiral; mais cette petite Flote qui eſtoit partie du Sund dans le commencement des chaleurs, s'eſtant ſeparée en Mer, le Capitaine Anglois arriva avec deux Vaiſſeaux en Groenlande à l'extremité de la Terre qui répond au Couchant du Cap Faruvel, & entra dans le Golfe de Davis en cotoyant la partie Orientale & Occidentale de ces Terres, où il découvrit quantité de bons Ports, de beaux Païs & de grandes Plaines verdoyantes. Ce Capitaine aprés avoir impoſé des noms Danois aux plus conſiderables, prit quatre Sauvages pour mettre dans ſon bord, l'un des quatre fut tellement ſaiſi de fureur de ſe voir pris, que les Danois ne le pouvans traîner juſqu'à leurs Vaiſſeaux, furent obligez de l'aſſommer à coups de croſſes de Mouſquets pour intimider les autres qui les ſuivirent volontairement, & furent conduits en Dannemarc.

Les Ports & autres lieux conſiderables qu'on y connoiſt ſont,

De Sir Thomas Smitus Bay.

De Hachirts Iſte.

De Wale Sound.

De Weslerholme Sund.

De Sir Dudley Digs Kape.

De Hope Sanderſon.

D'Horne Sound.

De Gilbert Sound, &c.

FIGURE CXI.

GROENLANDE
299
New North-Wales
Bay de Baffins
Sir Thomas Smitus Bay
Hachirts ou Hacklucyts Isle
Wale Sound
Westerholme Sund
De Sir Dudley Digs Kape
Horne Sound
Hope Sanderson
De Trilbert Sound
Oesterburg
Westerburg
Detroit de Davis
P. Confort
Combatants Islar
Guy Southampton
Cap Faruvel
Amerique Mer
Canada
Septentrionale
De
Nord

Etat de la Groenlande.

Relation du Groenland attribuée à la Peyrere, & imprimée à Paris en 1647. in 8. Geographia Blaviana in Descript. Groenland Histoire Naturelle de l'Amerique Septent. to. 2. ch. 2.

L'Air de ce Païs est chargé de Broüillards, & agité de Vents violens, l'excés du froid y tient la Mer Gelée des années entieres bien avant dans l'Ocean Septemtrional, & dans la Mer du Nord, où l'on trouve des Glaçons qui ont plus de quarante lieuës d'étenduë ; d'autres disent de cent cinquante.

La Terre y est en quelques endroits Sablonneuse & Pierreuse, l'on juge par les fumées que l'on voit sortir de la Terre qu'il y a des Mines de Soufre. On y trouve des Ours blancs, il y a cette difference entre les Ours noirs & les blancs, que les noirs ne quittent point la Terre, & que les blancs au contraire se mettent sur des morceaux de Glaces & vont sur la Mer, où ils prennent des Poissons : ils sont aussi plus grands que les autres.

Il y a des Baleines dans les Mers qui baignent les Costes de la Groenlande.

Les Terres y sont blancheatres, & les Hollandois qui y voyagent, disent qu'il ne s'y trouve aucun Arbre, & sur leur rapport il court un Proverbe en Hollande ; car si quelqu'un y vante son merite, ou sa valeur, on luy dit en raillant qu'il a veritablement fait des merveilles, & que sans doute il a pissé contre un Arbre en Groenlande.

Les Groenlandois qui sont vers l'Europe & qu'on a amené en Dannemark, sont de petite taille, fort replets, le visage difforme, le teint bazané, le nez plat & de mauvaise odeur ; leur esprit estoit si stupide qu'ils n'ont jamais pû apprendre la Langue Danoise, leurs habits estoient faits de peaux de Chiens Marins, en façon de Justau-Corps & de Caleçon cousus avec de petits nerfs ; ils avoient du dégoust pour les alimens ordinaires de l'Europe, la Chair des bestes Sauvages toute cruë est leur mets excellent ; ils aimoient extrêmement la Chasse, & n'avoient que cet exercice & celuy de la Pesche ; ils montoient sur des batteaux, dont la figure ne peut mieux estre comparée qu'à celle d'une Navette de Tisseran : chaque batteau n'avoit guere plus de dix pieds de longueur, ils estoient faits de Costes de Balaine, & Pontez ou couverts avec des peaux de Chiens Marins, en telle sorte que cette espece de couverture ou de Pont, avoit dans le milieu un trou mesuré sur la grosseur du Sauvage qui y entroit jusqu'à la ceinture, & le bouchoit de telle sorte, que les coups

FIGURE CXII.

l'eau n'y pouvoient paſſer. Le Groenlandois tenoit une Rame à la main, & pour gouverner le batteau écartoit les jambes & en portoit une vers l'avant, & l'autre vers l'arriere ; & par un balancement contribuoit à le faire avancer avec une viteſſe extraordinaire. Ils ont dans le Païs de forts grands Chiens qu'ils attelent à leurs Chariots.

La richeſſe des Sauvages conſiſtoit en Arcs & Flêches, & au nombre des batteaux que chacun poſſedoit ; ils ſe ſervoient de Frondes & de Javelots dans leurs Combats, & décochoient les Flêches, dont les pointes eſtoient armées d'un os de Poiſſon.

La Religion Chreſtienne y fut introduite par Leïffe Fils de cet Erric qui découvrit le Païs. L'hiſtoire des Danois porte que l'année 1389. un Eveſque de Groenlande appellé Henry aſſiſta aux Eſtats de Dannemarc : depuis qu'on a perdu la route du Païs, il ſe peut faire que faute d'inſtruction les Peuples ſoient retournez à l'adoration du Soleil qui faiſoit autresfois tout leur Culte.

Fin du premier Tome de la Deſcription de l'Univers.

TABLE ALPHABETIQUE

DU PREMIER TOME

DE LA

DESCRIPTION

DE

L'UNIVERS.

TABLE

Tome I. V

TABLE.

BIBLIOTHEQUE ROYALE
I

TABLE.

FIN.

ERRATA.

Page 1. *ligne* 15. Meridionale & la Septentrionale , *lisez* Septentrionale & la Meridionale.

Page 2. *ligne* 33. Hydrolique, *lisez* Hydraulique.

Page 32. & 33. *colonne* 7. Heures, *lis.* Degrez, *& col.* 9. Degrez, *lis.* Heures.

Page 36. *colonne* 6. *ligne* 7. *au lieu de* 19. *lis.* 16.

Page 42. *ligne* 16. Terre, *lis.* Tercere , *& ligne* 24. Occidental..... Tenerif, *lisez* Occidentale ..... Teneriffe.

Page 44. *ligne* 3. à 30. degré , *lisez* au 36. degré.

Page 93. *colonne* 2. *ligne* 15. l'Abeille Indienne , *lisez* la Croix, *la* mesme faute est à la page 100. *colonne* 2. *numero* 11.

Page 94. *ligne penultiéme*, sur son, *lisez* prés de son.

Page 132. *ligne* 6. la Concave, *lisez* la partie Concave.

Page 214. *ligne* 14. Zorcotora, *lis.* Zocotora, *& ligne* 17. Biledulgerid, *ajoûtez* vers lequel sont les Isles Canaries.

Page 228. *ligne* 8. Paulus, *lis.* Palus.

PRIVILEGE DV ROY.

LOUIS par la Grace de Dieu, Roy de France & de Navarre; A nos Amez & feaux Conseillers les gens tenans nos Cours de Parlement, Grand-Conseil, Maistres des Requestes ordinaires de nôtre Hôtel, Prevôt de Paris, Baillifs, Senéchaux, Prevôts, leurs Lieutenans, & autres nos Justiciers, & Officiers qu'il appartiendra, SALUT. Nôtre bien Amé Allain Mannesson Mallet, Ingenieur & Sergent Major d'Artillerie de nôtre tres-cher Frere le Roy de Portugal, & Maître des Mathematique des Pages de nôtre petite Escurie, Nous a tres-humblement fait remonstrer qu'il a composé un Livre intitulé; *Description de l'Univers*, veu & examiné par le Sieur Charpentier de nôtre Academie Françoise, lequel il a enrichy d'un grand nombre de Planches en taille-douce, dans lesquelles sont contenuës les differents Systemes du Monde, & les Constellations du Ciel, les Cartes des Empires, Royaumes, & principaux Estats, les Plans & Profils des Villes Capitalles plus considerables, les representations des Palais, Châteaux & Maisons de plaisance qui s'y rencontrent, avec les empreintes des Souverains & des Peuples qui les habitent, lequel Livre est d'une dépence tres-considerable, & dont il ne pourroit esperer son remboursement, s'il ne luy estoit pourveu de nos Lettres à ce necessaires. A CES CAUSES, & en consideration de ce que ledit Exposant a déja composé & donné au Public un Ouvrage des Travaux de Mars si utile aux gens de Guerre qui a esté imprimé en differentes langues dans les Païs Estrangers; Voulant luy donner des marques de nôtre estime particuliere, Nous luy avons permis & accordé, permettons & accordons par ces Presentes, de faire imprimer ledit Livre & Ouvrage & les Planches y contenuës, en beau & bon papier, beau caractere, en tel Volume & marge, & autant de fois que bon luy semblera, pendant le temps de vingt-années consecutives, à commencer du jour qu'il sera achevé d'imprimer, iceluy vendre & distribuer par tout nostre Royaume, Païs & terres de nôtre obeïssance: Faisons défences à tous Libraires, Imprimeurs, on autres, d'imprimer, faire imprimer, vendre & distribuer ledit Livre & Ouvrage sous quelque pretexte que ce soit,

mefme d'Impreffion Eftrangeré, ou autrement, fans le confente-
ment dudit Expofant, ou de fes ayans caufe, fur peine de confif-
cation des Exemplaires contrefaits, amande arbitraire, dépens, dom-
mages, & interefts; à la charge d'en mettre deux Exemplaires en
nôtre Bibliotheque publique, un autre en nôtre Cabinet des Livres
du Chafteau du Louvre, & un en celle de nôtre tres-cher & Feal
le Sieur le Tellier, Chevalier Chancellier de France, avant que de
l'expofer en vente, à peine de nullité des Prefentes, du contenu defquelles Vous mandons & enjoignons faire joüir l'Expofant, & fes
ayans caufe, plainement & paifiblement, ceffant & faifant ceffer
tous troubles & empéchemens au contraire. Voulons qu'en mettant
au commencement ou à la fin dudit Livre l'Extrait des prefentes
elles foient tenuës pour deuëment fignifiées; & qu'aux Copies col-
lationnées par l'un de nos Amez & feaux Confeillers & Secretaires,
Foy foit ajoûtée comme à l'Original; MANDONS au premier nôtre Huiffier ou Sergent fur ce requis, faire pour l'execution des
prefentes, toutes fignifications & autres Actes & Exploits requis &
neceffaires; De ce faire luy donnons pouvoir, fans pour ce deman-
der aucune permiffion: Nonobftant Clameur de Haro, Chartre Nor-
mande, & Lettres à ce contraires; CAR tel eft nôtre plaifir. DONNE'
à Paris le 5. jour d'Avril 1681. Et de nôtre Regne le trente-huitiéme. Par le ROY en fon Confeil. LE ROUGE, & fcellé du
Grand Sceau de Cire jaune.

Ledit Sieur Manneffon Mallet a cedé le droit du prefent Privilege
à Denys Thierry, Marchand Libraire Imprimeur, & Ancien Con-
ful des Marchands à Paris.

*Regiftré fur le Livre de la Communauté des Libraires & Impri-
meurs de Paris, le 16. Avril 1681. fuivant l'Arreft du Parlement
du 8. Avril 1653. & celuy du Confeil-Privé du Roy, du 27. Février
1665. Signé,* ANGOT, *Syndic.*

Achevé d'imprimer pour la premiere fois le premier jour de
Septembre mil fix cent quatre-vingt deux.

www.ingramcontent.com/pod-product-compliance
Lightning Source LLC
LaVergne TN
LVHW050206030726
842520LV00002B/409